LA QUESTION
DU DIVORCE

CALMANN LÉVY, ÉDITEUR

DU MÊME AUTEUR

format grand in-18.

THÉÂTRE COMPLET

AVEC PRÉFACES INÉDITES

Six volumes.

L'HOMME-FEMME

43e édition — un volume.

8691-79. — CORBEIL. Typ. et stér. CRÉTÉ.

LA QUESTION

DU DIVORCE

PAR

ALEXANDRE DUMAS FILS

« Qui cherche remue,
qui remue trouble. »

SIXIÈME ÉDITION

PARIS

CALMANN LÉVY, ÉDITEUR

ANCIENNE MAISON MICHEL LÉVY FRÈRES

RUE AUBER, 3, ET BOULEVARD DES ITALIENS, 15

A LA LIBRAIRIE NOUVELLE

—

1880

LA QUESTION
DU DIVORCE

A MONSIEUR L'ABBÉ VIDIEU

DOCTEUR EN THÉOLOGIE, MEMBRE DE L'ACADÉMIE
DES ARCADES
DE L'ACADÉMIE NATIONALE DE REIMS
VICAIRE A SAINT-ROCH

2 octobre 1879.

MONSIEUR L'ABBÉ,

Je viens de lire avec la plus grande attention le livre que vous avez publié contre le divorce, *Famille et Divorce*, qui contient tous les arguments théologiques de nos adversaires. A vrai dire, il n'y en a pas d'autres, puisque nous sommes encore sous le coup des considérants du

1

vote de 1816. J'entreprends de vous répondre.

Je suis homme de théâtre, vous êtes homme d'Eglise ; quel attrait pour la galerie, si nous n'étions en même temps hommes de bonne foi et de bonnes convenances tous les deux! Mais quelle situation nette, claire et agréable pour l'un comme pour l'autre ! J'ai lu votre livre, il n'a pas modifié mon opinion ; vous allez lire le mien, il ne modifiera pas la vôtre. Vous avez sur moi ce grand avantage que je suis forcé de le faire et que, à la rigueur, vous n'êtes pas forcé de le lire, puisque vous savez d'avance que vous ne serez pas convaincu. Si donc je ne devais l'écrire que pour vous, je ne l'écrirais pas ; mais je ne vous cache pas que je crois que d'autres personnes le liront et que je compte un peu plus sur celles-là. Tout le monde n'est pas, comme vous, cuirassé de ce triple airain dont parle Horace, qui protégeait le cœur du premier homme s'aventurant sur les flots. Vous avez même sur celui-là ce grand avantage de ne pouvoir être submergé, de quelque côté que souffle le vent, puisque vous montez la barque de Celui qui dort au milieu de la tempête ; et, si vous étiez à terre, au signe qu'il vous ferait, vous marcheriez sur les flots pour aller à sa rencontre. Jamais, et c'est ce qui me tente, je n'aurai trouvé un adversaire aussi redoutable, aussi impassible, aussi utile, aussi indulgent, qui m'a d'avance démasqué toutes ses batteries, qui me plaindra si je triomphe, qui priera pour moi si je succombe. Vous avez Dieu, votre Dieu pour vous! moi, je n'ai que le Diable, le Diable dont l'ancienne théologie avait fait mon compagnon et mon maître, mais sur lequel la théologie nouvelle est un peu revenue. — *Spectacula per se non sunt mala, nec proinde illicita. Nulli enim legi nec naturali, nec positivæ sive divinæ sive humanæ adversantur.* Ainsi parle saint Thomas d'Aquin. Il y a bien, plus loin, une petite restriction à l'endroit des œuvres immorales, laquelle restriction pourrait me regarder, mais je la passe, et je m'aventure avec mon Diable, en regrettant que vous ne deviez jamais le connaître, car il a quelques qualités, entre autres la courtoisie; soyez donc sûr que je ne m'écarterai pas une minute, monsieur l'abbé, du respect que j'ai toujours eu

pour tout ce que respectent nombre d'honnêtes
gens. Il faut être du pays et probablement avoir
le génie de Gœthe pour se permettre de faire
dire à Méphistophélès, après le défi que Dieu
lui porte dans le prologue de *Faust :* « Le vieux a
du bon. » Dieu n'est pas encore le vieux pour moi.

En effet, monsieur, ce n'est pas un public
allemand, c'est un public français qui va nous
écouter, et il faut être Français romain comme
vous et Français parisien comme moi, pour
savoir à quel point ce public, notre compatriote, si frivole, si mobile, si ironique, si
blasphémateur quelquefois, est en réalité soumis
aux plus anciennes traditions et aux plus vieilles
formules religieuses. Tout en fulminant comme
vous le faites, dans le livre auquel je réponds,
contre l'impiété de notre temps, ce que vous avez
de commun, du reste, avec tous les autres prêtres
de toutes les autres époques, vous savez, n'est-
il pas vrai, à quoi vous en tenir au fond là-dessus. Si, durant les quelques années où ils souffrent le plus en ce monde, certains hommes se
révoltent en paroles, en écrits et en actes contre
le Dieu que vous leur représentez, vous n'igno-

rez pas qu'il y en a bien peu qui poussent cette
révolte jusqu'au bout ; qu'il se trouve toujours,
dans leur famille ou leur entourage, quelqu'un
qui, vos conseils et l'âge aidant, les ramène à
vous ; que la mort, d'ailleurs, les fait taire tôt
ou tard, toujours avant qu'ils aient pu faire à
l'Église le mal que vous paraissez tant redouter,
et que, le lendemain de leur dernier soupir, ce
soupir eût-il été une dernière imprécation, l'É-
glise, immuable, mais indulgente, quand il lui est
utile qu'elle le soit, étouffe dans les larges mélodies de sa belle musique sacrée jusqu'à l'écho du
petit bruit que cette orgueilleuse poussière avait
fait. Il en sera ainsi bien longtemps encore, et
ceux qui, hérétiques ou croyants, se prononceront
soit pour vous, soit pour moi, dans notre débat
actuel, reposeront pêle-mêle, depuis des siècles,
dans la terre que vous bénissez, sans que ceux
qui auront combattu vos dogmes, ou qui les
combattront alors, même en ayant raison contre
eux, aient pu diminuer sensiblement votre empire. En tout cas, ce n'est pas le rétablissement du divorce qui lui portera le coup mortel,
bien que vous ayez l'air de le croire dans votre

livre, auquel je me hâte d'arriver pour ne pas
m'égarer prématurément dans des digressions
philosophiques et religieuses auxquelles, du
reste, l'objet du débat une fois posé, votre élo-
quente dissertation ne me ramènera que trop.
Causons donc et à cœur ouvert.

Quelle est la situation ? Le 6 juin 1876, un
député de l'extrême gauche, M. Naquet, présentait à la Chambre une loi ayant pour but le
rétablissement du divorce à peu près tel qu'il
existait après le vote de 1803; les modifications
proposées par le député actuel tendent plutôt
à élargir la loi qu'à la restreindre. Le projet de
M. Naquet est ainsi conçu :

« Le mariage se dissout : 1° par la mort de l'un
des époux ; 2° par le divorce. Le divorce a lieu
par le consentement mutuel des époux ou par
la volonté d'un seul.

» Le divorce par la volonté d'un seul a lieu :

» 1° Pour cause déterminée ; 2° sur la demande
expresse et persistante de l'un des époux,
affirmant sa volonté de dissoudre son mariage,
sans invoquer néanmoins de cause déterminée.

» Les causes déterminées que peuvent invoquer les époux demandeurs en divorce sont :

» L'adultère de la femme, si c'est l'homme qui est demandeur ; de l'homme, si c'est la femme qui est demanderesse. » (La loi de 1803 exigeait, pour que l'adultère du mari devînt une cause de divorce, que ce dernier eût tenu sa concubine dans la maison commune. Cette distinction entre l'adultère de la femme et celui du mari créait, au préjudice de la femme, une inégalité que rien ne justifie. M. Naquet l'a supprimée dans son projet de loi.)

» La condamnation de l'un des époux à une peine afflictive ou infamante ;

» Les crimes, sévices ou injures graves de l'un des époux envers l'autre ; la démence, la folie ou la fureur de l'un des époux ; le déréglement de mœurs notoire ;

» L'abandon de la femme par le mari, ou du mari par la femme pendant un an au moins ;

» Le refus, par le mari, de subvenir à l'entretien de sa femme, quoiqu'il en ait les moyens ;

» L'absence de l'un des époux, sans nouvelles, pendant deux ans au moins ;

» L'impuissance, qu'elle soit survenue antérieurement ou postérieurement au mariage ;

» Les infirmités dégoûtantes et incurables survenues postérieurement au mariage, ou antérieures au mariage, mais inconnues de l'autre époux au moment de sa conclusion ;

» Les fausses dénonciations et les calomnies de l'un des époux contre l'autre ;

» L'acquisition d'un gain déshonnête ;

» L'ivrognerie, l'intempérance habituelle se continuant pendant deux ans ;

» Les dissentiments religieux survenus après le mariage et prouvés, soit par le changement de religion de l'un des époux, soit par la religion imposée aux enfants lors de leur naissance et dans les années qui suivent, soit par l'aveu des deux parties ;

» Et, d'une manière générale, toute cause non prévue qui paraîtra au tribunal de nature à atteindre profondément le lien conjugal. »

A ce projet sont jointes des dispositions qui établissent en détail et légalement les mesures à prendre, dans les différents cas cités plus haut, en ce qui concerne les démarches à faire, les délais à observer, les intérêts des divorcés, les droits des enfants, enfin toutes les conséquences de la demande en divorce.

Nous ne transcrirons pas ici toutes ces mesures que l'on peut trouver en détail dans le livre de M. Naquet, *le Divorce*, parce que ces détails ne rentrent ni dans le cadre, ni dans l'esprit de cette lettre et que ce n'est pas au point de vue légal que je compte traiter la question. D'autres l'ont fait ou le feront mieux que moi. Ceux qui ne voudront considérer la question que dans ce sens n'ont pas besoin de pousser plus loin la lecture de mon livre ; ils n'ont qu'à lire les discours de 1792, de 1803, de 1831, d'Aubert-Dubayet de Savoye-Rollin, de Treilhard, de Gillet, d'Odilon Barrot, le livre si clair de M. Naquet qui reproduit ces discours, les conférences si intéressantes et si mesurées du député du Var, la pétition si érudite et si précise de M. Arsène Drouet. Tout cela est irréfutable. Si je ne devais que répéter ce qu'ont dit ces hommes de bon sens et de bonne foi, je n'aurais qu'à me taire. Heureusement pour moi, vous avez placé la question, monsieur l'abbé, bien au-dessus des lois humaines ; vous avez fait du ma-

riage indissoluble une loi divine, promulguée par
Dieu lui-même, et peut-être alors puis-je dire
des choses qui n'ont pas toutes été dites et qui
peuvent avoir aussi leur intérêt. Je prendrai
donc la question et la laisserai comme vous sur
ces hauteurs, et, si je sors de la théologie, ce ne
sera que pour pénétrer dans l'âme et dans la
conscience, qui sont aussi, et peut-être plus que
le mariage indissoluble, d'essence divine.

Voilà donc le monstre que M. Naquet a fait
sortir de son antre ; le voilà avec son corps gi-
gantesque, sa face menaçante ; ses yeux injectés
de sang, ses pattes armées de griffes, ses poils
hérissés comme une forêt de piques, sa gueule
avide de carnage et de sang, prêt à se ruer
sur tout le monde. Il n'est pas jusqu'à sa queue,
soit qu'il en batte ses larges flancs, soit qu'il la
laisse traîner derrière lui, qui ne fasse trembler
ceux qui n'ont pas l'habitude de le voir circuler.
Approchons-nous, il ne nous mordra pas ; il est
encore attaché dans un bureau de la Chambre, il
est encore muselé par la loi de 1816, et voyons
s'il est aussi à craindre qu'il paraît l'être, au
premier aspect. Moi, je suis convaincu que,

comme l'éléphant indien, il est prêt à porter tout
un monde sur son dos, à se promener au milieu
des jardins sans les dévaster, à faire les plus
pénibles et les plus durs ouvrages de la maison,
à protéger les enfants contre les autres animaux
et à jouer avec eux.

D'où vient ce monstre? Il vient de loin. Il
n'est pas né, monsieur l'abbé, comme vous le
dites dans votre livre, de la corruption des
hommes, et, s'il a détruit, selon vous (je crois,
moi, qu'il y a eu d'autres causes encore), s'il a
détruit les sociétés grecques et romaines, il
pourrait dire, s'il parlait, qu'il ne faisait qu'obéir
à la volonté de Dieu, sans l'ordre de qui rien
n'arrive et à qui vous attribuez, dès le commencement de votre livre et du monde, l'institution
du mariage indissoluble.

En effet, monsieur, vous dites (page 23) :

*Et ne croyez pas que les lois du mariage
soient l'œuvre de l'homme, ni qu'elles puissent
être par lui changées à son gré; non, c'est le
Législateur divin qui les a données au monde
lorsqu'il institua le mariage. Seul de son espèce
dans un jardin délicieux où l'amour et la vie*

*faisaient tressaillir toute créature, Adam voyait
s'embrasser les fleurs, et les brins d'herbe eux-
mêmes l'un vers l'autre se pencher; il entendait
des murmures qu'il ne comprenait pas, et les
chants des oiseaux remplissaient de trouble et
d'émotion son âme vierge encore, mais poussée
par de secrets instincts, tourmentée par de vagues désirs. Pourquoi Dieu avait-il laissé son
chef-d'œuvre inachevé? Pourquoi l'homme
n'existait-il point tout entier? Pourquoi la sagesse divine, qui de la race humaine voulait
couvrir la terre, seul de tous les êtres avait-elle fait
l'homme incapable de se reproduire?..... Mais
celui que le Dieu immortel avait fait semblable
à lui ne pouvait être en même temps semblable
à ces êtres que l'instinct rassemble, que le soir
réunit et que le premier matin sépare.*

. . . .

*Le lien qui unissait Adam et Ève était cet
amour pur, éternel, qui procède de Dieu, qui
est Dieu lui-même. Ève ne pouvait lever son
regard modeste et doux sur Adam, sans voir
rayonner sur le front de son époux le signe auguste de l'autorité et de la majesté divines; et*

*Adam ne contemplait pas son épouse sans ad-
mirer et bénir en elle le reflet de la beauté et de
la tendresse de Dieu, ravissants témoignages de
la Providence, qui avait veillé avec tant de sollicitude et de générosité sur la première société
humaine. Ne craignez pas que l'ardeur et l'enivrement viennent en ternir la sainteté. La pensée du Seigneur n'en sera pas absente; tous les
rapports d'Ève et d'Adam sont saints.*

*Dieu établit aussi le mariage dans l'unité.
Bossuet, dans son admirable discours sur l'u-
nité de l'Église catholique, s'est attaché à démontrer que l'unité et la perfection sont identi-
ques. En effet, sortons de la loi de l'unité, nous
sortons forcément de la loi de la perfection; car
nous arrivons au morcellement, à l'incohérence,
et, les choses suivant leur pente, à la décadence
et à la mort. Quelle paix pourrait régner dans
la famille avec la polygamie, principe fatal de
querelles, d'inévitables jalousies, dans le mariage et entre les enfants? Comment subsiste-
rait avec elle l'égalité du contrat matrimonial?
Pourquoi, si la femme se doit exclusivement à
son mari, celui-ci ne se donnerait-il pas exclu-*

sivement à elle? Si vous avez éprouvé le plus
vif sentiment du cœur, l'amour, vous savez qu'il
ne se partage point. La bienveillance, comme
la rosée des cieux et les rayons du soleil, peut
se répandre sur tous, mais l'amour est une indi-
visible flamme qui s'élève d'un unique foyer.
La sagesse, la justice et la nature proclament
donc, de concert avec l'autorité divine, cette loi
de l'unité dans l'union conjugale.

Dieu établit enfin le mariage dans l'indissolubilité. Durant l'extase du premier homme, il
porte la main sur ce qu'il y a en lui de plus pur,
de plus vivant, de plus sacré, sur son cœur, et,
d'une côte qu'il lui arrache, il forme, il édifie
cet être prodigieux qui sera tout à la fois
l'instrument des plus profondes ruines et des plus
incommensurables grandeurs du genre humain.
Il bâtit cette créature merveilleuse, qui portera
les noms capables d'émouvoir l'humanité :
vierge, sœur, épouse, mère.

Quand l'homme l'aperçut à son réveil, il en-
tonna le cantique immortel : « Voici l'os de mes
os et la chair de ma chair. » Et ces paroles, qui
retentirent alors sous les regards de Dieu comme

un hymne d'inexprimable tendresse, sont, en quelque sorte, devenues, j'ose le dire, l'Évangile terrestre des affections humaines. — La perpétuité du mariage voulue par Dieu, par ses éternels décrets, par sa sagesse, par son amour, voilà la source d'une paix, d'un bonheur, qui est devenu en quelque sorte le soleil de la famille.

Ainsi constituée par le mariage tel que Dieu l'a établi, la famille devient le temple sacré, un sanctuaire mystérieux et doux dont les cœurs unis forment l'autel, etc., etc., etc.

Donc, pour vous, monsieur l'abbé, pour l'Église au nom de laquelle vous prenez la parole et qui vous fournit les arguments que vous nous opposez, les lois du mariage ne sont pas l'œuvre de l'homme, elles sont l'œuvre de Dieu, qui les a données au monde lorsqu'il institua lui-même ce sacrement, lorsqu'il forma ce lien, lorsqu'il voulut ce fait.

Je laisse de côté la description très poétique que vous nous faites de ce qui se passait alors dans l'Éden et que vous ne pouvez trouver que dans votre imagination, car votre récit va se

trouver immédiatement en contradiction avec la
vérité, et j'arrive à vos affirmations théologiques qui sont que *la Providence a veillé avec sollicitude et générosité sur la première société
humaine, qu'aucune ardeur, aucun enivrement
n'en viennent ternir la beauté, que la pensée du
Seigneur n'en est jamais absente, que tous les
rapports d'Ève et d'Adam sont saints, enfin que,
Dieu ayant établi le mariage dans l'unité et dans
l'indissolubilité, aucune paix ne pourrait régner dans la famille avec la polygamie, principe fatal de querelles, d'inévitables jalousies
dans le mariage et entre les enfants;* autrement
dit, qu'en créant le mariage, Dieu n'a créé ni la
polygamie, ni le divorce, double cause de dissolution de toutes les familles et de toutes les sociétés.

Je me suis engagé, monsieur l'abbé, à ne pas
m'écarter une minute du respect que je dois à
votre saint ministère, et l'engagement me sera,
je l'espère, facile et doux à tenir, mais je ne puis
m'empêcher de vous demander : « Qui vous a
instruit des choses que vous nous donnez comme
authentiques et certaines ? La Bible. »

Hélas ! monsieur, la Bible qui est un livre que tout le monde peut acheter, mais que bien peu de personnes lisent, surtout parmi les catholiques, qui se contentent, pour leur première communion et leur baccalauréat, des petits résumés de l'histoire sainte que nous avons tous appris et répétés dans notre enfance, la Bible non seulement ne dit pas un mot de ce que vous dites, mais elle dit tout le contraire. Il y est question d'union, il n'y est pas un instant question de mariage ; elle ne parle même pas d'amour, elle ne parle que de reproduction : *Dieu donc créa l'homme à son image, il le créa à l'image de Dieu, il les créa mâle et femelle.*

Et Dieu les bénit et leur dit : « *Croissez et multipliez, et remplissez la terre.* »

Vous le voyez, et vous le savez mieux que moi, aucune trace ni d'amour ni de mariage, aucun sacrement, aucune promesse faite par Dieu, aucun engagement pris par l'homme ; rien que l'union ou plutôt la réunion de deux chairs extraites l'une de l'autre, et le peuplement de la terre alors déserte. Que l'imagination des hommes se souvenant de leurs

premières amours, l'exaltation du prêtre catholique à qui l'amour et le mariage sont maintenant interdits, aient paré ce fait dont nous
sommes tous issus, au dire de la Bible, des
poésies de leurs souvenirs ou des rêves de
leur ignorance, je le veux bien, mais ce fait
n'en reste pas moins dans la pensée et dans la
volonté de Dieu, du Dieu particulier que vous
invoquez, du Dieu de la Bible, un simple fait
d'union charnelle et de reproduction physique.
Ce n'est même pas Dieu qui dit à l'homme : « Tu
laisseras ton père et ta mère pour te joindre à
la femme et n'être qu'une même chair ; » c'est
Adam qui se le dit à lui-même ; et reconnais-
sons tout de suite qu'il n'a pas grand mérite à
s'imposer ce sacrifice, puisque, étant fait d'un
peu de limon pétri par Dieu, il n'a ni père ni
mère à abandonner. Je me demande même d'où
peut lui venir cette idée en ce moment. Il n'a
pas encore péché ; il habite avec Ève le paradis
qui est un jardin délicieux, d'où il ne prévoit pas
qu'il doive sortir jamais. Vous venez de nous
dire vous-même, monsieur, que la Providence
veille avec sollicitude et générosité sur la pre-

mière famille humaine, et, avant même qu'elle
soit constituée, Adam la divise et la dissout
déjà dans l'avenir en ordonnant aux descendants qu'il n'a pas encore de quitter leur père et
leur mère pour suivre leur femme. Hélas ! le
premier qui abandonnera son père et sa mère,
ce sera son propre fils, et il ne les abandonnera pas pour cette raison à peu près acceptable de l'amour et du mariage, il les abandonnera pour les avoir désespérés et pour avoir tué
son propre frère. Elles n'auront pas duré longtemps, la sollicitude et la générosité de la Providence, pas plus que l'unité et l'indissolubilité
de la famille, *de ce temple sacré, de ce sanctuaire
mystérieux et doux dont les cœurs unis forment l'autel*, et dont le premier homme, conçu
cependant selon les volontés et les arrêts à la
fois réfléchis et immuables de Dieu, va faire des
ruines et des décombres.

En vérité, monsieur l'abbé, on est étonné et
même un peu honteux d'avoir encore, en des
temps comme ceux où nous vivons, à répondre
aux arguments que j'ai cités plus haut; mais
c'est vous qui le voulez, continuons.

Non, monsieur, je vous l'accorde, Dieu n'a pas établi le divorce en établissant l'union de l'homme et de la femme, par la raison bien simple qu'il devait savoir, qu'il savait, étant donnée la nature de l'homme et de la femme telle que le péché la lui a eu bientôt révélée, que le divorce résulterait fatalement du mariage à mesure que le nombre des hommes et des femmes augmenterait sur la terre. C'est ce que Voltaire, que vous citez vous-même, quand il a dit quelque chose qui semble appuyer votre thèse, — sans quoi je ne me permettrais pas de vous parler de lui, — c'est ce que Voltaire explique spirituellement en cette phrase : « Le divorce est probablement de la même date à peu près que le mariage. Je crois cependant que le mariage est de quelques semaines plus ancien. »

Cependant Voltaire se trompe. Il y a eu plus de quelques semaines entre les dates du mariage et du divorce. Rien n'indique que le premier mari ait demandé le divorce d'avec la première femme. Mais, si Adam n'a pas réclamé le divorce, c'est pour cette raison bien simple qu'il n'y avait pas, alors sur la terre d'autre femme que la sienne,

et qu'il était forcé de s'en tenir à celle-là, malgré les bonnes raisons qu'il aurait eues de la
quitter et de demander à Dieu de lui en donner
une autre. Une compagne qui vous fait perdre
le paradis, la vertu, le bonheur et la vie éternelle, mériterait bien qu'on divorçât d'avec elle
et qu'on la renvoyât au serpent qui vient si
facilement et si vite compromettre et corrompre
l'œuvre admirable et primitivement si bien
conçue du Créateur.

Ici, je vous avoue, monsieur l'abbé, que je
n'ai jamais pu lire et relire vos livres sacrés
sans me demander comment l'auteur de ces
livres, je parle des cinq premiers, a pu prêter à
son Dieu tant d'ignorance et de ruses ou de
contradictions.

Vous avez dû certainement, quand vous fai-
siez vos études au séminaire, passer par les
mêmes étonnements que moi ; mais vous, vous
aviez pour répondre à vos doutes et à vos inquiétudes, — car la conscience d'un jeune homme
intelligent et sincère doit aller, en pareil cas,
jusqu'à s'inquiéter, jusqu'à s'épouvanter même
quand elle ne se sent pas bien éclairée et bien

convaincue, — vous aviez, pour vous répondre et
vous rassurer, les explications des théologiens,
qui dissipent toutes ces obscurités et toutes ces
contradictions en établissant que Dieu garde la
toute-puissance et permet à l'homme son libre
arbitre ; c'est une explication comme une autre,
mais qui ne satisfera jamais complètement ceux
à qui on dit que Dieu tout-puissant a créé un
monde pour qu'il fût parfait, et qui se demandent alors pourquoi il ne l'a pas créé parfait
tout de suite. Nous qui n'avons pas été élevés
et persuadés tout jeunes par des théologiens
particulièrement renseignés, qui n'avons été ni
conquis par la foi, ni éclairés par la grâce, ni
soumis par la règle, nous sommes encore, et en
très grand nombre, à nous demander comment ce Dieu qui savait tout d'avance ne savait
pas que l'homme formé de ses mains, animé
de son souffle, allait désobéir, prévariquer, et
tout mettre en question. Est-ce donc un piège que
la toute-puissance de Dieu tend à l'ignorance
et à la faiblesse de l'homme? Cela est inad-
missible, et ne répond pas à l'idée qu'on se fait
de la grandeur, de la justice et de la bonté de

Dieu. Et cependant il va falloir, à la suite de cette première faute qu'il n'a ni ordonnée ni prévue, que ce Dieu, l'Éternel, celui qui était avant que quoi que ce soit fût, celui qui de rien a tiré tout, qui en donnant la forme, le mouvement et la vie à cette grande conception de son esprit, devait certainement savoir pourquoi il faisait cela, il va falloir que ce Dieu qui est le pouvoir absolu, la science infinie, la prévoyance sans borne, la justice sans restriction, la bonté sans limites, il va falloir que ce Dieu, devant sa créature désobéissante, reconnaisse qu'il s'est trompé, qu'il submerge et détruise sa première création, qu'il recommence avec Noé sans faire mieux qu'avec Adam ; que, après cette seconde tentative, aussi défectueuse, plus défectueuse que la première, il soit forcé, pour essayer de réparer cet inexplicable contresens, d'envoyer son propre fils sur la terre, qui le lui renvoie abreuvé d'insultes et d'amertumes, meurtri, couvert de sang, doutant peut-être de sa mission puisqu'il s'écrie avant de mourir : *Eli ! Eli ! lamma sabbacthani*, c'est-à-dire : *Mon Dieu ! Mon Dieu ! pourquoi m'as-tu abandonné ?* cru-

cifié enfin, et par qui? Par ceux de sa famille et
de sa race, par le peuple élu de Dieu, dont les
prophètes l'avaient annoncé, au sein duquel Dieu
l'avait fait naître par un miracle qui boulever-
sait toutes les lois établies. Et pourquoi tout cela
arrive-t-il? Parce que, le second jour, peut-être
le premier jour de la création, *l'épouse en qui,
comme en Adam, tout était saint,* selon vous,
accepte une pomme du serpent, en donne la moitié à son mari et que celui-ci en mange. Et nous,
les descendants de ce premier homme, nous
porterons jusqu'à la fin des siècles le signe, et
nous subirons éternellement la peine de cette
première faute. C'est bien difficile à croire,
monsieur l'abbé. Ou l'auteur de l'univers que
nous connaissons et que nous admirons tous les
jours de plus en plus s'est trompé, ou l'auteur du livre qui raconte ces choses a été
induit en erreur. Croyez-le bien, c'est l'auteur
du livre, et il ne faut pas vous étonner, pendant que vous et d'autres âmes pieuses et fidèles
continuez à croire à ces origines, que des esprits
plus curieux, plus tourmentés, plus convaincus
de la grandeur de Dieu, en cherchent d'autres

plus rationnelles et plus équitables. Mais, tenons-nous-en encore, — puisque, soumis aux
leçons que vous avez reçues, et convaincu
par les explications que l'on vous a données,
vous attribuez à la Genèse une origine divine
et que son témoignage est pour vous incontestable, — tenons-nous-en à votre conviction, et
voyons si l'autorité que vous invoquez ne va pas
proclamer le divorce bien plus largement que
nous ne le demandons ; si plus tard l'Église ne
le consacrera pas à son tour, et si enfin aujour-
d'hui vos tribunaux ecclésiastiques ne le consacrent pas tantôt sous un faux nom, tantôt sous
son nom véritable. Toute la question entre nous
deux est là.

Dieu envoie le déluge sur la terre ; les hommes
disparaissent, sauf Noé ; et ses fils, Sem, Cham
et Japhet, vont peupler l'Asie, l'Europe et l'Afrique. Il n'est pas question de l'Amérique, dont
Dieu devait cependant avoir connaissance puisqu'il venait de la faire avec le reste. Il est vrai
que les Mormons, qui habitent les bords du lac
Salé et ne sont, en effet, comme religion, que
des Israélites se rattachant à Abraham en pra-

tiquant la polygamie et à Jésus en l'acceptant comme Messie, il est vrai que les Mormons prétendent être les descendants du pieux patriarche Léhi qui a quitté Jérusalem avec quelques Israélites, sous le règne de Sédécias. Cette tradition mormonne, tout aussi acceptable qu'une autre, comble un peu tard, mais enfin comble cette lacune de la Bible. Seulement, comme il y a toujours un peu d'obscurité dans une tradition, celle-ci ne dit pas quel chemin les Mormons ont bien pu prendre, il y a deux mille cinq cents ans, pour passer de Judée en Amérique. Joé Smith, le chef de la religion actuelle, leur fait tout bonnement prendre le chemin que Christophe Colomb a pris ; c'est bien simple, et il n'y avait pas, en effet, à chercher mieux.

Revenons à notre sujet. Dieu fait alliance avec Abraham et vous dites (page 140 de votre livre) :

Y eut-il jamais des unions plus heureuses que celles de ces vénérables patriarches dont la Bible nous a conservé le poétique tableau, mais y en eut-il aussi où la pensée de Dieu fut plus particulièrement présente?

Mes lecteurs vont dire qu'ils connaissent ces

textes ; mais j'en suis bien désolé, si anciens que
ces textes soient, si connus qu'on les dise, sur
mille de mes lecteurs, il y en a au moins neuf
cent quatre-vingt-dix qui ne les ont jamais lus
et dix qui ne se les rappellent que vaguement.
Cherchons donc ce qu'étaient ces familles de
patriarches où la pensée de Dieu était particulièrement présente et dont les unions étaient
plus heureuses qu'elles ne l'ont jamais été nulle
part.

*Mais, la famine étant survenue dans le pays,
Abraham descendit en Égypte pour y demeurer
quelque temps, car la famine était grande au
pays.*

*Et il arriva, comme il était près d'entrer en
Égypte, qu'il dit à Sarah sa femme : « Voici,
je sais que tu es une belle femme.*

*» Et il arrivera que, lorsque les Égyptiens
t'auront vue, ils diront : « C'est la femme de
» cet homme-là, » et ils me tueront ; mais ils te
laisseront vivre.*

*» Dis donc, je te prie, que tu es ma sœur, afin
que je sois bien traité à cause de toi et qu'ils me
sauvent la vie à ta considération. »*

Il arriva donc, sitôt qu'Abraham fut venu en Égypte, que les Égyptiens virent que cette femme était fort belle.

Les principaux de la cour de Pharaon la virent aussi et la louèrent devant le roi, et elle fut enlevée pour être menée dans la maison de Pharaon.

Lequel fit du bien à Abraham à cause d'elle, de sorte qu'il en eut des brebis, des bœufs, des ânes, des serviteurs, des servantes, des ânesses et des chameaux.

Mais l'Éternel frappa de grandes plaies Pharaon et sa maison, à cause de Sarah femme d'Abraham.

Alors Pharaon appela Abraham et lui dit :

« Qu'est-ce que tu m'as fait ? Que ne m'as-tu averti qu'elle était ta femme?

» Pourquoi as-tu dit : « C'est ma sœur? » Et je l'avais prise pour être ma femme; mais maintenant voici ta femme, prends-la et t'en vas. »

Et il donna charge à ses gens d'aller reconduire Abraham, sa femme et tout ce qui lui appartenait.

Que pensez-vous, monsieur l'abbé, entre nous,

de ce patriarche en qui l'esprit de Dieu est toujours présent, avec qui Dieu a fait alliance parce
qu'il est un homme vertueux et qu'il a contracté
conséquemment le mariage un et indissoluble
établi par Dieu lui-même dans l'union d'Adam
avec Ève, que pensez-vous de cet époux selon
Dieu qui, prévoyant ce qui va arriver, recommande à sa femme de dire qu'elle n'est que
sa sœur, qui la laisse partager la couche du
roi pour n'être pas mis à mort, qui finalement tire de la situation des brebis, des chameaux et des ânes, et qui ne la reprend que
quand Pharaon la lui rend en lui faisant des
reproches très mérités sur sa conduite, et qui
prouvent que le roi d'Égypte avait sur la morale
des notions plus exactes qu'Abraham en alliance
avec Dieu ? Ce qui n'empêchera pas Abraham,
quelques années plus tard, de recommencer avec
Sichem ce qu'il vient de faire avec Pharaon, sans
que Dieu trouve jamais rien à redire à la chose,
puisque, quelques versets plus loin, lorsque
Abraham se sera séparé de son neveu Loth, un
autre patriarche qui aura une manière à lui d'é-
lever ses filles et de perpétuer sa race, Dieu ap-

paraîtra de nouveau à Abraham et, sans lui faire
le moindre reproche de sa conduite avec sa
femme, sans y faire même la moindre allusion,
il confirmera de nouveau son alliance et lui dira :

« *Je te donnerai, et à ta postérité, pour jamais tout le pays que tu vois.*

» *Et je ferai que ta postérité sera comme la
poussière de la terre ; que si quelqu'un peut
compter la poussière de la terre, il comptera
aussi ta postérité.* »

Mais, pour qu'Abraham ait une postérité, il
faut que sa femme Sarah lui donne au moins un
enfant, ce que, même avec l'aide de Pharaon, il
n'a pu obtenir. Sarah, malgré toute son obéissance et sa bonne volonté, est stérile ; mais c'est
aussi une personne juste à qui sans doute certains souvenirs qu'elle rapporte de son séjour
en Égypte disent qu'en bonne conscience elle
doit une compensation à Abraham. C'est alors
qu'elle fait ce que tout le monde sait, mais qu'il
faut bien répéter ici, puisque l'Église et vous,
monsieur l'abbé, non seulement ne paraissez pas
vous en étonner, mais que vous y voyez au contraire la preuve de la sainteté, de l'unité et de

l'indissolubilité du mariage (Genèse, chap. xvi)..

Or Sarah, femme d'Abraham, ne lui avait
pas encore donné d'enfant, mais elle avait une
servante égyptienne nommée Agar.

Et elle dit à Abraham : » Voici, mainte-
nant l'Éternel m'a rendue stérile, viens, je te
prie, vers ma servante; peut-être aurai-je des
enfants par elle. »

Abraham obéit à la parole de Sarah.

Alors Sarah, FEMME *d'Abraham, prit Agar,*
sa servante égyptienne, et la donna pour FEMME
à son mari.

Agar enfante Ismaël et méprise sa maîtresse
à cause de cela : Sarah se plaint, Abraham
chasse Agar et Ismaël. Dieu n'entend pas cela.
Il envoie son ange à Agar pour lui dire de rentrer avec son fils dans la maison d'Abraham et
que de ce fils naîtra une grande postérité. Dieu
exige seulement qu'Agar soit un peu plus soumise à Sarah, Sarah un peu plus clémente pour
Agar (Genèse, chap. xvii, v. 18), et Abraham dit
à Dieu : « *Je te prie qu'Ismaël vive devant toi.*»

19. *Et Dieu dit :* « *Certainement. Sarah ta*
femme t'enfantera un fils et tu l'appelleras Isaac

et j'établirai mon alliance avec lui pour être une alliance perpétuelle pour sa postérité après lui.

20. » *Je t'ai ainsi exaucé touchant Ismaël : voici : Je l'ai béni et je le ferai croître et multiplier très abondamment. Il sera père de douze princes et je le ferai devenir une grande nation.* »

Dieu entend donc que les deux femmes vivent en bonne intelligence, et que l'enfant légitime et l'enfant adultérin aient droit au même amour, au même héritage et à la même postérité. S'il survient le moindre malentendu, Dieu envoie ses anges pour que ses ordres soient exécutés dans ce sens. Voilà qui répond victorieusement aux objections que vous ne cessez de nous faire : que les enfants de deux épouses différentes ne sauraient vivre ensemble.

Cette entente a été non seulement possible, mais agréable à Dieu ; donc, elle l'est encore, car il n'y a là qu'un fait humain qui peut se reproduire éternellement.

Mais tout cela n'est rien, et, quand le petit-fils d'Abraham, Jacob, se mariera à son tour, il se passera bien autre chose.

Laban dit à Jacob : « Me serviras-tu sans aucune récompense, parce que tu es mon neveu? Dis-moi quel sera ton salaire. »

Or Laban avait deux filles, dont l'aînée s'appelait Lia et la plus jeune Rachel.

Mais Lia avait les yeux tendres et Rachel avait la taille belle, et elle était belle à voir.

Et Jacob aimait Rachel et il dit : « Je te servirai pendant sept ans pour Rachel, ta plus jeune fille. »

Et Laban répondit : « Il vaut mieux que je te la donne que si je la donnais à un autre : demeure avec moi. »

Jacob donc servit sept ans pour Rachel, qui ne lui semblèrent que comme peu de jours parce qu'il l'aimait.

Je vous ferai observer à ce propos, monsieur l'abbé, que c'est à cette occasion qu'il est pour la première fois, dans la Bible, question de l'amour dans le mariage, et c'est la beauté qui inspire cet amour.

Et Jacob dit à Laban : « Donne-moi ma femme, car mon temps est accompli et je viendrai vers elle. »

Laban donc assembla tous les gens du lieu et fit un festin.

Mais, quand le soir fut venu, il prit Lia, sa fille, et l'amena à Jacob, qui vint vers elle.

Et Laban donna Zilpa, sa servante, à Lia, sa fille, pour servante.

Mais, au matin, voici que Jacob reconnut que c'était Lia, et il dit à Laban : « Qu'est-ce que tu m'as fait? N'ai-je pas servi chez toi pour Rachel? et pourquoi m'as-tu trompé? »

Laban répondit : « On ne fait pas ainsi dans ce lieu, de donner la plus jeune avant l'aînée.

» Achève la semaine de celle-ci, et nous te donnerons aussi l'autre pour le service que tu feras encore chez moi sept autres années. »

Jacob donc fit ainsi, et il acheva la semaine de Lia : et Laban lui donna aussi pour femme Rachel sa fille.

Il vint donc aussi vers Rachel, et il aima plus Rachel que Lia.

Et, comme Lia enfante, bien qu'elle soit moins aimée que Rachel, et que Rachel est stérile tout en étant plus aimée que Lia, que fait Rachel? Elle recommence pour Jacob ce que Sarah a fait pour Abraham, avec bien moins de raisons puisque Jacob a déjà des enfants de Lia ; elle lui donne sa servante Bilha, et elle considérera les enfants de la servante comme les siens propres, parce qu'il y aura eu acquiescement de sa part à cette génération secondaire. De là cette phrase étrange : « Voici ma servante Bilha, viens vers elle, *et elle enfantera sur mes genoux et j'aurai des enfants par elle.* »

Et Bilha conçoit et enfante un premier fils à Jacob, puis un second. Ce que voyant, Lia, qui est devenue stérile à son tour, prend Zilpa sa servante et la donne à Jacob *pour femme,* dit la Bible.

Et Zilpa, comme Bilha, enfante deux fils à Jacob.

Mais ce n'est pas tout, et nous allons voir le peu d'importance qu'a, dans ces familles patriarcales, le passage du patriarche des bras de l'une dans les bras de l'autre.

Et Ruben, étant allé aux champs, au temps de la moisson des blés, y trouva des mandragores et les apporta à Lia sa mère. Et Rachel dit à Lia : « Donne-moi, je te prie, les mandragores de ton fils. »

Et elle lui répondit : « *Est-ce peu de chose que tu m'aies ôté mon mari, que tu veuilles encore prendre les mandragores de mon fils?* »

Et Rachel dit : « *Que Jacob dorme cette nuit avec toi pour les mandragores de ton fils.* »

Lors donc que Jacob revint au soir des champs, Lia alla au-devant de lui et lui dit : « *Tu viendras vers moi; car je t'ai loué pour les mandragores de mon fils;* » *et il dormit avec elle cette nuit-là.*

Et la Bible ajoute :

Et Dieu exauça Lia, et elle conçut, et elle enfanta à Jacob un cinquième fils.

Et Lia dit : « *Dieu m'a récompensée après que j'ai donné ma servante à mon mari;* » *et elle appela son fils Issacar.*

Et Dieu se souvint de Rachel, et Dieu, l'ayant exaucée, la rendit féconde.

Et, après que Rachel eut enfanté Joseph, Jacob dit à Laban : « *Donne-moi mon congé afin que je retourne en mon lieu et en mon pays.*

» *Donne-moi mes femmes et mes enfants pour lesquels je t'ai servi et je m'en irai.* »

Telles sont, monsieur l'abbé, les mœurs de ces patriarches en qui l'esprit de Dieu est toujours présent, que vous nous donnez en exemple et dont vous faites un de vos plus puissants arguments contre la réforme que nous demandons, sous prétexte que cette réforme corromprait le mariage, qui doit rester éternellement tel que Dieu l'a établi au commencement, une société indissoluble. Or il l'a établi, si j'en crois votre livre sacré, tel que je viens de le faire voir. Et il n'y a pas à arguer d'erreur ou de malentendu possible, il n'y a pas de théologien ni d'exégète qui puisse interpréter dans un autre sens des textes aussi précis et que vous tenez pour divins. L'alliance de Dieu avec Abraham et ses descendants est complète, si complète qu'au moment de détruire Sodome et Gomorrhe, Dieu se demande s'il cachera cette résolution à Abraham, tant il s'est engagé avec lui, tant Abraham, par son obéissance et sa vertu, a droit à toutes les pensées de Dieu.

Et l'Éternel dit : « *Cacherai-je à Abraham ce que je m'en vais faire ?*

» *Car je le connais, et je sais qu'il comman-*

dera à sa maison et à ses enfants après lui de garder la voie de l'Éternel pour faire ce qui est juste et droit. »

L'alliance est donc complète entre l'Éternel et le patriarche adultère, polygame, entremetteur.

Quel sera le signe éternel de cette éternelle alliance ?

La Bible nous le dit encore.

« C'est ici l'alliance que j'ai faite avec vous et avec ta postérité après toi ; vous la garderez : Tout mâle d'entre vous sera circoncis. »

Voilà le signe qui nous manque aujourd'hui. Je m'arrête ici, parce que, le jour où Dieu a passé ce traité avec Abraham, il est entré dans des détails que je ne peux pas imprimer (Genèse, chap. XVII, verset 2).

Que prouve tout ce que je viens de dire, monsieur l'abbé ?

Rien, absolument rien, par la raison toute simple que ma bonne foi ne saurait invoquer contre vous les textes auxquels vous témoignez tant de respect et de confiance, et dont, moi, je ne crois pas un mot. Je ne crois pas, je n'ai jamais cru, je ne croirai jamais que le vrai Dieu, celui qui, jusqu'à nouvel ordre, et d'après l'opinion des plus grands esprits, a fait les mondes, l'univers, l'infini, celui qui a fait que la terre tourne, qu'une mouche vole et qu'un homme pense, jamais je ne croirai que ce Dieu-là a parlé à Adam, à Noé, à Abraham, à Isaac et à Jacob comme le raconte le livre des livres; et surtout pour leur dire ce qu'il leur dit. Si je croyais cela, pourquoi ne croirais-je pas aussi que Numa entendit la voix d'une nymphe, Socrate la voix d'un démon, Mahomet la voix d'un ange, Marie Alacoque la voix de Jésus et Bernadette la voix de la Vierge? Je n'amoindrirai pas le Dieu auquel je crois, en croyant de pareilles légendes, auxquelles, soyez-en bien convaincu, monsieur l'abbé, personne ne croit plus aujourd'hui, sauf ceux dont une éducation particulière a exalté certaines dispositions ou dont la vie, transportée par un grand effort, comme il arrive aux prêtres sincères, en dehors de la nature, finit par se familiariser avec le surnaturel. Si je n'avais, pour défendre ce que vous appelez notre immoralité, que les immoralités consacrées de la Genèse, soyez certain que je m'abstiendrais.

Nous n'allons donc pas, comme des enfants ou des casuistes, ergoter sur des textes que nous savons aussi dénués d'authenticité qu'empreints de grandeur, de poésie et d'une opportunité locale pouvant être quelquefois étendue jusqu'aux plus larges proportions, jusqu'aux plus hauts besoins de l'âme humaine. Celui qui a écrit les livres dont nous parlons, et qui ne sont que le code d'un peuple particulier qui se déclare le peuple élu de Dieu, n'a eu en vue que de faire connaître à ce peuple, dans lequel il comptait absorber peu à peu les autres, les moyens d'occuper cette terre et d'employer cette vie, à la fois au plus grand avantage de l'homme et à la plus grande satisfaction du Dieu qui avait fait la vie, la terre et l'homme tels qu'il les voyait. En se succédant les uns aux autres, les directeurs de peuples, les fondateurs de sociétés, tout en augmentant l'œuvre de leurs prédécesseurs, se sont toujours placés en face de la nature matérielle et de la nature humaine, ils ont toujours étudié et consigné les rapports

qui existaient entre l'une et l'autre, ils se sont
toujours contemplés et scrutés eux-mêmes, ils
sont descendus dans leur conscience, dans leur
âme, jusque dans leurs organes, dans tout cet
admirable ensemble d'instincts, de besoins, de
sentiments, de passions, d'idées, d'aspirations,
de rêves, ensemble qui, tel qu'il est et demeure,
est l'œuvre de Dieu, quoi qu'on fasse et qu'on dise,
et au-dessus duquel on ne peut se placer qu'en
immolant, qu'en annihilant une des combinaisons du Créateur. Puis, après s'être loyalement
interrogés et s'être loyalement répondu, après
s'être convaincus qu'ils se connaissaient bien,
qu'ils étaient à la fois, comme organisme, comme
besoins, semblables, et, comme intelligence et
destinée, supérieurs aux autres hommes qui les
entouraient, ils se sont, par l'étude, par la volonté, par l'abnégation, par la persévérance, par
la parole, par l'idéal, par la force, imposés à
ces hommes, tantôt en faisant descendre et
plier leur conception jusqu'aux instincts et aux
besoins de l'humanité moyenne, tantôt en s'ef-
forçant de la hausser jusqu'aux vues de leur
génie particulier et de l'entraîner avec eux au

delà du présent en leur répétant sans cesse :
« Dieu m'a parlé, un ange m'a parlé et voilà ce
qui m'a été ordonné, et voilà ce qu'il faut que
vous fassiez de par l'ordre de Dieu. » Mais jamais,
quoi que dissent et entreprissent ces hommes,
ils ne manquaient de faire la part aux nécessités
naturelles et sociales du groupe qu'ils avaient à
diriger ; ils tenaient compte du pays, du climat,
des productions particulières du terrain, des
indications physiologiques de leurs peuples, des
mœurs qui les avaient régis jusqu'alors, et
même des passions que nul ne peut se vanter
de détruire du jour au lendemain dans le cœur
de l'homme, parce que ces passions sont nécessaires, indispensables aux projets de Dieu et
qu'elles entrent sans doute, comme les vents et
les tempêtes, sur lesquels nous ne pouvons rien,
dans le plan et le mécanisme de son œuvre.

Dieu était en effet avec ces hommes, monsieur,
comme il est et sera toujours avec ceux, même
parmi les plus obscurs, qui voudront se donner
la peine de le chercher patiemment, de le sentir
et de l'admirer en eux comme dans tout ce qui
est, de l'aimer sincèrement, avec ou sans for-

mules consacrées, comme dit saint Augustin
lui-même. « L'homme qui, appuyé sur la foi,
l'espérance et la charité, demeure fermement
attaché à ces vertus, n'a pas besoin des saintes
Écritures, si ce n'est pour instruire les autres.
Aussi beaucoup de chrétiens vivent dans la solitude sans s'embarrasser des autorités sacrées,
et guidés simplement par les vertus que nous
venons de nommer. » Ces hommes prouvent l'a-
mour qu'ils ont pour Dieu par le bien qu'ils essayent de faire sous n'importe quelle forme à
cette pauvre humanité qui est sa fille, et à laquelle il charge évidemment certains esprits
supérieurs de faire faire de temps en temps une
étape de plus.

Car, au fur et à mesure que la terre s'étend
et que l'univers s'élargit devant elle, cette humanité contracte de nouveaux besoins matériels,
intellectuels, sociaux, auxquels le génie de ses
législateurs successifs doit répondre, et qui,
s'ils sont trop longtemps refoulés et comprimés,
produisent tout à coup, pour se prouver et se
satisfaire, des secousses, des révoltes, des
bouleversements. On s'écrie alors, quelques-uns

du moins s'écrient avec terreur, que c'est l'esprit de Dieu qui s'obscurcit. Non, c'est l'esprit de l'homme qui s'éclaire et qui dissipe des ombres. A chaque pas que fait l'humanité dans la connaissance des choses positives qui lui sont restées voilées si longtemps, l'idée du Dieu qui a fait ces choses, dont la découverte l'éblouit, s'agrandit forcément en elle.

Quand Colomb découvre un monde, quand Herschell découvre un astre, Dieu s'augmente d'autant. Dans cet ordre-là, chaque preuve nouvelle qu'il donne de fécondité, de puissance et d'harmonie le grandit dans l'esprit, dans l'admiration, dans la reconnaissance de la créature, et, pour ma part, je crois la science appelée à nous découvrir un Dieu bien autrement grand que celui de la légende et même de la foi. Donc pas de formule qui enferme une idée civilisatrice qui ne doive se prêter aux accroissements de cette idée; si elle veut les contraindre et les retenir dans son texte étroit et suffisant naguère, elle éclate, et l'idée se répand au dehors comme un torrent. Comment admettre, monsieur, qu'un Dieu qui ne nous donne que lente-

ment et peu à peu la mesure et l'explication des
choses matérielles, visibles et palpables qui
tombent sous nos sens, nous aurait donné une
fois pour toutes la connaissance et la possession
de son être invisible et de sa dernière volonté?
Vous, ministre de la religion catholique, vous
êtes convaincu, certain, que votre Église contient
le Dieu intégral ; les autres Églises ont la même
conviction et la même certitude. Qui a raison?
Toutes et aucune.

Le Dieu que nous nous figurons, nous autres
que vous appelez des hérétiques, est assez grand
pour que les peuples le divisent, le fractionnent,
et adaptent momentanément ce qu'ils en peuvent saisir à leurs besoins et à leur idéal passager. Ne le voyant pas tous du même point,
ils n'en voient pas tous la même face, et chacun
croit que celle qu'il entrevoit est la seule et la
vraie! Le Dieu d'Abraham s'agrandit dans le
Dieu de Moïse, le Dieu de Moïse dans le Dieu de
Jésus; mais qui osera dire, sans aveuglement et
sans fanatisme, que le Dieu intégral, infini, est
contenu dans un de ces développements humains et que les millions d'années, de siècles

peut-être que doit durer le monde, s'épuiseront sans qu'il y soit rien changé ? Quoique Moïse ait déclaré qu'il a vu Dieu face à face sur le Sinaï, quoique le catholicisme affirme que Jésus est le fils de Dieu et Dieu lui-même, Dieu ne s'arrêtera pas là, monsieur, croyez-le : il a encore bien des choses à nous révéler avant que nous arrivions à le connaître parfaitement, et nous y arriverons, quelques doutes qu'émettent à ce sujet les philosophes modernes. L'humanité n'a pas autre chose à faire en ce monde que de trouver son Dieu véritable, c'est-à-dire sa raison d'être, le *pourquoi elle est*, le *où elle va*, ses origines et ses fins. Ne tentez donc pas de lui barrer les voies par lesquelles elle croit y arriver, fussent-elles absolument séparées des vôtres.

Jusque-là, ce qui est certain, c'est que le Sinaï et le Calvaire sont les deux sommets les plus élevés d'où l'homme ait entrevu le Dieu moral, qu'aucun esprit n'a pensé aussi près d'un Dieu que celui de Moïse, que nul cœur n'a battu aussi près d'un Dieu que celui de Jésus, et que c'est dans le Décalogue et le Discours sur la montagne que l'âme humaine, quelles que soient les

formes des sociétés, puisera et devra puiser
à tout jamais la vérité morale.

Mais, quand Jésus est descendu sur la terre,
il n'est pas venu changer, comme il le dit
lui-même, un iota à la loi de Moïse. Il la maintient absolument, il l'incarne en lui et donne
aux hommes la preuve que l'idéal est réalisable
par leurs efforts et avec les moyens humains,
puisque, ayant la forme humaine, il arrive un
moment où il peut dire : « Je vous défie de
me prendre en état de péché, » autrement dit :
« J'accomplis à la lettre la loi de Moïse et la volonté de mon père, je suis la preuve visible que
cette grande morale peut être pratiquée ici-bas ;
je suis le Décalogue vivant. »

Il n'est pas un homme sensé qui nie, qui conteste la grandeur de cette morale, les joies et
les triomphes qu'elle donne à ceux qui la pratiquent, même imparfaitement, comme il con-
vient à notre faiblesse, et tous, depuis le prêtre
dans son église, à quelque confession qu'il appar-
tienne, jusqu'au législateur dans son parlement,
quelle qu'en soit la forme politique, jusqu'au
simple citoyen dans la famille, riche ou pauvre,

noble ou roturier, tous nous savons que c'est en les amenant le plus possible à la pratique de cette morale, que nous élèverons, élargirons et fortifierons les âmes, les destinées et les consciences dont nous avons charge en ce monde.

Mais, monsieur l'abbé, ce n'est là qu'un idéal proposé aux hommes, auquel peuvent seuls atteindre isolément, exceptionnellement, quelques privilégiés, et le plus souvent avec ce que l'Église appelle le secours de la grâce.

Il n'y a pas une nation, pas une société, pas une famille, si peu nombreuse qu'elle soit, où chacun puisse y prétendre, et, à la marche que suivent les choses, il se passera encore bien des siècles peut-être avant que l'humanité prenne la route qui peut y. conduire. Je crois même que durant une période qu'on ne saurait calculer, les collectivités humaines tendront plus à s'écarter qu'à se rapprocher de cet idéal. Ceux qui l'ont révélé, Moïse et Jésus le savaient bien. Aussi, à côté de cette perfection dans laquelle ils savent que les hommes trouveront le bonheur et le salut, ont-ils dû prévoir les imperfections

de l'humanité, ont-ils établi des lois secondaires
sans lesquelles la grande loi eût paru trop impra-
ticable. Ce sont ces lois-là, que les législateurs,
purement politiques, sans perdre de vue la haute
conception de Moïse et de Jésus, ont posées
d'abord, dans leurs codes, pour le fonctionnement possible des sociétés qu'ils avaient à conduire, et auxquelles ils ont ajouté celles que le
développement de ces sociétés rendait successivement nécessaires. Si nous lisons le Code
civil et le Code criminel après le Lévitique et
l'Évangile, nous y retrouverons à chaque instant
les prévisions de Moïse et de Jésus, depuis l'a-
mende imposée à celui qui vend à faux poids,
jusqu'à la mort infligée à celui qui tue. Eh bien,
monsieur, après avoir établi ces commandements admirables : « Tu ne seras point luxurieux,
ni de fait ni d'intention ; tu ne désireras la possession du sexe différent du tien que par le
mariage, » Moïse, — sans quoi il n'eût été
qu'un rêveur, dénué du génie pratique indispensable aux grands conducteurs d'hommes, —Moïse
a bien été forcé de prévoir les cas où l'une des
deux parties contractantes contreviendrait aux

4

commandements. C'est ainsi qu'en redescendant
du Sinaï avec les tables de la loi sur lesquelles
Dieu lui-même venait d'écrire de sa main : « Tu
ne tueras pas, » Moïse faisait *s'entre-tuer* ceux à
qui il rapportait ces lois, parce qu'ils avaient
profité de son absence pour adorer le veau d'or.
Ces grands législateurs posent donc une première
loi, divine, celle dont l'accomplissement contient la vérité et par conséquent le bonheur ;
puis ils en posent une seconde, humaine, appro-
priée à la fois à l'erreur inévitable et à la justice
relative. C'est pour cela que, dans les premiers
conciles, les Pères chargés de promulguer des
lois en même temps que de répandre la morale
divine, sont tantôt pour le mariage des prêtres
par exemple, tantôt contre, tantôt pour l'indissolubilité, tantôt pour le divorce, et, en définitive,
pour toutes les transactions et même pour toutes
les subtilités qui peuvent mettre à peu près en
accord les ordonnances d'en haut et les besoins
d'en bas.

Quant à vous, monsieur l'abbé, vous accusez
purement et simplement le divorce de tous les
désordres et de toutes les corruptions des so-

ciétés modernes, après lui avoir même attribué
la chute de la Grèce et celle de l'empire romain,
bien que vous constatiez qu'il a existé pendant
cinq cents ans à Rome, sans qu'il s'en soit présenté
un seul cas ; ce qui donnerait à ces païens une
bien notable supériorité comme mœurs sur les
sociétés juive et chrétienne, où il n'a cessé
d'être pratiqué tantôt ici, tantôt là, comme nous
allons le prouver. Après avoir fait cette peinture
que nous ne discuterons pas, d'abord parce que
cela nous mènerait trop loin et que nous n'a-
vons à relever que les contradictions, sur cette
matière, de l'Église catholique et des arguments
qu'elle vous fournit, vous en arrivez à votre
chapitre V, page 72, intitulé :

RÉGÉNÉRATION DE LA FAMILLE ET DE
LA SOCIÉTÉ PAIENNES PAR LE PRINCIPE
CHRÉTIEN, OU L'INDISSOLUBILITÉ DU MA-
RIAGE.

Reconstitution de la famille et de la société
par Jésus-Christ. Suppression graduelle du divorce par les premiers empereurs chrétiens et
de l'attachement constant de l'Église au principe d'indissolubilité. L'Église remédie par la

SÉPARATION AUX INCONVÉNIENTS DE LA COHABITATION.
INFLUENCE DE LA DISCIPLINE SUR LA CIVILISATION MO-
DERNE.

Et vous dites : « Fidèles interprètes de la Loi
de leur maître et chargés de veiller à l'accomplissement de ses préceptes, les Apôtres obtin-
rent facilement, de la part des chrétiens, une
soumission entière à la loi de l'indissolubilité du
mariage. »

Arrêtons-nous un instant. Saint Paul, l'apôtre
par excellence, celui qui a véritablement fondé
l'Église, d'abord n'admet le mariage que comme
un remède ; il ne le tient pas pour saint, il
ne le tient que pour nécessaire dans certains
cas.

*Pour ce qui est des choses dont vous m'avez
écrit, il est bon à l'homme de ne toucher point
de femme.*

*Toutefois, pour éviter l'impudicité, que cha-
cun ait sa femme et que chacune ait son
mari.*

*Or je vous dis ceci par conseil et non par
commandement.*

Et il a raison, car le commandement n'eût pas été d'une exécution facile.

Car je voudrais que tous les hommes fussent comme moi; mais chacun a reçu de Dieu son don particulier, l'un d'une manière et l'autre d'une autre.

Je dis donc à ceux qui ne sont pas mariés et aux veuves, qu'il leur est avantageux de demeurer comme moi.

Et plus loin :

Que si l'infidèle (en matière de foi) *se sépare, qu'il se sépare, car le frère et la sœur ne sont plus assujettis en ce cas.*

Donc saint Paul, qui est venu pour confirmer la loi de Jésus, comme celui-ci était venu pour confirmer la loi de Moïse, ne disant nulle part qu'il veut abroger la loi sur le divorce, maintenue par Jésus, en cas d'adultère, ajoute ce nouveau cas de divorce que l'un des deux conjoints étant infidèle, s'il se sépare de l'autre, celui-ci n'est plus assujetti, reprend sa liberté et peut se remarier.

Et la preuve, c'est que sainte Thècle, un des disciples de saint Paul, et du vivant de ce saint, par conséquent avec son consentement, répudia son mari, qui vivait d'une façon trop dissolue pour qu'elle pût pratiquer la religion, et se remaria ; et qu'au ive siècle de notre ère, Fabiola, grande dame romaine, appelée *laus christianorum et miracula gentium,* divorça d'avec son mari pour adultère et autres immoralités et en prit un second. Saint Paul n'est plus là pour l'absoudre ; mais saint Jérôme y est, et, bien qu'il soit hostile au divorce, il excuse celui de Fabiola, à cause de sa jeunesse, parce qu'il vaut mieux, suivant l'apôtre, se marier que brûler et que la loi des membres avait combattu en elle celle de l'esprit. Saint Jérôme (*Vie de sainte Fabiola*) ajoute que, parmi les chrétiens, si un mari peut répudier sa femme, une femme peut quitter son mari pour le même crime. Dans des conditions égales, l'obligation est égale.

Vous le voyez, monsieur l'abbé, toujours le même principe : l'absolu en haut, le relatif en bas. Ce que Dieu veut ; ce que l'homme fait ; des saints qui disent à l'humanité ce qu'elle doit être, et qui, en attendant que leur idéal se réa-

lise, sont forcés de condescendre à ce qu'elle
est.

Je reprends votre texte.

*Mais, plus tard, dites-vous, à la suite du re-
lâchement des mœurs qui s'introduisit dans la
société chrétienne, de nombreuses difficultés
survinrent et empêchèrent les pasteurs d'obtenir une exécution prompte et complète de la
loi sur l'indissolubilité du mariage. Ce ne fut
guère qu'au moyen âge que l'Église* PRIT PLEINE-
MENT POSSESSION DE LA SOCIÉTÉ CIVILE, *et qu'elle
put, grâce au renouvellement des vieilles races
rajeunies par le sang d'hommes nouveaux,
faire passer les principes chrétiens dans l'ordre
des faits.*

*Le christianisme militant avait fait plier aisé-
ment aux exigences de la loi de l'évangile une
société naissante, encore peu nombreuse et
pleine de ferveur* (nous venons de voir qu'il
s'était, lui aussi, plié à certaines circonstances
et à certaines natures) ; *mais le christianisme
triomphant rencontra de sérieuses difficultés
pour faire triompher complètement ces nobles
principes.* (Qu'est-ce que ce sera donc, mainte-

nant qu'au lieu d'être triomphant, il est délaissé
par les huit dixièmes des peuples qui s'étaient
d'abord ralliés à lui ?) *Charles Martel répudia
Gertrude pour épouser Alpaïde; après lui, Charlemagne lui-même renvoya Berthe sans que
l'histoire nous ait conservé les motifs de cette
répudiation.* (Avouez, monsieur l'abbé, que
l'Église, qui, à cette époque, intervenait si profondément, selon vous, dans la vie morale des
peuples et dans la conscience des rois, a été
bien négligente en laissant passer un fait de
cette importance, si opposé à ses canons, si
immoral, sans en rechercher, sans en consi-
gner et sans en condamner ou absoudre les
raisons. Ne vaut-il pas mieux croire qu'elle
avait un intérêt politique et matériel à se taire,
et qu'en échange du pouvoir temporel que
Charlemagne allait lui constituer, elle fermait
les yeux sur les fantaisies du grand empereur,
qui, si l'on en croit certaines chroniques, ne se
contentait pas de se rattacher à Abraham par
ses femmes et se rattachait à Loth et déjà
à Louis XV par ses filles, ce qui ne l'a pas
empêché d'être canonisé par l'Église. En at-

tendant que ce qui regarde Berthe soit éclairci,
nous vous dirons tout à l'heure pourquoi
il répudia son autre femme Ermengarde, non
seulement avec l'autorisation, mais sur la demande de l'Église.) Vous continuez :

*Henri l'Oiseleur renvoya Halburge, et, après
lui, Henri III divorça d'avec sa femme, qu'il
n'avait pas convaincue d'aldutère. Mais c'est le
dernier illustre exemple de cet arbitraire du
mari.*

Êtes-vous bien sûr, monsieur l'abbé, qu'il
n'y ait eu que les exemples que vous citez, et
que l'arbitraire du mari, quand ce mari était
puissant, et que la complaisance de l'Église,
quand elle avait besoin de ce mari, se soient
arrêtés là?

Je trouve la preuve du contraire dans la re-
marquable pétition que M. le Dʳ Arsène Drouet
a adressée aux Chambres en 1876, pour demander le rétablissement du divorce, qui répond d'avance à vos objections, et à laquelle
je ne puis mieux faire que d'emprunter quelquefois comme je me le suis permis plus haut,
comme je me le permettrai encore, car je n'ai

pas la prétention de combattre tout seul un
adversaire comme vous et tous ceux que ma
lettre va me susciter.

M. Drouet s'exprime ainsi (page 49 et
suiv.) :

« Dans les Gaules, les chrétiens pratiquèrent
la loi du divorce sous la domination romaine ;
plus tard, après l'invasion des Francs, ils conti-
nuèrent à jouir du bénéfice de cette loi morale.
Le divorce a été pratiqué en France sous les rois
de la première, de la seconde et même de la
troisième race.

» L'histoire nous apprend que :

» Bazine quitta le roi de Thuringe pour suivre
Childéric, qui l'épousa.

» Caribert, roi de Paris, répudia sa femme
légitime.

» Audovère, première femme légitime de Childéric, roi de Soissons, fut chassée, parce qu'elle
avait tenu son propre enfant sur les fonts baptismaux.

» Non seulement les premiers rois francs usè-
rent du divorce, mais encore ils eurent un
grand nombre de femmes. « Les mariages

» étaient moins un témoignage d'incontinence
» qu'un attribut de dignité. C'eût été blesser les
» rois dans un endroit bien tendre que de leur
» faire perdre une telle prérogative. » (Montesquieu, *l'Esprit des lois*, liv. XVIII, chap. xxiv.)

» On trouve dans le formulaire du moine Mar-
culfe un acte de divorce qui prouve que la volonté des époux suffisait pour rompre le mariage (vii° siècle).

» Charlemagne (vous allez voir, monsieur
l'abbé, qu'il ne s'en est pas tenu au seul divorce
que vous rappelez), Charlemagne a divorcé plusieurs fois. En 770, sur les instances de sa mère
Bertrade, Charlemagne épousa Ermengarde,
fille de Didier, roi des Lombards, afin d'unir à
jamais dans une paix durable les deux peuples
qui dominaient alors, l'un l'Italie, l'autre la
France. Mais, après avoir contracté, Charlemagne fut obligé de dissoudre son mariage à l'ins-
tigation du pape Étienne III.

» La raison qui fit que ce pape pressa Charlemagne pour qu'il rompît son mariage fut qu'il
aimait mieux vivre sous la protection d'un prince
éloigné que d'être sans cesse exposé aux vio-

lences d'un souverain plus voisin de Rome. De
plus, il n'espérait pas de pouvoir jamais devenir maître de Rome s'il ne travaillait pas effica-
cement à armer la France pour la destruction
de la monarchie lombarde. Ermengarde fut répudiée devant les évêques français, sous prétexte de maladie et de stérilité. (De Potter,
*Histoire philosophique, politique et critique du
christianisme*, t. VII, pag. 423.) Charlemagne,
dont un historien a dit justement : *Plusculum
mulicrosus fuit*, se maria neuf fois, eut plusieurs
concubines, eut même des rapports avec ses
filles ; il fut canonisé. » (Lanfrey, *Histoire politique des papes*, p. 30, chez Charpentier, 1869.)

Si je voulais citer tous les faits que raconte
M. Drouet, je ne finirais pas. Je suis forcé de
choisir les plus saillants. Vous pourrez prendre
connaissance de la brochure (*Imprimerie cen-
trale des chemins de fer*, rue Bergère, 20) et ré-
futer tout ce que vous pourrez prouver ne pas
être vrai ; mais je doute que l'auteur, qui a envoyé cette brochure sous forme de pétition à
la Chambre et au Sénat, se soit aventuré dans
des affirmations de ce genre sans preuves à

l'appui. Quant à moi, chaque fois que j'ai voulu m'assurer de sa véracité et que j'ai été aux sources, je l'ai trouvé absolument exact.

Reprenons. Louis VII, roi de France, avait emmené avec lui en Orient (1147) sa femme Éléonore d'Aquitaine, dont il avait eu deux enfants. Il crut avoir à se plaindre d'elle, comme la plupart des nobles français qui avaient emmené leurs femmes avec eux eurent, du reste, à se plaindre de la conduite de ces dames. Saladin produisit la plus grande impression sur Éléonore, et des amours plus qu'hérétiques s'établirent entre les autres dames françaises et ces mécréants de Turcs. Toujours est-il que, de retour en France, Louis VII demanda le divorce et l'obtint du pape Étienne III, en 1152, toujours sous le nom de nullité *à cause d'une parenté prohibée et incestueuse*, consistant en ce que Hugues Capet, grand-père de Louis VII, avait épousé une sœur de Guilhem Fierabras, trisaïeul d'Éléonore. Éléonore, après toute sorte d'aventures, se maria de nouveau avec le jeune souverain de la Normandie et de l'Anjou, Henri Plantagenet, qui avait, d'ailleurs, quinze ou seize ans de moins qu'elle, et Louis VII épousa de son côté Constance, fille d'Alphonse VII, roi de Castille et de Léon.

Voilà donc le divorce et les secondes noces du vivant des deux époux divorcés bien et dûment autorisés, sous des rubriques de valeur purement nominale. La raison de parenté invoquée par le pape Eugène III n'avait aucune autorité, hormis celle de la nécessité qui est la plus grande dans les choses humaines et quelquefois dans les choses religieuses, puisque, au commencement du xiiie siècle, Innocent III va faire exactement le contraire et approuver le mariage de Bérengère, fille du roi de Castille, avec Alphonse, roi de Léon et de Gallice, son cousin germain. Il est vrai que le même pape rompit ce mariage quelques années après, par suite, dit-on, de la mauvaise conduite de la reine. Les deux époux avaient eu des enfants, et Bérengère fut forcée de prendre le voile à Burgos. Cette fois, la parenté n'est même plus invoquée, et le pape Innocent III admet purement et simplement la dissolution du mariage pour adultère de la femme (xiiie siècle).

L'histoire fournit un exemple de la complaisance la plus étendue dont usa le pape Boniface IX envers le jeune Ladislas Durazzo, roi de Naples, dont il avait besoin pour se soutenir contre Clément VII, pontife français et son adversaire pendant le grand schisme d'Occident. Durazzo avait épousé Constance Chiaramonte ; Boniface IX avait publiquement approuvé le mariage en faisant couronner le roi et son épouse. Ladislas ne tarda pas à se lasser de sa femme, bien qu'il lui dût sa couronne. Il la répudia avec le consentement du pape, qui envoya un cardinal à la cour pour publier la bulle du divorce, pour ôter l'anneau nuptial du doigt de la reine et la renvoyer en Sicile, sa patrie. Trois ans après, Ladislas força sa femme répudiée à épouser André de Capoue, son favori. Cette malheureuse princesse, sacrifiée à l'inconstance du roi, à l'ambition du pape, s'écria publiquement, en donnant la main à André, qu'il pouvait s'estimer heureux d'avoir pour maîtresse la reine, femme légitime de son souverain (xive siècle).

En 1400 a lieu en Toscane le mariage suivant, avec l'assentiment de l'Église florentine et sans que Rome fasse entendre une parole de condamnation ou de blâme.

Ginevra Amieri, malgré son amour connu pour Antoine Rondinelli, avait été mariée par son père à François Agolanti. Le chagrin la fit bientôt tomber malade. On la crut ou on la dit morte, et elle fut publiquement enterrée. La nuit suivante, Ginevra, rappelée à elle-même par la sensation du froid, parvint à sortir du caveau non encore scellé et se rendit chez son mari, qui, la prenant pour un esprit, refusa de la recevoir. Il en fut de même de son frère et de ses autres parents, en sorte que, repoussée par tout le monde, elle alla chez Rondinelli, qui la reçut avec transport, et, par ses soins, elle fut bientôt guérie. Elle l'épousa alors solennellement, malgré les plaintes de son mari, dont le tribunal ecclésiastique rejeta les protestations et les réclamations, déclarant Ginevra redevenue maîtresse de sa personne par la mort qui avait rompu tous les liens, et l'avait dégagée de tous devoirs et de toute obligation envers Agolanti. La raison était plus spirituelle qu'orthodoxe.

et elle rentre vraiment plus, monsieur l'abbé, dans nos procédés de théâtre (voir *Roméo et Juliette*) que dans vos statuts d'Église. La rue qu'habitait Ginevra Amieri porte encore le nom de rue de la Morte (*via della Morta*).

En 1471, René II, duc de Lorraine, épousa Jeanne d'Harcourt de Tancarville. Après quatre ans, désespérant d'avoir des enfants, René se sépara de sa femme. En 1480, il obtint la dissolution de son mariage. En conséquence, il se remaria avec la princesse Philippe de Gueldres (1485), et, Jeanne d'Harcourt étant morte en 1488, René demanda au saint-siège et obtint, sans aucune difficulté, la ratification de son divorce prononcé depuis huit ans. Le pape était alors Innocent VIII.

Vladislas, roi de Bohême, épouse Béatrix d'Aragon, reine de Hongrie, afin de réunir les deux couronnes sur sa tête. Cela fait, il répudie la reine Béatrix, bien que le mariage eût été consommé et obtient du pape le droit de se re- marier. Ce pape était le fameux Alexandre VI. Il suffit, je crois, de le nommer (xve siècle).

Ce même Alexandre VI vendit à Louis XII,

roi, de France, la permission de répudier sa
femme, Jeanne de France, fille de Louis XI, et
sœur de Charles VIII, « encore qu'ils eussent été
assez longtemps mariés et couchés ensemble »,
dit Brantôme (vingt ans). Le roi obtint de ce
pape la permission d'épouser Anne de Bretagne,
veuve de Charles VIII et sa maîtresse depuis
plusieurs années. Il est vrai que Louis XII ju-
rait n'avoir jamais connu ni touché Jeanne de
Valois sa femme. « Mais, ajoute Brantôme, tels
serments certes sont fort frauduleux et suspects
à la croyance. » Cette complaisance valut à César
Borgia (fils du pape Alexandre VI), alors cardinal
sous-diacre, de grands avantages en France
et la promesse de plusieurs États, que Louis XII,
dit le Père du peuple, s'engagea à conquérir pour
lui en Italie, au prix de la vie d'un bon nombre
de ses sujets. La bulle de dispense fut remise
à Louis XII par ce même César Borgia, lequel
quitta les ordres sacrés à l'occasion du mariage
de Louis XII, et commença, sous le nom de duc
de Valentinois, titre qui lui fut donné par le roi de
France, une carrière politique, qu'il a rendue à
jamais exécrable par ses trahisons et ses crimes.

Ferdinand Gonzague, frère du duc de
Mantoue, fut créé cardinal par Paul V
en 1607 ; mais, son frère étant mort en 1615,
pour lui succéder au trône il obtint du pape de
pouvoir renoncer à la pourpre et de prendre
femme pour continuer sa dynastie. Alors, s'étant
épris de Camille Erdizzani, contre tout déco-
rum, il l'épousa. Pourtant il se repentit de son
mariage, et s'adressa chaleureusement à Paul V,
pour que celui-ci annulât son mariage, ce qui
eut lieu, en janvier 1617, par un bref du pape,
imposant cependant au duc, entre autres conditions, de faire à l'épouse répudiée une pension
annuelle et convenable. Après quoi, le duc
épousa Catherine de Médicis, sœur de Cosme II,
grand-duc de Toscane.

Enfin, Henri IV, roi de France, avec l'assentiment du pape, en 1660, répudia Marguerite de
Valois après vingt-sept ans de mariage. La vraie
raison du divorce fut la mauvaise conduite poussée jusqu'au scandale de la reine (car, en bonne
conscience, avec un gaillard comme Henri IV,
l'Église ne pouvait pas donner la grande raison
sur laquelle elle s'appuie toujours, que le mariage

n'avait pas été consommé). Mais le motif invoqué
fut un lien de parenté au troisième degré entre
les deux époux. Il y avait bien eu une dispense
accordée, mais on trouva le moyen d'invalider
cette dispense, *parce qu'elle n'avait pas été reconnue par l'évêque et le curé ordinaire des
conjoints, comme l'exige le concile de Trente,
bien que les dispositions disciplinaires de ce
concile ne fussent point reçues par l'Église galli-
cane.* Un autre motif du divorce demandé était
l'alliance spirituelle de Henri II, père de Marguerite, avec Henri IV, qu'il avait tenu sur les
fonts baptismaux.

Or ce motif n'était plus un empêchement de
mariage depuis le concile de Trente. Dans ce
second cas, on eut soin de se servir de l'exception
réjetée plus haut, à savoir que la discipline du
concile ne faisait pas autorité en France ; ce qui
était vrai.

Ainsi, pour donner couleur au divorce de
Henri IV, on acceptait l'autorité du concile
de Trente dans un cas, et on la repoussait dans
l'autre. Henri IV divorça et il épousa Marie de
Médicis.

Mais, aurait pu ajouter M. Drouet, c'était
bien le moins que l'Église pût faire pour le
grand converti qui avait dit : « Paris vaut bien
une messe, » c'est-à-dire qui avait trahi à la fois
la politique et la religion, et qui, en tournant à
moitié le dos aux protestants, avait ri au nez des
catholiques. Il est vrai que l'Église devait prendre
sa revanche plus tard, dit-on, avec Ravaillac ;
mais nous ferons mieux de ne pas croire un
mot de tout ce qui a été raconté à ce sujet.

Je me suis souvent demandé si c'est l'histoire
qui fait les historiens ou si ce sont les historiens
qui font l'histoire, ou, pour mieux dire, si c'est
la vérité des faits qui s'impose aux hommes ou
les passions des hommes qui disposent les faits.
Il en est au fond de l'histoire comme de la médecine. « Profitez de ce remède pendant qu'il gué-
rit, » disait à un malade je ne sais quel médecin
qui au moins avait de l'esprit. « Servez-vous de
ce fait, pourrait-on dire à un historien, tant que
le pays où vous écrivez a des raisons de le
croire. » Il est évident que si quelqu'un, d'un
avis opposé au mien sur la question du divorce, me fait l'honneur de me répondre et

que ce quelqu'un ait lu des historiens de son
parti, ce qui n'est pas difficile à trouver, il
me démontrera comme deux et deux font
quatre qu'il n'y a pas un mot de vrai dans ce
que je viens de raconter ou plutôt de citer;
aussi me suis-je tout de suite, par prudence et
précaution, retranché derrière M. Drouet et il
peut compter que je lui renverrai mes contra-
dicteurs. D'autres me diront que tout cela est
passé depuis longtemps; les mêmes hommes qui
reprochent sans cesse à 89 d'avoir produit 93,
ce que je déplore tout autant qu'eux, n'admettent pas une minute qu'on reproche à l'É-
glise d'avoir produit l'Inquisition, les massacres
de la Saint-Barthélemy, la révocation de l'édit
de Nantes, et autres catastrophes si connues
qu'on n'oserait vraiment plus en parler si ce
n'étaient là des sujets éternels de dissensions et
de disputes dans lesquels je n'ai garde de m'a-
venturer ; j'ai bien assez de ce qui m'occupe ici.
Je ne veux ni refaire l'histoire ni réformer l'É-
glise ; je laisse la chose à plus avisé ou à plus
naïf que moi.

Quand je cite des faits où l'Église s'est con-

tredite elle-même, croyez-vous, monsieur l'abbé,
que ce soit pour le plaisir et le facile triomphe
de trouver l'Église en faute? Pas le moins du
monde. L'Église, comme toutes les institutions
humaines, s'est trouvée souvent, très souvent
prise entre ses principes absolus et ses besoins
momentanés, et elle s'est tirée d'affaire comme
elle a pu avec des moyens humains en s'effor-
çant de concilier autant que possible ses dou-
bles responsabilités, ce qui ne vous empêchera
pas, comme nous le verrons tout à l'heure, de
la déclarer une, fixe, invariable, inflexible et
éternelle. Peut-être si l'Église n'avait eu à s'occuper que du Ciel, comme son divin maître
Jésus, si elle avait proclamé comme lui que son
royaume n'était pas de ce monde, si elle se fût
contentée d'enseigner et de propager la plus
belle morale qu'on puisse proposer aux hommes, de condamner et d'absoudre dans le seul
domaine de l'âme, peut-être eût-elle eu bien
moins d'embarras, avec bien plus de chances
de durée, d'éternité même. Mais, pour une raison ou pour une autre, elle ne s'est pas contentée du Ciel, et elle a voulu ajouter à la do-

mination des âmes la domination des corps. Là,
elle devait s'attendre à quelques résistances.

Avec Dieu, il y a moyen de s'entendre, il ne
dit jamais rien, ni tout de suite, ni ostensiblement, ni à haute voix. Il a parlé au commencement, tout au commencement, mais depuis
longtemps il se tait et laisse faire. Il a abdiqué,
en apparence, et il a remis le gouvernement du
monde entre les mains de son fils.

« Le vieux s'est retiré, » dirait Gœthe.

Il n'y a donc pas à craindre pour l'Église que
Dieu vienne de sa personne contredire ce qu'elle
dit et contrecarrer ce qu'elle fait. Peut-être sem-
ble-t-il à quelques-uns que, sans rien dire, cependant il s'éloigne peu à peu de ceux qui parlent toujours en son nom et qu'il pourrait bien un jour se
séparer d'eux tout à fait ; mais ceux qui croient
distinguer ces signes sont traités d'hérétiques,
de libres penseurs, d'athées et tout est dit, pour
le moment ; il en sera longtemps encore ainsi.
Donc rien à craindre du côté du Ciel ; mais, du
côté de la terre, il n'en va pas de même. Il y a
là l'homme, l'homme visible, l'homme vivant,
ayant une forme que tout le monde peut voir,

il y a une action, lente, il est vrai, des généra-
tions successives, mais dont la progression n'en
est pas moins facile à constater. Pendant le
court espace que cet homme passe sur la terre,
il a des passions que, par une contradiction
étrange, la nature lui a justement données en
opposition directe avec ce que l'Église lui demande, soit que Dieu ait voulu véritablement,
comme celle-ci l'affirme, que l'homme eût un
grand combat à soutenir pour se rendre digne
de ce qu'elle lui promet au delà de cette vie,
soit que l'Église n'ait pas bien pris dès le commencement la mesure de l'humanité à laquelle
elle allait avoir affaire.

Il semble et je crois, — mais ce que je crois
ne signifie rien, pour l'Église surtout, — que cette
dernière supposition est la bonne. Aussi, chaque fois, alors même qu'elle se déclarait toute-
puissante, qu'elle est venue, avec ses statuts soi-
disant divins et fixes, se heurter contre une puissance terrestre supérieure momentanément à
la sienne, a-t-elle dû, quand elle ne pouvait faire
autrement que de céder, chercher les moyens
de satisfaire cette puissance qui pouvait peut-être

la détruire, et lui donner satisfaction sans modifier elle-même, au dehors, quoi que ce fût
de sa constitution propre. Qu'importait aux puissants de la terre que ce fût au nom d'un texte
ou d'un autre qu'on fît ce qu'ils voulaient, pourvu
qu'on le fît. C'est alors que l'Église, pour laquelle
le divorce ne saurait exister, mais pour laquelle
la nullité du mariage existe dans certains cas
déterminés : quand le mariage n'a pas été consommé, quand il a eu lieu entre parents à tel ou
tel degré, quand la volonté de l'un des conjoints
a été forcée, quand il y a impuissance antérieure ou même subséquente, sans aucune
chance de retour à la virilité après certaines
épreuves pendant un certain temps, quand l'un
des deux époux entre dans les ordres, quand un
des deux époux devient hérétique et rend ainsi à
l'autre le droit de se remarier, etc., c'est alors que
l'Église, pour mettre d'accord ses intérêts et ses
ordonnances, s'efforçait de découvrir à côté de la
raison véritable une raison spécieuse, élastique,
parmi celles qu'elle avait établies, et de trouver
une nullité là où elle ne devait pas admettre
un divorce. Le plus simple bon sens aurait

voulu cependant qu'elle continuât à le tolérer comme à sa formation, ne fût-ce que dans le cas d'adultère, accepté par Moïse et par Jésus ; car, en refusant le divorce, elle a autorisé les hommes à violer deux des commandements de Dieu : « Tu aimeras ton prochain comme toi-même » et « Tu ne tueras pas ».

En effet, les hommes qui n'admettaient pas qu'on pût les forcer à rester éternellement unis à la femme qui avait souillé le lit conjugal, n'ayant pas à leur disposition une loi ecclésiastique qui leur permît de renvoyer tout bonnement cette femme et d'en prendre une autre, en sont revenus aux mesures violentes des sociétés païennes en décrétant la mort pour la coupable, tout en ne donnant que bien rarement à la femme les mêmes droits sur eux, quand l'infraction était de leur côté. Ce châtiment, déjà terrible par lui-même, était, dans certains pays, compliqué de cruautés abominables et prenait tous les caractères, non plus d'une justice impartiale, régulière, mais d'une vengeance individuelle.

Voulez-vous, monsieur l'abbé, que nous pas-

sions en revue les différentes peines et les différents supplices-que l'on infligeait aux adultères? Ce sera quelquefois étrange, toujours curieux, et cela nous fournira une occasion de voir
comment les hommes ont continuellement et
partout interprété cette loi divine de deux chairs
en une, et qui ne peuvent plus être séparées,
selon l'Église, même par l'adultère.

Chez les Juifs, la lapidation, la mort, pour
l'homme comme pour la femme ; chez les Grecs,
la mort ; à Athènes, on y ajoutait un supplice :
on arrachait les cheveux de la coupable et on
lui jetait sur la tête de la cendre chaude.

Chez les Romains, la mort à partir de César ;
chez les Parthes, les Indiens, les Arabes, les
Lombards, la mort ; à Lacédémone, la mort,
celle des parricides. Il est vrai que les Lacédémoniens prétendent que cette loi était
inutile, parce qu'il était aussi impossible de
trouver une femme lacédémonienne adultère
qu'un taureau qui pourrait boire du sommet
du Taygète dans l'Eurotas.

Ce médisant de Plutarque prétend, lui, que

les Lacédémoniens ne pouvaient pas punir l'adultère, puisqu'ils l'encourageaient, et que les époux qui craignaient de ne pouvoir donner de beaux enfants à la patrie choisissaient un beau compatriote et le donnaient pour amant à leur femme.

Dans le bas-empire, on livrait la femme adultère à tous les passants, et, afin de rendre le châtiment plus éclatant et plus complet, on sonnait une cloche pour convier un plus grand nombre d'exécuteurs.

Les Locriens faisaient crever les yeux aux coupables.

Chez les Visigoths, le mari faisait de la femme adultère ce qu'il voulait, et la femme faisait ce qu'elle voulait de la concubine de son mari.

Chez les Saxons, la femme était brûlée. Le complice était pendu ensuite au-dessus du bûcher.

A son retour de la campagne contre les Moscovites, et de ses victoires sur eux, Boleslas, que le triomphe n'avait pas rendu clément, ordonna que les enfants seraient arrachés des

bras des mères adultères et jetés aux bêtes
féroces. Quant à ces femmes, elles ne devaient plus dès lors allaiter que des chiens
et ne pouvaient se montrer en public qu'avec
ces animaux pendus à leurs mamelles.

Chez les Espagnols, il y avait castration de
l'homme. Charles-Quint ordonna la mort des
femmes coupables.

Quand Pizarre découvrit le Pérou, il y trouva
cette loi : non seulement la femme, mais le
père, la mère, les enfants, les frères, la maison et les bestiaux de la coupable, étaient
brûlés.

Chez les Mexicains, lapidation comme chez
les Juifs.

Dans le canton de Guaxlotitlans, la femme
est amenée devant le Cacique, coupée en morceaux, et mangée séance tenante par les témoins.

Chez les Yzépaques on coupe le nez et les
oreilles aux coupables.

Au Brésil, les femmes étaient assommées.

Au Japon, battues jusqu'à la mort.

Les Turcs ont tour à tour coupé en deux, lapidé, jeté à l'eau, cousues dans un sac, les femmes adultères.

En Portugal (moyen âge), on brûlait la femme adultère et son complice. Si le mari ne voulait pas que sa femme fût brûlée, le complice était libre.

Dans la Pologne ancienne, celui qui passe pour abuser des femmes d'autrui, ou avoir quelque commerce adultère, subit la peine suivante : On le conduit sur le pont du marché, on le suspend à un clou par l'organe coupable, et on lui laisse le choix de mourir dans cette position ou de retrancher l'organe avec un rasoir placé tout près de lui.

Les Capitulaires de Charlemagne édictèrent contre l'adultère la peine de mort.

Dans la charte de la vicomté de Turenne, année 1218, on trouve :

« Tout habitant de Martel qui sera surpris avec une femme mariée et convaincu d'adultère sera traîné nu par...... avec la femme également nue. »

Dans les *Établissements de saint Louis* (livre I, chapitre III) :

« Un adultère commis par le vassal, avec la

femme de son seigneur ou avec sa fille, lui fait
perdre son fief : et, s'il est commis par le seigneur avec la femme ou la fille de son homme,
il lui fait perdre son homme. »

Dans le *Trésor des Chartes et Libertés de
Saint-André-lez-Avignon,* année 1292, chapi-.
tre cccxxxvi :

« Si un habitant dudit lieu a commis un adultère,
ils seront fustigés nus par la ville, les parties naturelles de la femme étant toutefois couvertes. »

Philippe de Valois, Philippe le Bel, Jean le
Bon, ont réglementé la matière de cette façon :
Les coupables étaient condamnés à courir nus
par la ville où ils avaient commis le scandale,
après avoir été enduits de miel et roulés dans
des plumes ; ou bien on les donnait en spectacle, liés sur un âne et le visage tourné vers
la queue de l'animal. Mais, quand Philippe le Bel
eut à juger dans sa propre cause, il trouva
cette peine trop légère, et il fit condamner sa
bru Marguerite de Bourgogne, accusée d'avoir
commis l'adultère avec Philippe et Gauthier de
Launois, à être étranglée dans sa prison ; c'est
alors que Blanche, femme de Charles le Bel,

accusée du même crime, parvint à faire déclarer son mariage nul pour cause de parenté ;
les deux hommes furent condamnés à être
mutilés d'abord, puis écorchés vifs et enfin pendus par les aisselles.

Dans le Lyonnais, les deux coupables devaient, complètement nus, la femme courir après
une poule jusqu'à ce qu'elle pût s'en emparer,
l'homme ramasser du foin jusqu'à ce qu'il en
eût fait une botte. La femme devait bien avoir
une amie qui coupait un peu les ailes à la
poule, et l'homme des camarades qui répan-
daient du foin dans les rues. En 1453, Louis XI
abolit cette peine indécente et ridicule.

Dans l'Inde, la femme est battue ou le mari
lui coupe le nez avec les dents.

Si la femme d'un brahmine est coupable d'a-
dultère, la mort. Si son mari lui pardonne, il
doit inviter d'autres brahmines à dîner avec lui,
et elle présente les premiers plats comme une
servante. La punition n'est pas longue, les
plats des brahmines n'étant ni variés ni nombreux. Cette épreuve subie, elle s'assied à table
et elle est pardonnée.

6

Dans l'île Bornéo, la mort. Chez les sauvages de Tierrafirme, la femme est brûlée vive.

Chez les Quojaz, peuple de l'intérieur de la Guinée, la femme coupable est conduite les yeux bandés dans un bois, et on lui dit qu'elle va être livrée aux « jannanines », c'est-à-dire aux esprits. Des témoins cachés de la scène poussent des cris pour lui faire croire que les jannanines irritées viennent, en effet, la chercher; mais, cette première fois, elle en est quitte pour la peur, comme on dit; seulement, à partir de ce moment, il lui est défendu de toucher un mâle, fût-ce un enfant ou un animal; si elle commet une seconde fois l'adultère, le « bellimo », grand prêtre, accompagné de ses ministres nommés « saggonos », lui fait faire, au bruit des crécelles qu'ils agitent, trois fois le tour de la place publique et on la mène de nouveau dans le bois aux jannanines. Seulement, ce jour-là, elle n'en revient plus; on l'y tue et on l'y enterre.

Chez les nègres du Sénégal, les deux coupables sont vendus aux Européens, et ils savent qu'ils ne seront jamais rachetés. L'amant pris en flagrant délit peut être tué. Si la femme est enceinte, on attend la naissance de l'enfant pour la vendre.

Dans le royaume d'Issinie, en Afrique, le mari peut tuer sa femme coupable.

Dans le royaume de Juida, on creuse deux fosses presque contiguës de six à sept pieds de long, de quatre de large, de cinq de profondeur. Dans l'une, on plante à chaque extrémité une fourche en bois et, entre les branches de cette fourche, on place horizontalement un long bâton, auquel on attache, avec des cordes, le coupable tout nu, la face tournée vers le fond, où l'on a disposé quelques fagots. Les femmes du roi sortent alors du palais et viennent enflammer les fagots. Le patient meurt ainsi, rôti à petit feu.

Dans l'autre fosse, la femme est liée toute nue à un poteau planté verticalement ; elle assiste au supplice de son amant. Quand il est mort, les femmes du roi sortent de nouveau du palais, mais cette fois très richement vêtues, portant des vases remplis d'eau bouillante, qu'elles versent sur la tête de la coupable en passant le

long de la fosse, et celle-ci meurt bouillie à
grande eau. Si c'est une des femmes du roi
qui a péché, le galant est placé sur une éléva-
tion, attaché à un poteau, et les grands de la
cour s'exercent sur lui avec leurs zagaies
comme sur une cible. On le mutile ensuite, et
il est forcé de jeter lui-même au feu ce qui
reste dans les mains du bourreau.

Dans le royaume d'Ardra, la femme qui se
donne à un esclave devient esclave du maître
de son amant si ce maître est supérieur à son
mari, sinon c'est l'esclave qui appartient à l'é-
poux outragé.

Dans le Diarbek, le mari, les frères et les plus
proches parents exécutent la coupable. Tous
ceux qui passent peuvent entrer dans la maison,
mais tous ceux qui entrent doivent donner un
coup de poignard à la patiente.

Les Sioux coupent le bout du nez des coupables et les scalpent ensuite.

Dans la vieille Angleterre, la coupable était
traînée nue sur un bahut devant ses parents et
fouettée de ville en ville jusqu'à ce que mort
s'ensuivît. Le séducteur était pendu. En 1329,

René de Mortemer, amant de la reine d'Angleterre, Isabelle de France, fut attaché à une
échelle ; on le mutila, on jeta au feu ce qu'on
lui avait arraché, puis on l'écartela, et les quatre parties de son corps furent envoyées dans
les quatre principales villes de l'Angleterre.

Dans la Nouvelle-Angleterre, mort pour les
deux coupables. Chez les Égyptiens, l'homme
convaincu d'adultère recevait mille coups de
fouet ; la femme avait le nez coupé.

Chez les Mogols, la femme coupable est fen-
due en deux par le mari lui-même s'il veut se
donner ce plaisir-là, sinon par le bourreau.

Dans la Corée, le mari peut tuer sa femme
surprise en flagrant délit ; un homme libre surpris avec une femme mariée est exposé nu dans
tous les carrefours, le visage barbouillé de
chaux, une sonnette dans le dos et chaque
oreille percée d'une flèche.

Dans le Tonquin et en Chine, la femme adultère est livrée à un supplice que Philyre, la mère
du centaure Chiron, avait trouvé fort agréable
sans doute. Il est vrai que c'était un dieu qui
avait pris pour elle la forme d'un cheval. Après

ce supplice, un éléphant, dressé à ces exécu-
tions, saisit la femme avec sa trompe, l'élève
en l'air, la laisse retomber et l'écrase sous ses
pieds. Ce supplice était aussi en usage au xvii^e
siècle, chez les Indiens, sur la côte de Coro-
mandel et à Siam.

Enfin, en France, la femme adultère peut être
condamnée de deux mois à deux ans de prison,
ou tuée par son mari, s'il la prend en flagrant
délit.

Dans tous les pays où le divorce existe, en
Angleterre, en Allemagne, en Amérique, en
Suède, en Norvège, en Hollande, en Belgique,
en Suisse, en Russie, en Danemark, en Grèce, en
Autriche pour la partie protestante, la loi n'autorise ni cruautés ni meurtre; et, comme, dans les
pays catholiques où le mariage n'est qu'un sacrement, la nullité supplée au divorce, il en résulte
que, dans toute l'Europe et dans toute l'Amérique, le mariage peut être dissous légalement sans
qu'il y ait de sang versé. Il n'y a plus que la France
où l'un des époux ait le droit de tuer l'autre.

Est-ce clair ?

Ainsi, chez nous, ou deux mois de prison, ou
la mort. On ne saurait, si on n'en avait la preuve
sous les yeux, imaginer une telle contradiction,
un si incroyable écart de justice, de logique et
de bon sens : une loi ayant d'un côté toute l'indifférence, tout le scepticisme des nations les
plus corrompues, et, de l'autre, toute la cruauté
des peuples les plus barbares et des tribus les
plus sauvages, inférieure même à la loi des
Quojaz, où la femme n'est tuée qu'au second
adultère.

Ce qui doit, en dehors de cette remarque particulière, vous frapper comme moi, monsieur
l'abbé, dans ces différentes peines appliquées à
l'adultère, c'est-à-dire au crime commis contre
la sainteté du mariage, c'est que le législateur
s'en prend toujours à la chair des coupables,
au corps, quels que soient les époques, les pays,
les religions; il ne s'occupe jamais de l'âme.
Ce n'est en France qu'au XVIᵉ siècle qu'il a l'idée
de revenir à une peine plus morale et d'enfer-
mer la femme pendant deux ans, de lui pardonner alors, si le mari pardonne, sinon, de la

vouer et de la rendre à ce Dieu dont elle a violé
les commandements. Chez les civilisés, chez les
sauvages, chez les païens, chez les chrétiens,
chez les infidèles, la chair, toujours la chair, ou
meurtrie ou souillée par un supplice ou un
attentat public. Quand le législateur frappe
l'homme adultère, ce qui est plus rare, le législateur étant homme lui-même, encore la mort,
ou un supplice pire que la mort, supplice loca-
lisé avec un tel acharnement de souvenir et un
tel raffinement de férocité, qu'il ne tient plus
de la justice mais de la colère. On y reconnaît
clairement qu'en rendant de pareilles lois, ce
législateur pense à sa femme, et se prépare, en
cas de dommages personnels, de terribles représailles. Bien que l'Église domine alors les sociétés et qu'elle y fasse, comme vous le dites, uni-
versellement sentir son influence moralisatrice
et miséricordieuse, nous ne la voyons mettre
aucun obstacle ni matériel ni moral à ces peines
corporelles qui venaient dénouer le contrat purement religieux du mariage et séparer violemment
deux âmes qu'elle avait unies pour l'éternité.
Non seulement l'Église tolère ces lois meur-

trières, mais elle les approuve, elle les applique, elle les édicte elle-même. Tandis qu'elles s'adoucissent en France, comme nous venons de le montrer, Sixte V, à Rome, décrète la peine de mort contre les adultères.

On raconte même à ce sujet une histoire assez curieuse. Un jour, un gentilhomme napolitain, nommé Carlo Tosca, fut arrêté à cause des scandales qu'il causait par ses amours pour ainsi dire publiques avec une dame romaine. Ce gentilhomme excipa de sa qualité d'étranger qui ne le laissait pas justiciable, disait-il, des lois de Rome. Il parvint, en effet, à s'en tirer avec les galères ; mais le pape fit pendre la femme adultère et son mari. Ce jugement étrange peut s'expliquer par les mœurs qui régnaient alors à Rome, et qui, du reste, dit-on, y ont régné de tout temps, mœurs qui faisaient que, en cas d'adultère d'une femme, le mari était, le plus souvent, par sa complicité et le profit qu'il tirait de la violation de ce saint contrat, aussi coupable que la femme et le galant. Un des prédécesseurs de Sixte V, Sixte IV avait pourtant fait, cent ans auparavant, ce qu'il avait pu pour garantir le ma-

riage ; car c'est sans doute afin de sauvegarder la
vertu des femmes mariées qu'il avait autorisé
les courtisanes publiques à Rome, et, malgré la
maxime de théologie morale : *Ob vitandum
majus malum possunt meretrices in republica
permitti, sed ex illarum lucro lucrum quærere
est peccatum mortale,* malgré cet axiome, le
pape exigeait de ces femmes un *jules* par semaine, et tirait ainsi de leur gain immonde un
gain de vingt mille ducats par an, ces auxi-
liaires de la morale évangélique étant, à Rome,
au nombre d'environ quarante mille, autant
qu'à Paris aujourd'hui, moitié moins qu'à Londres.

Que devient dans toute cette législation
laïque ou pontificale le pardon des injures
exigé par le Christ ? Il n'en est plus question ;
la loi de Moïse domine : œil pour œil, dent
pour dent, main pour main, pied pour pied?
D'où cela vient-il ? Cela vient, monsieur l'abbé,
de ce que, quoi que vous disiez, la sainteté du
mariage n'est pas ce dont les pénalités tiennent
compte. Ce qui détermine l'homme dans ces
jugements, c'est la passion purement et abso-

lument humaine. Il faut bien vous le dire, d'autant plus que vous et vos frères, qui avez fait vœu de célibat et de chasteté, ne pouvez le savoir par expérience, ce qui indigne le plus l'homme dans l'adultère de sa femme, ce qui indigne le plus la femme dans l'adultère de son époux, ce n'est pas tant la violation de l'engagement moral et la rupture du lien des âmes que le consentement physique, que l'entraînement de cette chair dont l'époux se croyait le seul possesseur, que cet enivrement des sens partagé avec un autre, et la preuve, c'est que, dans l'union libre, le chagrin, l'humiliation, la colère, le désespoir de celui qui est trompé sont exactement les mêmes que dans l'union consacrée par les lois civiles et sanctifiée par les lois religieuses. Ce qui rend le fait plus grave, au point de vue purement humain, dans le mariage, c'est que celui qui souffre de ce fait ne peut y répondre que par la résignation, le scandale ou la vengeance, du moins chez nous ; c'est qu'il ne peut assouvir sa haine (la plus acharnée qui existe, celle qui était contenue dans l'amour) qu'en compro-

mettant d'autres destinées que la sienne,
celles de ses enfants, tandis que, dans l'a-
mour libre, il reste à l'homme ce qui tôt ou
tard le console de tout, parce que c'est son
plus grand bien dans ce monde, celui qu'il arrivera un jour à ne plus vouloir aliéner sous
quelque prétexte et pour quelque raison que ce
soit : la liberté.

-- De ce que vous vous êtes mis préventivement, monsieur l'abbé, au-dessus des passions
charnelles et des conséquences sociales, morales, physiques qu'elles peuvent entraîner, il
ne faut pas conclure qu'elles soient sans importance et qu'elles ne doivent entrer pour rien
dans le mouvement des sociétés et, dès lors,
dans l'élaboration des lois qui les régissent.
Elles y tiennent, au contraire, une très grande
place et partout les lois portent l'empreinte visible, inévitable, nécessaire de la passion.

La virginité est supérieure au mariage, le célibat à l'amour, c'est convenu ; mais enfin, jusqu'à
nouvel ordre, c'est par le mariage et par l'a-
mour que les sociétés vivront et se reproduiront ;
il faut donc compter avec ces habitudes invé-

térées et durables du genre humain. L'Église
au moins, tenant à diriger ce qu'elle ne peut
empêcher, a établi que le mariage serait l'union
de deux âmes ; soit ; mais ces deux âmes sont
enfermées dans des corps, et, sur ces âmes, la
jeunesse, la vigueur et la beauté de ces corps
exercent réciproquement une action si puissante, que toutes les théories philosophiques et
religieuses tendant à supprimer cette action
viendront se briser contre elle. Au seul amour
pour Dieu, c'est-à-dire à l'amour qui n'entre
jamais en possession de ce qu'il souhaite et
qui ne sait quelle forme donner à son objet, il
appartient de se dégager de la matière ; mais
l'amour terrestre, éprouvé et communiqué entre
tre formes humaines, de quelque poésie qu'on
l'enveloppe, par quelques sacrements qu'on le
rehausse, est et reste soumis aux conditions
terrestres, le désir, la possession, la volupté, la
jalousie, la colère, la vengeance. Vous pourrez
enregistrer comme catholique, racheter par le
baptême et, plus tard, exalter par la foi cet enfant qui vient de naître : il n'est jamais que le
produit de deux ivresses purement physiques,

d'autant plus complètes et fécondes que les chairs mises en contact et fondues en une étaient plus robustes et plus ardentes. Cet enivrement de la possession, si redoutable que vos conciles ont fini par déclarer que, afin de le dominer plus sûrement, il valait décidément mieux pour vous ne pas le connaître, supposant peut-être avec raison que cet amour grossier pourrait bien vous suffire comme aux autres hommes et vous sembler préférable à l'amour divin, cet enivrement trouble l'âme à ce point à travers les corps, que, si l'une des deux chairs se dérobe et surtout se partage, l'autre n'a plus qu'une pensée, c'est de voir cette chair, jadis adorée, se tordre sous le châtiment et la douleur, et de lui infliger autant de souffrances qu'elle rêvait autrefois de lui donner de plaisirs. Ou les spasmes de l'amour, ou les convulsions de la torture. Hermione qui fait tuer Pyrrhus au moment où il épouse Andromaque, Othello, qui tue Desdémone qu'il soupçonne d'avoir appartenu à Cassio, seront éternellement vrais. C'est abominable, c'est sauvage; c'est dégradant, tout ce que vous voudrez, c'est ainsi; et voilà pourquoi

les législateurs barbares, civilisés, sauvages,
depuis Moïse jusqu'au dernier chef cacique, depuis Chakyamouni jusqu'à Sixte-Quint, ont toujours si sévèrement puni l'adultère.

De telles fautes et de telles vengeances sont
si rares, qu'on peut assurer qu'elles n'existent
pas, me direz-vous, dans les unions vraiment
chrétiennes. C'est vrai ; mais les unions vraiment
chrétiennes existent-elles beaucoup ?

Peu de mariages ont lieu chez nous sans la
bénédiction de l'Église ; mais, quelque secours
surnaturel que cette bénédiction, selon vous,
fasse obtenir aux époux chrétiens et que ni la
force ni l'autorité d'un contrat civil ne seraient
capables de leur apporter, dites-vous encore,
vous n'en êtes pas moins forcé d'avouer et de
déplorer l'état actuel du mariage en France.

Comment se fait-il encore que l'Église, d'o-
rigine divine, toute-puissante pendant des siècles, ayant eu la direction des âmes, non seulement dans le ciel mais sur la terre, ait laissé le
mariage catholique en arriver à un état si dé-
plorable, que vous soyez amené à le constater
vous-même ?

Vous attribuez cet état aux conséquences de la corruption épouvantable qui avait envahi la France à la fin du siècle dernier. A quoi fut-elle due? Aux maximes antichrétiennes des philosophes et aux mariages dans lesquels domina la question d'argent, surtout quand une tentative malheureuse eut bouleversé et déplacé les fortunes.

Ainsi voilà pour vous la cause de toute cette démoralisation? On pourrait vous répondre, monsieur, si l'on voulait prendre ses arguments dans l'autorité des faits au lieu de les prendre, comme il est bien plus simple de le faire, dans la nature des êtres, des choses, dans leur évolution progressive inévitable, on pourrait vous répondre que cette dégénérescence du mariage a été produite et se trouvait annoncée déjà depuis longtemps par d'autres causes que celles que vous relatez. Les maximes antichrétiennes des philosophes, les mariages d'argent, qui avaient lieu, du reste, entre filles d'enrichis et fils de nobles ruinés — lesquels manquaient ainsi aux saintes prescriptions de l'Église dont ils se vantaient d'être les soutiens — et ce que

vous appelez une tentative malheureuse qui
avait déplacé et bouleversé les fortunes et qui
doit être la révolution française, à moins que
ce ne soit l'incident financier de Law, mais je
ne suppose pas que vous fassiez sortir de si
gros résultats de la folie de la rue Quincampoix ;
toutes ces manifestations extérieures n'ont pas
été des causes, elles n'étaient elles-mêmes, au
contraire, que des effets. Croyez-vous que ce qui
est arrivé n'était pas préparé depuis longtemps
déjà, en ce qui concerne notre sujet, par la corruption de certains rois, tout représentants qu'ils
étaient de Dieu sur la terre ? Croyez-vous que les
poétiques et scandaleuses amours des François Ier, des Henri II, des Marie Stuart, des
Henri IV, des Marguerite de Navarre et des
Marie de Médicis ; croyez-vous que les attentats
de Louis XIV à la sainteté du mariage, que ses
adultères publics, que la légitimation de ses
bâtards, que ses liaisons avec La Vallière et madame de Montespan, son concubinage avec la
veuve Scarron, que, d'un autre côté, les amours
de sa mère Anne d'Autriche avec Buckingham
et avec Mazarin, que cette galanterie introduite

dans toute la cour de France, et je ne parle même
pas des amours de Monsieur, qui étaient plus
qu'un attentat au mariage, qui étaient comme ceux
d'Henri III pour ses mignons, une insulte à l'a-
mour ; croyez-vous que ces galanteries royales,
qui devaient nécessairement produire le libertí-
nage du siècle suivant, du régent et de Louis XV ;
croyez-vous que les liaisons officielles de celui-ci
avec les trois sœurs de Mailly, avec ses propres
filles, dit-on, avec la Pompadour et avec cette
ancienne fille publique la Dubarry, cette créature
qui, selon la belle expression de Lamartine,
déshonora à la fois le trône et l'échafaud ; croyez-
vous que les scandales du cardinal Dubois, qui
mourut du mal honteux dont François Ier était
mort, et que les aventures de M. le cardinal de
Rohan, qui devait compromettre le nom de sa sou-
veraine dans le triste procès du Collier ; croyez-
vous que toutes ces atteintes portées d'en haut
à la sainteté du lien conjugal et même à la morale la plus élémentaire par des rois, des évêques et des cardinaux n'avaient pas leur contre-coup dans la noblesse, dans la bourgeoisie et
jusque dans le peuple, et n'aient pas bien au-

trement compromis le mariage et dissous la famille que la révolte philosophique des Voltaire,
des d'Alembert et des Diderot, sur lesquels
l'Église a pris l'habitude de faire retomber l'immoralité actuelle, révolte qui n'était que la
résultante fatale des scandales de plusieurs
siècles?

Comment pouvez-vous avoir l'idée, dans un
livre que vous nous présentez comme sérieux, de
reprendre encore cette vieille thèse d'attribuer
à l'influence spontanée, personnelle et irréfléchie de quelques hommes, la grande révolution
qui s'est faite chez nous? Ne savez-vous pas, ne
savons-nous pas tous que, lorsqu'une révolution
se produit dans un pays petit ou grand, elle
est toujours la conséquence très tardive d'in-
nombrables abus devenus insupportables, et
que les hommes qui semblent produire le mouvement sont poussés par un effort unanime, non
coordonné, mais devenu irrésistible et qu'ils ne
sont là que les représentants nécessaires, les
mandataires inspirés de l'opinion publique? Où
avez-vous vu, monsieur l'abbé, qu'on remue
et qu'on transforme un peuple avec des idées

personnelles quand ce peuple n'est pas depuis
longtemps en communion secrète avec ces idées
dont certains hommes de génie trouvent finalement la formule ? Si belle, si pure, si haute que
soit la religion chrétienne, croyez-vous qu'elle se
serait substituée au paganisme si les païens
avaient continué d'honorer leurs dieux et de respecter leurs lois, et s'ils n'étaient pas tombés
dans tous les désordres, dans toutes les immoralités, dans tous les crimes imaginables? L'idéal
qu'apportait et que montrait le christianisme répondait à un besoin secret, vague, encore indé-
terminé de la conscience humaine, besoin que
les écoles aristotélique, socratique et platoni-
cienne avaient déjà pressenti, développé, et
auquel l'unité claire de la grande morale juive et
chrétienne venait enfin donner satisfaction et
forme.

Croyez-vous que, quand, quinze cents ans plus
tard, ce petit moine augustin, ce Luther, qui pour
vous n'est qu'un suppôt du diable, un envoyé de
Satan, a entrepris contre ce même christianisme
ou plutôt contre l'Église, qui prétendait seule
le représenter et qui le représentait alors si

mal, a entrepris cette réforme qui vous a peu à
peu enlevé tant de fidèles, croyez-vous que ce
soit une idée d'ambition, de célébrité, de jouis-
sance, de haine qui lui ait traversé tout à coup
la cervelle?

Cette idée de la Réforme n'est pas plus une
idée individuelle qui a poussé tout à coup dans le
cerveau de Luther que l'idée de la révolution
française n'a été une idée spontanée des philosophes de l'Encyclopédie? Ce serait, d'ailleurs,
faire bien peu d'honneur à la sainteté de la religion chrétienne et à la majesté de la monarchie de droit divin que de croire et de déclarer
qu'il suffit d'une idée qui traverse le cerveau
d'un moine ou d'un philosophe pour diviser l'une
et renverser l'autre.

Non, monsieur l'abbé, quand Luther a fait
ce grand schisme, ce schisme était annoncé,
prévu, inévitable depuis longtemps. Luther ne
faisait que reprendre en Allemagne le mouvement que, cent ans plus tôt, Wicleff avait
provoqué en Angleterre contre les abus du pouvoir spirituel et temporel des papes; Wicleff, de
son côté, n'ayant fait que donner suite aux idées

de Valdo et de Bacon ; et, si l'on regarde bien attentivement, on voit que cette réforme qui triomphe par Luther venait déjà d'Abélard et que le libre examen dont nous usons aujourd'hui, dont vous trouvez que j'abuse en ce moment, date des Vigilance et des Arius dont l'Église eût peut-être dû tenir plus de compte. Les réformes, dans les choses humaines, sont si naturelles, le besoin en est si incessant, si logique, si héréditaire, que, dans le sein même de votre Église, que vous déclarez une, fixe, immuable, éternelle. elles ont été tentées maintes fois par des Pères et des docteurs plus clairvoyants, plus perspicaces, plus politiques que les autres. Qu'est-ce que le grand schisme d'Occident, créant deux papes, l'un à Avignon, l'autre à Rome, tandis que le concile de Pise en nommait un troisième, si ce n'est l'esprit de réforme pénétrant dans l'Église même et devant triompher en dehors d'elle et contre elle, puisqu'elle ne voulait pas y accéder?

Où était, pendant ce schisme, cette unité, cette fixité, cette infaillibilité que vous nous vantez toujours?

La vérité, monsieur l'abbé, c'est que, si l'É-

glise avait suivi les conseils du concile de
Constance et avait fait elle-même ses réformes,
elle aurait évité ce que vous appelez le grand
scandale du xvi⁰ siècle et qu'elle n'aurait pas
eu besoin de brûler Jérôme de Prague et Jean
Huss. Lorsque Luther reprend le mouvement
et brûle publiquement, à son tour, la bulle du
pape qui l'excommunie, pourquoi l'Église ne le
brûle-t-elle pas comme elle a fait de ses deux
derniers précurseurs?

Cent ans se sont écoulés; est-elle donc devenue plus raisonnable, plus pure, plus clémente,
plus éclairée? Non; elle est devenue moins
forte. Ses désordres sont encore plus connus;
ses exactions plus irritantes, sa tyrannie plus
odieuse et plus insupportable, et le bras de chair
qui a massacré tant d'Albigeois, de Vaudois
et de Hussites, qui a allumé tant de bûchers,
ne lui obéit plus aussi facilement. Les idées des
réformateurs vaincus ou brûlés par la papauté,
qui, après ces victoires, s'est cru tout permis,
ont fait leur chemin de siècle en siècle.

Quant à vous, monsieur l'abbé, ce que vous
reprochez le plus à la Réforme, ce qui, pour vous,

la fait damnable et responsable de tous les malheurs et de toutes les corruptions des temps modernes, c'est qu'elle a introduit le divorce dans le mariage. Pour nous, au contraire, c'est un de ses grands mérites, car il était temps que le mariage fût soustrait à l'autorité de l'Église et se retrempât dans le droit et dans la morale.

Savez-vous, monsieur l'abbé, comment l'Église traitait alors ce sacrement du mariage institué par Dieu lui-même, et cet amour de l'homme et de la femme dont vous avez fait une si belle peinture au commencement votre livre? Je vais vous le dire, puisque vous ne le savez pas, ce qui n'est pas votre faute. Ce n'est pas là où vous avez fait vos études qu'on apprend ces choses-là.

Si, au lieu de traiter tout bonnement et tout simplement la Réforme de grand scandale, vous vous étiez donné la peine de lire le livre de Luther, intitulé : « Resolutiones de virtute indulgentiarum ad Leonem Decimum, pontificem maximum, » vous auriez pris connaissance d'une discussion où Luther refuse au pape le droit d'accorder certaines indulgences, « par exemple, pour l'adultère ». Si vous n'étiez déterminé à n'avoir aucune confiance dans ce qui vient de Luther, je vous citerais un passage d'une lettre de lui adressée le 31 octobre 1517 à l'archevêque de Mayence, laquelle je trouve dans le recueil authentique de ses lettres, à propos des dominicains qui parcouraient l'Allemagne en vendant des indulgences pour les crimes les plus monstrueux qu'ils déclaraient tous rachetables. Luther dit : « Ils croient que l'indulgence est assez puissante pour sauver le plus grand pécheur, celui (tel est le blasphème) qui aurait violé la sainte mère de notre Sauveur. »

Tout le monde sait que le cardinal de Lorraine avait acheté, pour lui et douze personnes de sa suite, la rémission de trois péchés, « au choix » ! (Croyez-vous que l'adultère n'était pas dans les trois ?) ; que la sœur de Charles VIII, la duchesse de Bourbon, avait payé le droit, pour elle et dix personnes, de se faire absoudre toute sa vie de tout péché, les dimanches et fêtes. Or on comptait cinquante-deux diman-

ches et quarante-sept fêtes. Les autres jours ne
servaient plus qu'à choisir les péchés, à se pré-
parer au plaisir de les commettre et à s'en
reposer tranquillement après.

Voulez-vous vous immortaliser parmi les catholiques, monsieur l'abbé, et vous faire au moins
béatifier par Rome, prouvez-moi, prouvez-nous,
ce que personne n'a pu prouver encore, que le
livre où je prends les détails que je vais vous
donner est l'œuvre d'un faussaire, le pamphlet
d'un luthérien, comme l'a dit à tort un grand
polémiste catholique ; seulement je vous pré-
viens que la première édition de ce livre, dont
il existe un exemplaire au British Museum et un
à la bibliothèque de Berne, est de 1479, et
vous savez aussi bien que moi que Luther est né
en 1483.

Que ce catalogue étrange soit l'œuvre d'un
pape, de Jean XXII, par exemple, ayant besoin
d'argent pour soutenir la lutte contre l'antipape
Nicolas V, ou que ce soit l'œuvre de cet antipape
qui ait voulu faire connaître les excès de ses
prédécesseurs ; que ce soit l'œuvre d'un naïf
qui ait cru nécessaire de bien fixer et répandre

le prix des indulgences pour qu'elles produisissent davantage ou d'un prêtre défroqué qui a voulu trahir et dénoncer ces honteux trafics, toujours est-il que ce livre existe, que c'est contre ces indulgences que Luther a protesté et qu'elles ont été la première cause, le premier prétexte, si vous l'aimez mieux, de la guerre déclarée par lui à l'Église catholique. Ce qui est certain, c'est que le cardinal Pallavicini, qui a écrit, en apologiste, l'histoire du concile de Trente, et ne saurait, par conséquent, être soupçonné d'hostilité, fait pour excuser Jules II et Léon X, qui avaient donc besoin qu'on les excusât, le malheureux raisonnement qui suit :

1° *Soave ne dit pas un seul mot qui indique que les indulgences furent motivées par le besoin qu'on avait d'argent pour la construction de la basilique Saint-Pierre. C'est pourtant un fait dont Luther parle expressément dans sa lettre à l'électeur de Mayence et dans ses conclusions, qui furent, pour ainsi dire, les premiers sons de trompette qu'il fit entendre contre la religion catholique. Par conséquent, l'auteur qui écrivait tous ces faits,*

qu'il connaissait bien, n'a pu céder à la
mauvaise foi quand il a gardé le silence sur
celui-ci ;

2° S'il en avait du moins fait mention, je
l'excuserais des reproches qu'il fait à Léon d'a-
voir donné à sa sœur Madeleine les contributions de quelques parties de l'Allemagne, c'est-
à-dire, de la Saxe et des contrées voisines.
Soave n'a pas hasardé cette assertion, car il l'a
puisée dans un auteur grave (Guichardin). Si le
fait est vrai, il serait digne de blâme, à cause
de ce qu'il présente d'inconvenant au premier
abord : toutefois il ne serait pas au fond une si
grande énormité que le suppose Soave, qui,
dans le récit qu'il fait des actions des papes,
s'attache toujours aux historiens les plus mal
intentionnés. . . . .

. . . . . . Mais, comme il arrive souvent
que les princes, par économie, tel qu'était Léon,
détournent, pour l'employer à des choses moins
importantes, l'argent destiné à la guerre ou à
d'autres entreprises plus nécessaires, avec l'es-
poir d'aviser à ces dernières dépenses à l'aide
d'autres deniers ; ainsi, si on suppose la vérité

de cette prétendue donation, Léon ne se serait proposé, en la faisant, que de dédommager sa sœur de ce que la famille Cibo, à laquelle elle s'était alliée, avait dépensé pour lui, dans le temps où il était dans une position de fortune moins brillante et plus gênée.

Et un peu plus loin, Pallavicini, auquel nous emprunterons bien d'autres arguments, puisque, en sa qualité d'apologiste, il ne saurait être désavoué par vous et que d'ailleurs l'Église l'a déclaré orthodoxe, Alexandre VII l'ayant fait cardinal en 1657, Pallavicini ajoute :

Que les produits des indulgences aient été vendus à des collecteurs particuliers, c'est encore une chose qui répugne tellement par les seules apparences, que je déclare franchement qu'il aurait mieux valu s'exposer à tous les préjudices possibles que de donner aux chrétiens ce scandale actif ou passif, comme on voudra. Mais, si l'on considère la chose en elle-même, pour peu qu'on soit versé dans les affaires de ce monde, on verra qu'il était à peine possible de recourir à un autre

*mode. Quel prince n'est pas forcé de se servir de
ce même moyen pour la levée des impôts? Car,
si, perçus ainsi, ils lui rapportent moins, combien ne rapporteraient-ils pas moins encore, s'il
les levait par des administrateurs agissant en
son nom? Et cependant la perception des impôts
ordinaires entraîne avec elle les inconvénients
et les désordres inséparables des contributions
forcées, tandis qu'il n'y avait rien de semblable
à craindre d'un impôt volontaire, tel qu'était
celui des indulgences. Ainsi, Léon tomba, il est
vrai, dans plusieurs erreurs, mais pas dans des
erreurs aussi graves que le supposent ceux qui
s'imaginent faire preuve de zèle en cherchant à
discréditer, dans l'esprit des peuples, celui au
respect duquel est attaché le repos public, c'est-
à-dire le prince.*

Tout le monde ne saurait pas que Pallavicini était un jésuite, qu'on le devinerait facilement à cette étrange manière de défendre
l'Église concussionnaire et simoniaque.

Or voici ce que je trouve dans ce livre qui
était devenu rare, mais qu'une édition française vient justement de mettre à la portée de

tout le monde, sans que personne ait encore
prouvé que ce qu'il contient soit faux ; voici
ce que je trouve au sujet du mariage et des
commandements qui nous occupent ici ; je ne
veux relever que ce qui a rapport à mon
sujet :

« L'absolution pour un homme qui a connu
une femme dans une église et commis d'autres
méfaits, 6 gros.

» L'absolution pour un prêtre concubinaire
avec la dispense de l'irrégularité, et cela malgré
les constitutions provinciales et synodales, etc.,
7 gros.

» Pour un laïque, 7 gros.

» L'absolution pour celui qui a commis un
inceste avec sa mère, sa sœur, avec une femme
qui est sa parente par le sang ou par alliance,
ou bien avec sa commère, 5 gros.

» L'absolution pour une femme qui, à
l'aide d'un breuvage ou de quelque manœuvre,
a tué l'enfant qu'elle portait dans son sein,
5 gros.

» *Remarque*. — Dans le cas où c'est un prêtre ou un clerc qui a commis les manœuvres

susdites et tué l'enfant dans le sein de sa mère, on le traitera comme s'il avait tué un laïque.

» L'absolution pour un mari qui a battu sa femme et l'a fait avorter avant terme, 6 gros.

» Le bâtard d'un prêtre qui veut recevoir tous les ordres et obtenir un bénéfice avec ou sans cure doit 1 ducat 1 carlin ; le bâtard ordinaire, 1 ducat 0 carlin ; s'il demande deux bénéfices compatibles, 2 ducats 2 carlins et pour trois bénéfices compatibles 4 ducats 4 carlins.

» *Absolutio pro eo qui virginem defloravit*, 6 gros.

» L'absolution pour un prêtre qui a béni le mariage de ses enfants, 6 gros.

» L'absolution pour un prêtre qui a célébré un mariage clandestin ou qui a assisté à la cérémonie, 7 gros.

» Si un homme tâche de faire mourir sa femme et que néanmoins il n'ait pas commis le crime ni promis de se marier avec une autre, on peut lui permettre, après le décès de sa femme, de se marier avec une autre en payant 9 tournois 2 ducats et 9 carlins.

» Si un adultère ou celui qui aurait donné sa foi ou contracté mariage avec une femme, machine la mort de sa partie, il ne peut jamais obtenir la dispense pour se marier avec une autre. Mais, s'il a déjà contracté mariage, et *que la chose soit encore secrète*, on peut le dispenser, mais seulement en confession devant le tribunal secret de la conscience, moyennant 36 tournois et 9 ducats.

» Si un homme, déjà marié, du vivant de sa femme en épouse une autre qui ignore le premier mariage; si cette première femme vient à mourir, cet homme est obligé de garder cette seconde femme, à la charge néanmoins de renouveler le mariage qui ne pourra être dissous qu'à la requête de la femme. Pourquoi il sera tenu de donner 9 tournois 2 ducats 9 carlins.

» Si un homme dont la femme a été longtemps absente, la croit morte et qu'il se marie avec une autre, qu'il demeure avec la seconde femme à laquelle il rendra tous les devoirs de mari, lorsqu'il en sera requis, étant toujours dans l'opinion que sa femme est morte, à la charge néanmoins qu'il ne pourra contraindre sa seconde femme à lui rendre le devoir conjugal. Et, si la première femme revient, il est obligé de la reprendre et de laisser la seconde. Cependant, il payera 9 tournois 2 ducats et 9 carlins.

» La taxe pour celui qui tue sa femme est la même que celle du parricide. Si le meurtrier de sa femme veut avoir sa dispense pour se marier avec une autre, il payera 8 tournois 2 ducats 9 carlins.

» Et, à l'égard de ceux qui auraient prêté leur secours au mari pour tuer sa femme, la taxe susdite sera augmentée de 2 tournois par tête.

» L'absolution pour toute erreur de la chair, de quelque nature qu'elle soit, commise par un clerc, fût-ce avec une religieuse, dans le cloître ou ailleurs ; ou avec ses parentes ou alliées ; ou avec sa fille spirituelle (filleule); ou avec une autre femme quelle qu'elle soit, soit enfin que cette absolution soit demandée au nom du clerc simplement, ou de lui ou de ses concubines

avec dispense de pouvoir prendre les ordres et
tenir des bénéfices et avec la clause inhibitoire,
coûte 36 tournois et 3 ducats.

» Pour toute sorte de péchés de luxure
commis par un laïque, l'absolution se donne
au tribunal de conscience moyennant 6 tournois
et 2 ducats.

» L'absolution d'un inceste commis par un
laïque s'accorde en conscience pour 4 tournois.

» Si l'incestueux et l'incestueuse sont compris
dans la bulle, l'absolution de tous deux se fait
en conscience ; et autrement moyennant 18 tournois 4 ducats et 9 carlins.

» Si la clause inhibitoire y est jointe, pour un
seul, il faut 24 tournois et 6 ducats. Pour tous
les deux, avec la même clause, on payera 36
tournois et 9 ducats.

» L'absolution d'un laïque pour crime d'adultère donnée au for de la conscience, coûte 4
tournois.

» Et, s'il y a adultère et inceste, il faut payer
par tête 6 tournois.

» Pour l'homme et la femme adultères, conjointement, on payera 6 tournois et 2 ducats. »

En voilà assez.

Connaissez-vous ces textes, monsieur l'abbé ?
si vous les connaissez, comment le prenez-vous
de si haut avec le grand homme qui, scandalisé
par de pareils abus, a tenté et accompli la Réforme ? Comment pouvez-vous traiter de nations
corrompues et dégradées les nations qui ont
voulu se soustraire à une Église qui tolérait de
pareilles infamies, qui en bénéficiait si effronté-
ment ? Si vous ne les connaissez pas, laissez-moi
vous dire, pour vous faciliter les recherches et
les réfutations que vous allez sans doute faire,
où vous trouverez les livres authentiques qui
contiennent ces étranges renseignements.

La première édition, nous l'avons dit, est
de 1479, et publiée à Rome. Tâchez de retrouver une bulle de cette époque qui condamne ce
livre, le déclare mensonger et le condamne au
feu, ainsi que son auteur, comme cela se faisait si facilement alors. A ce propos, pour
vous montrer avec quelle facilité aussi les papes
mettaient leurs signatures sur les bulles qu'on

leur présentait, laissez-moi vous raconter une histoire peu connue, au sujet d'Innocent X, le même qui condamna les cinq propositions de Jansénius.

Sous son pontificat, un homme, alléché sans doute par l'élasticité des indulgences, eut l'idée saugrenue d'épouser un homme. Cette idée était venue jadis à Néron, qui, en sa qualité de païen tout-puissant et fou, l'avait mise à exécution. Mais notre homme, simple particulier et catholique, voulut faire les choses *canoniquement* et obtenir une dispense. Il s'adressa à un camérier quelconque, qui, moyennant une bonne somme, lui promit de lui obtenir ce qu'il voulait et qui, en effet, présenta à la signature du pape cette bulle inusitée. Ce camérier s'était servi d'une écriture menue et d'une encre si pâle, que le pape n'en put rien déchiffrer et demanda au camérier de quoi il s'agissait. Celui-ci lui donna une explication quelconque et le pape signa. Muni de son autorisation, ce fiancé à rebours alla trouver son curé, à reculons sans doute, et demanda la consécration de l'Église. Le curé en référa avec épouvante à son évêque

qui en écrivit.à Rome. La fraude fut découverte
et le camérier fut brûlé vif ; mais Innocent X eût
peut-être mieux fait de lire ce qu'il. signait.

Puisque le saint-siège avait de pareils châtiments à sa disposition, il devait en user quand
on lui imputait des prévarications fausses ; il a dû
en user quand on a publié ces livres qui déshonoraient publiquement l'Église ; il vous sera donc
facile, monsieur l'abbé, de retrouver la bulle qui
condamna au feu l'auteur de la première publication de ce pamphlet. Comme cette publication a eu lieu en 1479, à Rome, si l'auteur coupable a pu disparaître, l'éditeur complice a pu.
être pris ; en tout cas, le livre a pu être condamné. Tirez les catholiques et les bibliophiles
du grand embarras où ils se trouvent, les uns
pour leurs consciences, les autres pour leurs col-
lections, et donnez-nous le nom de l'auteur, le
libellé du jugement pontifical qui le condamne
et le procès-verbal du bourreau qui l'a exécuté.

Vous me répondrez, je le sais bien, que le
livre des Taxes de la banque du pape a été
prohibé dans l'*Index* publié en 1570, selon les
prescriptions du concile du Trente, et sous l'au-

torité de Philippe II et du duc d'Albe. A quoi
je vous répondrai qu'il n'était guère dans les habitudes de la cour de Rome de mettre cent ans
à connaître et à poursuivre de pareils délits et
de se contenter d'une simple prohibition quand
elle avait d'autres moyens plus expéditifs et
plus sûrs. Que Rome ait regretté la publication
de ce livre, qu'elle en ait recherché les différentes éditions, qu'elle en ait détruit tous les
exemplaires qui ont pu être retrouvés, qu'elle ait
compris le danger de ces simonies à ciel ouvert, qu'elle ait voulu, en présence de la Réforme, réformer quelques-uns des abus qui en
avaient été la cause, c'est possible, c'est certain
même ; mais ces abus d'indulgences à prix fixe
ont été tels, que je trouve, dans un des ser-
mons d'Olivier Maillard de l'ordre des frères Mi-
neurs, qui fut prédicateur de Louis XI, et qui
mourut en 1502, cette phrase qui montre à
quel point, dans l'Église même, on pouvait être
révolté du commerce des indulgences :

« Cafards jargonneux, ne tenez-vous pas vos
auditeurs pour leur soustraire leurs bourses ?
Croyez-vous *qu'avec des milliers de péchés il*

suffise de jeter six blancs dans un tronc pour
être absous? Cela m'est dur à croire et plus
dur à prêcher. »

Donc, il y avait ordre, de Rome, de prêcher
cela, et nous avons le droit de vous demander
un peu plus de justice et de tolérance pour ceux
de cette pauvre nation française qui, ne pouvant
plus acheter moyennant quelques ducats le droit
à l'adultère, à la bigamie et à l'annulation du
mariage, demandent honnêtement et naïvement
qu'on revise une loi dont ils ont tant souffert et
dont l'Église a tant bénéficié.

Vous le voyez, monsieur l'abbé, empereur,
pape, roi, prêtre, noble, bourgeois, roturier,
barbare, sauvage, païen, chrétien, l'homme,
l'homme toujours, à travers les religions, les
politiques, les âges et les mœurs, avec ses besoins, ses intérêts, ses passions toujours les
mêmes, en travers de son idéal. Ce n'est donc
pas parce que l'esprit diabolique de Luther a
eu l'idée, un beau jour, de renverser le christianisme, qu'il a entraîné tant de gens dans la
Réforme ; ce n'est pas parce qu'il avait du gé-

nie, de la volonté, de la colère, des armes, que
Luther a réussi? C'est parce qu'il s'est senti en
communion avec un très grand nombre de consciences révoltées de l'abus que la papauté faisait alors de son mandat et désireuses de :rame-
ner le christianisme à sa morale et à sa pureté
premières en le dégageant des mains viles qui
l'exploitaient et le déshonoraient; c'est parce
que la justice et la vérité se trouvaient depuis
longtemps avec lui, c'est parce qu'il avait raison
enfin. Quand une société se sent décidément
trop opprimée, il suffit tout à coup qu'une voix,
une seule, mais énergique, convaincue, sincère,
crie : « J'étouffe ! » pour que des millions de
voix lui répondent : « Mais nous aussi, nous
étouffons ! » et pour que des millions de bras se
mettent à battre les murs de la prison d'où
cette voix s'est fait entendre.

Ce dont on pourrait s'étonner quand on par-
court l'histoire des différentes révolutions, c'est
qu'elles aient tant tardé à se produire et que
des masses opprimées et qui n'avaient qu'à
se compter et à vouloir pour y échapper aient
supporté si longtemps et si patiemment l'oppres-

sion de quelques hommes, quelquefois d'un seul.
Bref, les institutions humaines ne tombent jamais
sous les efforts de ceux qui les attaquent, mais
toujours sous les fautes de ceux qui avaient
reçu mission de les défendre et qui avaient
intérêt à les maintenir ; voilà la vérité. Ce n'est
que lorsque les hommes chargés de faire fonc-
tionner ces institutions les détournent à leur
seul profit des intérêts communs qu'il vient à
l'idée de quelques hommes d'en faire l'observa-
tion d'abord, puis de demander respectueusement que ladite institution soit ramenée à son
principe, puis de se plaindre, puis de murmu-
rer, puis de menacer, enfin de se mettre en révolte ouverte. Les observateurs superficiels ou
de parti pris ne voient alors ou ne veulent voir
que le mouvement des assaillants ; ils ne consta-
tent ou ne veulent constater que les malheurs qui
résultent immédiatement de ces commotions, et
qui sont toujours d'autant plus grands qu'ils
se sont plus fait attendre et qu'ils auraient pu
être plus facilement évités, si les détenteurs du
pouvoir avaient eu seulement en bonne volonté
la moitié de ce que ceux qui se plaignaient

avaient en patience. Les représailles sont toujours forcément en raison de la durée et du
poids des maux subis.

Ainsi nous voilà, aujourd'hui, demandant le
divorce reconnu par Moïse, consenti par Jésus,
accepté par la première Église chrétienne, conservé par l'Église catholique, tantôt sous son vrai
nom, tantôt sous un autre, rétabli légalement par
Luther, dans les pays protestants, par la Révolution française dans la France devenue libre, aboli
par la Restauration dans notre pays redevenu po-
litiquement catholique, redemandé par la révolution de 1830, qui avait de nouveau supprimé
la religion d'État, repoussé par la Chambre des
pairs restée catholique, réclamé de nouveau
par la révolution de 1848, refusé par l'Empire
ou plutôt par l'empereur, puisque l'Empire ne
faisait que ce que l'empereur voulait et que
celui-ci, dont le fils devait être le filleul du pape,
avait pris nécessairement, lorsqu'il était prétendant, des engagements formels avec l'Église;
nous voilà, aujourd'hui, demandant une réforme
dont la nécessité est évidente, qui est dans l'air,
chez nous, qui fait partie des Codes de tous nos

voisins ; que nous répondent nos adversaires ?
Que nous attaquons la sainteté du mariage, que
nous voulons le renversement de la famille et la
perte de la société.

Eh bien, permettez-moi de vous le dire, le
plus poliment du monde, monsieur l'abbé, ce
n'est pas vrai.

Si l'institution du mariage était ce qu'elle
doit être, personne n'aurait l'idée de demander le divorce. Vous avouez vous-même que
ces païens de Romains, bien qu'ils eussent une
loi qui les autorisât à divorcer dans certains
cas, sont restés plus de quatre cents ans sans
user de cette loi et sans qu'il y eût une demande
de divorce. Que les chrétiens d'aujourd'hui en-
tendent et respectent le mariage comme l'en-
tendaient et le respectaient les païens d'autrefois, et personne ne pensera au divorce, fût-il
inscrit dans notre Code. Mais, malgré l'indissolubilité du mariage, il est loin d'en être ainsi
en France, et nous verrons tout à l'heure
avec quelle amère éloquence vous le constatez
vous-même. Où est le remède au mal, car
c'est ce que nous cherchons, vous et nous ? Si

vous en avez un meilleur que le nôtre, donnez-
nous-le, nous le prendrons.

Pour vous, le remède est dans le retour aux
lois établies, selon vous, par Dieu ; maintenues,
selon vous, par l'Église : une seule femme pour
un seul homme, deux chairs en une seule; fidélité de part et d'autre, amour des enfants, communion de la famille réunie dès la terre dans le
sein de Dieu.

Je commence par vous déclarer que, comme
père, je désire peut-être plus que vous qu'il en
soit ainsi, et je m'efforce, en tout cas, autant
que personne de faire comprendre à qui dépend
encore de moi que la vérité et par conséquent le
bonheur autant qu'il peut exister est là ; et il y
est, ce n'est pas douteux ; après ? Le moyen
maintenant ? le moyen que tous les Français
qui s'écartent tous les jours de plus en plus
de ces lois morales rebroussent tout à coup
chemin et y reviennent, le connaissez-vous ?
Non; vous le savez aussi bien que moi, l'humanité ne revient pas, elle va.

Prise d'un irrésistible besoin de savoir que
vous appelez et appellerez inutilement un dan-

gereux esprit de révolte, qu'elle ait tort pour
les uns et raison pour les autres, à cette heure
l'humanité non seulement ne manifeste pas
la moindre disposition à revenir aux ordonnances de l'Église et aux plus élémentaires
principes de la morale, mais elle discute de
plus en plus le Dieu du Décalogue et elle s'é-
carte de plus en plus de l'Église ou du moins
de celle qui veut l'indissolubilité du mariage;
puis, en dehors de la France, de l'Italie, de
l'Espagne et du Portugal, qui n'en sont pas plus
moraux pour cela, tous les autres pays du
monde sont païens, comme vous les appelez,
quand ils sont restés depuis leur origine en dehors de la doctrine catholique à laquelle, malgré
vos missionnaires, ils ne se rallient pas du tout,
ou schismatiques et hérétiques, comme vous les
appelez encore, quand ils se sont séparés du
catholicisme, ce qui arrive aux quatre cinquièmes des nations européennes.

Mais ce n'est pas tout. Voilà cette humanité, du
moins l'humanité française, celle qui nous occupe
dans ce débat, qui s'éloigne non seulement des lois
qui devraient régir le mariage, mais du mariage

lui-même. Les hommes, en France, commencent à ne plus vouloir se marier. Il ne manquait plus que ça ! Voulez-vous que nous jetions les yeux sur les statistiques? C'est brutal, une statistique, mais c'est net et clair. Le dernier volume de la statistique annuelle publié, il y a justement quelques jours, nous donne les renseignements suivants, pénibles mais officiels.

En 1873, les mariages ont diminué de 31,516 ; en 1874, de 18,125 ; en 1875, de 2,688 ; en 1876, de 9,034 ; en 1877, où s'arrêtent les informations de la statistique, on prévoit une diminution plus grande encore. De plus de 330,000 par an, le mariage est descendu, en cinq années, au-dessous de 290,000.

« Et naturellement, dès qu'on se marie moins, il y a aussi moins d'enfants. Le rapport des naissances à la population oscille à peine autour de 2,60 pour 100. Jamais le taux de la *natalité* française n'est descendu aussi bas qu'en 1871, où il a été de 2,26 pour 100. En 1872, une réaction favorable s'est produite ; mais, depuis lors, elle n'a pas persisté. *Aucune autre nation ne présente une proportion aussi faible.*

» A quoi faut-il attribuer le fait que nous signalons ? Est-ce à la corruption des mœurs ? Nos jeunes hommes reculent-ils devant les devoirs de famille et préfèrent-ils les unions libres, qui sont le plaisir et l'indépendance, aux unions sacramentelles, qui sont la chaîne et le souci ?

» La statistique répond qu'il n'en est rien. Les naissances d'enfants naturels, signe expressif de l'immoralité publique, ont diminué dans la même période beaucoup plus que celles des enfants légitimes. De 7,48 pour 100, elles sont descendues à 6,96. »

(*La Liberté*, lundi 6 octobre 1879.)

Ainsi, monsieur l'abbé, non seulement on se marie moins en France, mais on se reproduit moins. Non seulement l'amour conjugal est atteint, mais encore l'amour naturel. Et aucune autre nation païenne ou schismatique ne présente le même phénomène.

A quoi faut-il attribuer cette nouvelle infraction aux lois morales et naturelles ? L'auteur de l'article (article non signé) croit que le luxe des femmes est la cause de cette défection de l'homme.

C'est certainement une des raisons, mais elle ne
porterait que sur les classes aisées de la société,
tandis que la statistique porte sur la masse de
la population. D'ailleurs, le luxe des femmes
est le même dans les autres pays, et la conséquence ne s'en fait pas sentir dans la diminution des mariages, puisque tout autour de nous
on épouse et on enfante plus que nous. Ce
n'est donc là qu'une raison secondaire. L'auteur
de l'article se demande encore si ce sont les
philosophies de Schopenhauer et de Hartmann
qui font des prosélytes en France, et si nous
trouvons décidément la vie tellement triste et
misérable, que nous suivions enfin les conseils
de ces philosophes qui prétendent que moins
on fait d'enfants moins on fait de malheureux.
Jamais le Français, à mon avis, ne poussera
l'amour de son prochain jusqu'à cesser de le
mettre au monde et renoncer à l'amour des
femmes pour le bien des enfants. Est-ce Malthus
qui triomphe ? demande encore le publiciste. Il ne
répond rien ; moi, je réponds : Évidemment. Les
hommes intelligents qui aiment et habitent la
campagne, qui se donnent la peine d'étudier les

mœurs des paysans, vous diront que ceux-ci ne
se reproduisent plus avec la même fréquence
qu'autrefois, pour ne pas diviser à l'infini, dans le
grand nombre des enfants qu'ils pourraient avoir,
la petite propriété qui leur coûte tant de peine à
acquérir et à conserver. Ce n'est même pas
tout. Pour empêcher autant que possible, légalement, cette division, s'ils ont plus d'un enfant,
ils avantagent presque toujours l'aîné. Voilà une
des causes principales, en dehors du libertinage
et du relâchement des mœurs, de la diminution
des naissances légitimes ; mais ce n'est pas la
seule.

On se marie moins et on se reproduit moins,
en France, non pas seulement parce que l'épouse
légitime coûte trop cher, puisque l'épouse libre
coûte plus cher encore (il est vrai que, pour subvenir aux besoins de la maîtresse, on se réunit
plusieurs, tandis que, pour satisfaire aux fantaisies de l'épouse, on est seul, quelquefois) ; non
pas seulement parce que, marié ou non, on ne
veut avoir que le plaisir de l'amour, sans en avoir
les charges, mais parce que nous traversons une
époque où toutes les institutions du passé, si belles

qu'elles aient pu être, si nécessaires qu'elles aient
été, si regrettables qu'elles soient, sont ou vont
être mises en question. Je comprends le chagrin
des hommes comme vous qui représentent et dé-
fendent très sincèrement ces institutions ; mais,
soyez-en bien convaincu, monsieur l'abbé, rien
n'y fera, rien n'arrêtera le mouvement que
l'humanité a commencé en dehors de vos voies
traditionnelles. De même que l'homme va se
mettre à chercher dans les phénomènes naturels
la notion de ses origines, de sa destinée et de
sa fin, de même il va reprendre dans ses seuls
instincts naturels la direction de sa vie sociale.

Or savez-vous quels sont ses deux instincts
naturels, irrésistibles dans l'ordre psychique ?
c'est l'amour et la liberté. Ces deux instincts
naturels se sont socialement combattus jusqu'à
présent ; il a fallu que l'homme immolât ou plutôt subordonnât l'un à l'autre. Lorsqu'il voulait
avoir une femme, des enfants, une famille, une
patrie, quand il voulait aimer enfin, dans la plus
haute et la plus noble acception du mot, les
lois religieuses et sociales lui disaient : « A cet
instinct de l'amour que tu veux satisfaire, tu

sacrifieras cet autre instinct : la liberté ; tu seras citoyen, époux et père, mais tu seras engagé par contrat dans ta nationalité et dans ton
mariage ; tu exposeras ta vie pour ta patrie
et tu ne pourras en avoir qu'une. Tu travail-
leras pour ton foyer, et tu ne pourras en avoir
qu'un. Si tu préfères ta liberté, tu seras un in-
discipliné, un réfractaire, un vagabond ; tu n'auras pas de foyer consacré, tu n'auras pas d'enfants légitimes, tu n'auras pas de patrie fixe. »
La plupart des hommes ont immolé leur besoin
d'être libres à leur désir d'être heureux et par
conséquent à l'amour et à la famille, qui contiennent, en effet, les plus grandes chances de
bonheur, et les sociétés civilisées se sont con-
stituées sur les bases de la famille qui résulte
de l'amour, du travail qui résulte de la famille,
de la prospérité qui résulte du travail, de la
morale qui résulte du tout.

Mais voilà qu'aujourd'hui, la science lui ayant
agrandi la terre, lui ayant facilité l'espace et
les moyens, l'homme éprouve le besoin d'aller,
de venir, de connaître, de changer de lieux,
d'impressions, de destinée peut-être, et il lui

semble que l'amour légitime l'asservit, que la
famille légale le limite, que la morale religieuse
l'étouffe, tandis que la prospérité matérielle l'é-
blouit et que la liberté illimitée l'enivre. Vous
qui voyez ce mouvement, comme le voient tous
ceux qui se donnent la peine de regarder, et qui
êtes convaincu que l'homme va s'y perdre, que
faites-vous pour l'arrêter? Vous conseillez à
l'humanité de revenir aux grands et éternels
principes de la morale, de la famille, de la charité, de la vertu, de l'amour de Dieu et du prochain, du travail et du respect de soi-même.
Hélas! Va-t'en voir s'ils reviennent, Jean, va-
t'en voir s'ils reviennent, comme diraient ceux
qui chantent encore. Votre conseil n'est et ne
reste bon que pour ceux qui, en quelque sorte,
n'en ont pas besoin. Il faut trouver autre
chose. Prêchez le Bien, retenez le plus possible
les âmes avant qu'elles s'échappent, montrez-
leur sans cesse, même de loin, l'éternelle espérance et l'éternel but, mais ne jetez pas tant
d'imprécations à ceux qui, frappés de ces symp-
tômes effrayants, essayent de les conjurer par
d'autres remèdes que les vôtres, et momentané-

ment plus efficaces. Ne nous traitez pas trop
de vicieux, de corrupteurs, d'athées quand nous
essayons d'étayer le mariage français, et, par
des concessions devenues de toute nécessité, de
le rendre à la fois plus solide et plus habitable,
surtout pour les femmes qui sont les vraies
martyres de l'état actuel des choses, soit qu'on
les épouse, soit qu'on ne les épouse pas. Oui,
ce moyen serait, pour nous, le divorce, qui, au
lieu de dissoudre le mariage comme vous pré-
tendez qu'il le fait, le rendrait, ainsi qu'on le voit
dans les pays où cette réforme s'est introduite,
plus digne, plus maniable, plus fécond, plus sou-
ple, se prêtant mieux, pour ainsi dire, aux mouvements des sociétés nouvelles et aux besoins de
l'esprit moderne. Moins tyrannique, moins cla-
quemuré, le mariage deviendrait non seulement
plus moral par l'équitable répartition des droits
et des devoirs réciproques des époux, mais plus
abordable, plus attrayant, plus compréhensible pour ceux qui ne veulent plus y entrer,
parce qu'ils le considèrent comme une prison
éternelle. Ceux-là sauraient qu'ils auront la
chance de pouvoir en sortir, s'ils y sont trop

malheureux, et si décidément, malgré tous leurs
efforts, ils ne peuvent y rester ; ils le trouve-
raient enfin compatible avec les conditions humaines, ce qui ne serait que juste, puisque, après
tout, nous sommes des hommes et que nous
habitons la terre et non le ciel. Quand, à l'appui
de cette proposition simple, logique, bienfaisante,
nous invoquons l'exemple de tous les autres pays
qui nous environnent, qui ont agi ainsi, qui s'en
trouvent très bien, vous déclarez que vous vous
faites fort de nous montrer l'abaissement moral,
social, politique, intellectuel et même physique
où sont tombés tous ces États depuis l'intro-
duction du divorce chez eux.

Soit ! discutons encore là-dessus.

Voici comment vous débutez :

Depuis plus de dix siècles, la loi de l'indis-
solubilité était écrite dans toutes les législations
de l'Europe occidentale. La société avançait à
l'aide du christianisme dans la connaissance
de la vérité et de la pratique du bien, lorsque
le grand scandale de la Réforme vint arrêter
ou plutôt suspendre son développement naturel

et, dit M. de Bonald, ramener la société domes-
tique aux vicieuses institutions des Grecs.

Dans quel aveuglement la passion religieuse
peut-elle faire tomber un judicieux esprit! C'est
de vous que je parle, monsieur l'abbé, non de
M. de Bonald, qui, s'il n'est pas, ce dont je m'é-
tonnerais bien, celui qui faisait admirer la prévoyance et la bonté de Dieu qui avait justement
fait couler les rivières au milieu ou au pied des
villes, est bien certainement celui qui, dans son
rapport sur la nécessité d'abolir le divorce, en
1816, écrivait cette phrase qui a dû décider une
foule de gens à ne pas se marier : *La fin du*
mariage n'est pas les plaisirs de l'homme, puis-
qu'il les goûte hors du mariage; ce n'est pas
seulement la production des enfants, puisque cet
effet peut avoir lieu sans le mariage.

Quelle belle chose qu'une convention religieuse mêlée à une grande mission politique !
M. de Bonald demandait la suppression du
divorce au nom de la religion catholique redevenue religion d'État, et au nom de ce fils de
l'Église, Louis XVIII, redevenu roi de France.
Or, pendant ce temps-là, ledit roi Louis XVIII

goûtait tranquillement, en dehors du mariage, les plaisirs dont M. de Bonald parlait si bien, avec la jeune et jolie madame du Cayla, mariée, bien mariée, adultère et bien adultère.

Dieu me garde, monsieur, d'incriminer cette femme aimable, spirituelle et bonne, à qui les éleveurs doivent une nouvelle race de moutons ! mais, quand je vous entends vous écrier : « Enfin le retour des Bourbons eut lieu et la religion catholique redevint la religion de l'État, » je ne puis m'empêcher de me rappeler cette Bible interfoliée de billets de banque que le descendant de saint Louis déposait sur les genoux de la jolie comtesse, avec les génuflexions que commandait ce maître autel, et tout en y humant cette prise de tabac qui est restée légendaire. Vilaine hypocrisie que tout cela, monsieur l'abbé ; et, quand, après la mort du roi, la favorite fut forcée de plaider en séparation avec son mari, elle dut bien regretter d'avoir tant usé de son influence au profit des jésuites et de n'en avoir pas usé davantage au profit du divorce.

N'importe, pour vous la Réforme n'en reste pas moins le grand scandale en question, le re-

tour des Bourbons n'en a pas moins sauvé la
France, la société, la religion et le mariage, et
vous continuez votre campagne contre les
peuples protestants. Moi, je continue à vous citer
textuellement, car si, usant d'un procédé com-
mode et souvent employé en matière de controverse, je vous fragmentais et ne citais que
vos exagérations, on croirait que je plaisante ou
que je falsifie votre pensée. Ainsi supposons que
je me contente de reproduire toujours textuellement les lignes suivantes, qui contiennent pour
vous la preuve de l'abaissement où le mariage est
tombé dans toute la Grande-Bretagne, par suite du
divorce, introduit ainsi que la Réforme en Angleterre par Henri VIII, lorsqu'il répudia Catherine
d'Aragon, pour épouser Anne Boleyn (l'homme
toujours l'homme ! mais avouez que, puisque
Jules II avait bien donné une dispense pour que
Henri VIII épousât sa belle-sœur, Clément VII
aurait bien pu trouver un cas de nullité pour
qu'il la répudiât, et l'Église n'aurait pas fait là sa
plus grosse perte, d'autant plus que Clément VII
avait commencé par consentir); supposons, dis-je,
que je cité les lignes suivantes, qui contiennent

les seuls arguments que vous donniez en faveur de votre thèse, le lecteur de bonne foi se dirait que c'est moi qui invente ou isole de pareils enfantillages pour y répondre plus facilement.

Quel est, dans les autres pays protestants, l'état de la famille? vous demandez-vous. *On a dit que le protestantisme est la religion conservatrice de l'esprit de famille; rien n'est plus faux. Le véritable esprit de famille consiste dans l'attachement mutuel et le dévouement réciproque des membres qui la composent. Or le protestantisme pousse l'homme à tout rapporter à lui-même, à ne se chercher, à ne se trouver qu'en lui-même, il tend à l'isoler de tout ministère ecclésiastique.*

Voilà le grand crime des protestants, avouez-le, monsieur l'abbé.

Vous continuez : *Le protestantisme fait que l'homme préfère la maison au temple; mais c'est pour y dominer en maître et non pas pour s'y consacrer au bonheur de sa femme et de ses enfants. Aussi voyez ce qu'est devenue l'épouse, ce qu'est devenu l'enfant dans la famille protestante, en Angleterre par exemple.*

Si vous alliez, à certains jours, sur une place de Londres ou d'une autre ville d'Albion, dit le Père Ventura (vous choisissez toujours bien vos auteurs, monsieur l'abbé), *vous y verriez, au milieu d'une foule qui dit et se permet les propos les plus grossiers et les plus insultants, des malheureuses, les yeux baissés, l'air profondément abattu, ayant au cou une corde dont un homme tient dans ses mains les deux bouts. Ce sont des femmes que leurs maris ont mises à l'encan et qu'ils cherchent à vendre. Ne croirait-on pas se trouver en quelque ville de l'Égypte, de la Chine ou de la Tartarie ? Le gouvernement a bien essayé d'abolir cette loi barbare, mais ses efforts sont restés impuissants. Tel est le résultat des doctrines du schisme et de l'hérésie touchant le mariage, et ce qui le prouve bien, c'est que dans la catholique Irlande, qui est soumise au même gouvernement, aux mêmes lois civiles que la Grande-Bretagne, on n'a jamais assisté à un de ces révoltants marchés.*

On ne s'étonne plus, quand on connaît l'Angleterre, du profond mépris dont John Bull accable la femme, ni de l'indulgence des lois

pour les passions du riche, qui en est quitte pour
une amende, lorsqu'il a ravi l'honneur à la
femme du pauvre et que les tribunaux l'ont
convaincu d'adultère.

Voilà vos arguments et ceux des catholiques
au nom desquels vous parlez ! Cela peut-il se
discuter, en bonne conscience ? Si j'ai cité ces
lignes, c'est qu'il faut bien rire un peu à travers un sujet aussi sec et aussi tendu que le nôtre ; si je répondais à un laïque comme moi,
j'aurais fait naître plus souvent ces occasions
de rire ; mais je discute avec un prêtre et j'ai
promis d'être aussi respectueux que possible,
je n'y manquerai pas. S'il m'arrive plus tard
de le paraître moins, ce ne sera jamais qu'à
force de sincérité et toujours en citant les
textes de vos chefs. Si je trouve l'Église se
manquant de respect à elle-même en même
temps qu'à Dieu et à nous, ce ne sera pas ma
faute.

Pour le moment, il s'agit seulement du récit
du père Ventura, et, avec une confiance un peu
trop prompte et irréfléchie en ce père théatin ;
confiance plus flatteuse pour lui que pour vous

et les Anglais, vous étendez à toute l'Angleterre le fait isolé qu'il raconte et dont tous
les journaux anglais, français, européens, amé-
ricains ont retenti et plaisanté quand il a eu
lieu.

A l'heure où j'écris ces lignes, il n'est question
à Paris que d'un gardien de la paix qui a assassiné sa maîtresse, qui l'a coupée en morceaux ;
après quoi, il s'est constitué son héritier en lui
prenant tout son argent, qu'elle avait maladroite-
ment apporté chez lui. Que penseriez-vous d'un
adversaire des sergents de ville (il y en a beaucoup) qui, en racontant ce fait dans un journal,
ajouterait qu'il faut abolir la corporation des
sergents de ville et des gardiens de la paix
parce que, au lieu de surveiller et d'arrêter les
malfaiteurs, ils en augmentent le nombre, qu'ils
invitent tous leurs maîtresses à déjeuner et
qu'au dessert ils les coupent tous en morceaux
pour leur prendre les quatre mille francs qu'elles apportent toutes avec elles ?

Après cette histoire anglaise qui condamne
tout le schisme protestant, vous nous en donnez une russe qui condamne tout le schisme

grec. C'est bien simple. Voici cette histoire; je vous cite toujours textuellement :

Les Grecs, tout en admettant, comme ils l'ont toujours fait, que le mariage chrétien est l'un des sept sacrements de l'Église, ont soutenu et soutiennent encore que l'adultère d'une des parties dissout complètement le mariage, et accordent aux époux séparés la faculté de contracter de nouvelles noces. C'est en favorisant ainsi le divorce et en se faisant un jeu du lien conjugal, que le schisme a porté atteinte à la constitution de la famille, à la moralité du mari et au bonheur de la femme.

Écoutons, sur cet important sujet un homme grave, témoin oculaire des faits qu'il raconte :

« *Le 17 février 1839, dit un diplomate qui* » *est devenu depuis supérieur des Lazaristes* (toujours des témoignages désintéressés), *pen-* » *dant notre séjour à Tauris, les déserteurs* » *russes qui avaient pris du service dans l'ar-* » *mée du roi de Perse, furent appelés au delà* » *de l'Araxe, en vertu d'un décret impérial.*

» *L'un d'eux fit, en passant, la connaissance*

» *d'une femme arménienne et lui proposa de*
» *l'épouser. Celle-ci, déjà mariée, mais peu*
» *heureuse dans son ménage, accepta la de-*
» *mande, à la condition qu'on bénirait leur*
» *union. L'ignorance fait inventer à ces chré-*
» *tiens de semblables accommodements avec le*
» *ciel. Les préparatifs de la noce se firent*
» *adroitement à l'insu du mari et des enfants*
» *qui avaient déjà de huit à dix ans. Pour la*
» *cérémonie, on s'adressa au prêtre chaldéen*
» *catholique qui demeurait et vivait avec nous.*
» *On pensait que, selon l'habitude du clergé*
» *arménien schismatique, il prêterait complai-*
» *samment et à l'improviste son ministère ; car*
» *il n'y a ni bans ni publications ; un jour, une*
» *heure suffit quelquefois pour le contrat,*
» *les épousailles et la noce. Notre prêtre qui*
» *craignait une surprise, demanda le délai suffi-*
» *sant pour prendre des renseignements sur*
» *l'état des personnes. Mais, comme on était*
» *pressé, on courut chez un des prêtres schis-*
» *matiques. Une bonne aubaine légitime à leurs*
» *yeux bien des choses.* (Sur ce sujet scabreux des
» indulgences taxées, glissez, monsieur l'abbé,

» n'appuyez pas.) *Donc celui qui fut choisi s'en*
» *alla diligemment à la maison du fiancé, et,*
» *sans exiger que l'on vînt à l'église, donna*
» *sur le lieu même la bénédiction nuptiale.*
» *L'épouse était, d'après la coutume orientale,*
» *affublée d'un long voile blanc qui lui cachait*
» *le visage, la tête et même les mains. Le cou-*
» *ple fut dûment marié par lui. Il toucha son*
» *salaire et partit. Une heure après, voyant le*
» *mari entrer dans sa maison, il fit riante mine*
» *à sa visite de remerciement. Mais quelle fut*
» *sa stupéfaction quand il entendit l'autre lui*
» *dire :* — *Mon ami, écoutez le secret que je vous*
» *confie avant de partir pour Makchivan, et*
» *gardez-vous de le divulguer, car il pourrait*
» *vous nuire. Eh bien, sachez qu'à moi qui vous*
» *parle, vous venez de marier votre femme.*

 » *Jugez si la confusion et la colère durent*
» *l'agiter violemment.*

 » *Le lendemain, le soldat russe emmenait tran-*
» *quillement la femme, qui laissait à l'autre leurs*
.» *enfants communs en otage. Quelqu'un lui*
» *ayant dit :* — *Ton premier mari te maudit et*
» *t'excommunie, elle répondit avec assurance :*

» — *Moi je lui renvoie ses malédictions et ses*
» *excommunications ; il le mérite, ne fût-ce*
» *que pour sa bêtise.* »

Si j'ai quelquefois empiété sur votre domaine
en faisant de la théologie, monsieur l'abbé, laissez-moi vous dire que vous m'en donnez l'exemple et m'en fournissez l'excuse en empiétant
sur le mien, en faisant de la comédie. Le fait
que vous racontez là rentre même dans le vau-
deville. La scène se passe dans un pays perdu,
sur la frontière du Caucase, entre un soldat dé-
serteur, un pope ivrogne probablement et une
femme comme il y en a beaucoup, même parmi
celles qui ont été baptisées, qui ont fait leur
première communion et qui sont inscrites
comme catholiques. Vous tirez de ce fait la conclusion que tout le clergé russe agit de même
que ce prêtre arménien, que les mariages se
font en Russie sans bans ni publications, et qu'un
jour, une heure suffit quelquefois pour le contrat, les épousailles et la noce.

Tout le monde sait qu'il n'en est pas ainsi, et,
si le divorce existe en Russie, il existe dans
des conditions très difficiles et dans des cas très

rares. Ainsi, par exemple, celui des deux époux qui a eu les torts ne peut jamais se remarier. Quant au mariage, il exige des papiers fort en règle, des témoins, des parents, des contrats, et il est même suivi de cérémonies quelque peu sauvages dont l'origine remonte à la Bible ; ce qui prouve une fois de plus qu'il ne faut pas toujours prendre à la lettre les livres sacrés. Il n'y a donc pas lieu non plus de prendre au sérieux l'historiette du supérieur actuel des Lazaristes. Il a eu connaissance, pendant un voyage, d'un fait original et amusant dont Boccace eût tout aussi bien pu faire un conte, du temps que les prêtres catholiques faisaient des simonies du même genre. Nos prêtres n'auraient pas marié leur propre femme, du moins à partir du v° ou du vi° siècle, où ils cessèrent de se marier et où, si l'on en croit aussi les conteurs, quelques-uns se contentèrent des femmes des autres, ce qui les garantissait contre la mésaventure duprêtre arménien. On raconte, en effet, qu'au x° siècle, en Espagne, *tout prêtre ou moine avait le droit d'entrer chez une femme, et, en laissant ses sandales à la porte, il inter-*

disait l'accès de l'appartement au mari même,
qui ne devait pas franchir cette barrière. Un tel
usage avait presque force de loi ; si quelques
maris résistaient, la plupart s'y soumettaient. Il
est vrai d'ajouter cependant que quelques-uns,
ayant surpris les prêtres ou moines occupés avec
leurs femmes à tout autre chose que des exer-
cices pieux, leur administrèrent, malgré leur
caractère sacré, de vigoureuses remontrances,
et leur enseignèrent ainsi le danger matériel et
immédiat qu'il pouvait y avoir pour eux à man-
quer à leur vœu de continence [1].

Des faits isolés, des récits de voyageurs diplo-
mates, même quand ces voyageurs sont devenus
Lazaristes, ne prouvent pas plus contre l'Église
grecque que les histoires de Contrafatto, de Laco-
longe, du frère Léotade, et, il y a quelques jours
encore, du frère Alexandre, ne prouvent contre le
reste du clergé catholique. Un Russe qui aurait
traversé Paris dernièrement, et qui, ayant assisté
au procès de l'abbé Maret, — ce qui eût été difficile, car il a été jugé à huis clos, et je n'ai pu

---

1. Pétition au sénat du Dʳ Arsène Drouet, 1876.

me procurer l'acte d'accusation qu'avec la plus grande peine, — un Russe qui aurait assisté au procès fait à l'abbé Maret, curé du Vésinet, qui a été condamné à huit ou dix ans de galères.pour différents attentats à la pudeur, entre autres sur une jeune fille de treize ans au père de laquelle il avait d'ailleurs administré l'extrême-onction, un Russe aurait-il le droit de tirer de ce procès des conclusions contre tous les prêtres catholiques ? Ce drôle, l'abbé Maret bien entendu, choisissait, pour souiller cette enfant, le moment où il la ramenait de l'enterrement de ce même père qu'il avait administré, ou bien, dans la sacristie, les jours de l'Assomption ou de quelque autre grande fête. Il ne tenait pas absolument à ce que fût celle de la Vierge. Voyez-vous ce Russe revenu dans son pays, relatant le procès et en déduisant que tous les prêtres français en font autant. Il commettrait une infamie de tous points condamnable, dont l'imitation est certes bien loin de votre pensée, quand vous nous donnez comme argument concluant le récit de certains faits dont se sont rendus coupables un paysan anglais ou un pope russe.

Je voulais seulement, monsieur l'abbé, vous faire voir tout de suite à la fois le danger et l'inutilité de pareilles preuves. Laissons donc là, de part et d'autre et une fois pour toutes, les anecdotes individuelles, et plaidons au principal, comme on dit dans les tribunaux.

Après avoir établi que la valeur des sociétés est toujours en raison de la plus grande moralité des familles qui les composent, ce qui est incontestable, et médiocrement flatteur pour les pays restés catholiques, vous essayez d'établir et vous affirmez que le divorce détruit l'amour de la famille, et jusqu'à l'amour de la patrie, dans les sociétés qui le pratiquent, et vous dites :

En proclamant l'indissolubilité du mariage, le christianisme a donc agi dans l'intérêt de la morale publique et de la société. Avec la faculté du divorce, la corruption étend nécessairement ses ravages par la licence donnée aux passions ; l'union passagère de l'homme et de la femme compromet le bonheur de la famille ; le sort des enfants, leur éducation, leur avenir éprouvent le contre-coup fâcheux de l'inconstance de leurs parents ; la société enfin souffre

toujours de graves atteintes par les scandales
publics qu'elle a sous les yeux quand les divor-
ces se multiplient. Au contraire, une fois l'in-
dissolubilité du lien conjugal admise, la famille
recouvre la sécurité avec l'assurance qui lui
est donnée d'une existence plus stable ; la con-
dition des enfants n'est plus abandonnée à l'in-
certitude et au hasard ; la société cesse d'être
une agglomération d'existences isolées, sans passé
comme sans avenir ; au lieu de rétrograder,
elle marche à pleines voiles dans le chemin du
progrès.

Il est vrai qu'après avoir écrit le passage que
nous venons de citer, après avoir dit que tous
les peuples chez lesquels le divorce est en vigueur n'ont plus aucun respect du mariage, de
la famille, de la patrie, de la morale et de Dieu,
vous avez l'imprudence d'ajouter :

Nous avouerons que, depuis la suppression
du divorce en France, les mœurs ne se sont
guère améliorées ; que, dans les pays catholiques,
particulièrement en France, le lien du ma-
riage n'est pas aussi respecté qu'il l'était autre-
fois : les séparations de corps et de biens y sont

très fréquentes, le concubinage et la prostitu-
tion très répandus; mais faut-il attribuer à la
proscription du divorce cette décadence des
mœurs dans les pays catholiques? Il y a des
causes autrement sérieuses qui ne l'expliquent
que trop.

Pourquoi le foyer n'est-il plus maintenant
pour beaucoup qu'un calvaire, avec ses larmes,
ses angoisses? c'est que les époux n'ont pas scruté,
à l'avance, la vie, le caractère, la tradition,
l'honneur de la personne à laquelle ils ont as-
socié leur destinée; c'est qu'ils n'ont pas eu
soin d'éviter l'abus que l'orgueil et la cupidité
humaine ont fait du mariage; c'est surtout
parce qu'ils n'ont pas sérieusement accompli
sous le regard de Dieu le plus grand acte de
la vie : la fondation d'un foyer qui sera le berceau d'une famille !

Nous avons déjà dit, comment, de nos jours,
la plus grande partie de la France masculine
vit en dehors de Dieu. Généralement, c'est à
l'époque où l'enfant devient adolescent que
commence le divorce funeste; il veut être un
homme; il prend part à toutes les conversations,

il discute, il juge; le rire et les sarcasmes de l'impiété produisent en lui le doute, bientôt la négation; il croit d'ailleurs que, pour être un homme, il faut oublier les leçons de sa mère.

C'est à ce jeune homme, malgré son rire satanique d'une part et ses passions de l'autre, qu'on livre la vierge chrétienne! Comment une telle alliance serait-elle bénie de Dieu? Dieu! on ne l'a pas consulté, on ne l'a point prié, sa pensée même a été absente.

Que recherchent les parents, aujourd'hui, quand ils veulent marier leurs fils dans une famille honorable? une épouse honnête, simple, modeste, vertueuse, chrétienne? Non! on ne se préoccupe pas de ces choses; quelles recommandations fait-on à l'ami de la famille qui est chargé de la délicate mission de trouver une épouse? Aucune le plus souvent. On se contente de lui dire : « Vous savez ce qu'il nous faut. » Et ce qu'il faut, c'est, sans préoccupation de la manière dont la fortune a été acquise, une héritière. L'argent à ce moment tient lieu d'honneur, de probité, de tout. Et, quand le messager revient, il dit : « J'ai trouvé. — A-t-elle, lui de-

mande-t-on, beaucoup de vertu ? » Ironie gros-
sière ! Vertu est devenue synonyme d'argent,
et le messager répond par le chiffre de la dot.
Les parents de la jeune fille ne s'inquiètent pas
davantage de la conduite de celui à qui ils
vont livrer ce qu'ils ont de plus précieux. On
s'informe de sa situation, le reste n'est rien.
Avant tout, il faut au mari de l'argent pour
satisfaire sa cupidité et d'autres passions peut-
être. A la femme, une position qui lui permette de briller dans le monde. Un jeune homme
titré, ayant dépensé dans les plaisirs sa jeunesse et sa fortune et cherchant le moyen de
redorer son blason, va frapper à la porte d'un
riche négociant et lui demander sa fille ; il est
accepté avec empressement. Le futur beau-père
et le futur gendre, craignant d'échapper l'un à
l'autre, se prodiguent les témoignages d'affection les plus étranges et s'attirent par des appâts différents : l'un, fier d'être le père d'une
comtesse, fait sonner son or, l'autre montre ses
parchemins. Mais, quand le mariage sera fait,
quand la jeune fille aura un titre, quand le
comte ruiné sera redevenu riche, quand tous

les deux posséderont ce qu'ils ont désiré, se-
ront-ils heureux ? Hélas ! ils ont ce qu'ils ont
cherché ; mais non pas ce qui donne le bon-
heur. Ils n'ont point songé au but du mariage,
aux devoirs sérieux qu'il impose : ils ont désiré
le plaisir, les honneurs, au lieu de mettre leurs
soins à trouver une compagne vertueuse, un
ami fidèle ; ils se sont offert des présents, mais
point leur cœur ; ils n'ont rien demandé au Dieu
qui donne l'amour, le courage, le support mu-
tuel, qui sanctifie et affermit les affections, ils
n'en ont rien reçu. Et, sans l'amour réciproque,
le dévouement et la vertu, le foyer est un enfer.
— Souvent la malheureuse qui rêvait les plai-
sirs s'y trouve seule, oubliée, tandis que sa dot
sert à satisfaire des passions coupables : ce n'est
pas elle qu'on a aimée, mais son or. D'aut es
fois, c'est le mari qui est délaissé par sa femme,
quand elle connaît enfin, mais trop tard, les
désordres auxquels il s'est livré. Heureux encore
si le malheur ne les aigrit point, si, instruits par
l'expérience, ils peuvent encore réparer une
partie des maux qu'ils se sont attirés.

Et voilà pourquoi nous demandons le divorce,

parce que le mariage est véritablement devenu
chez nous tel que vous venez de le décrire, parce
qu'il n'y a aucune raison pour qu'on n'essaye
pas de faire sortir de *l'enfer* ceux qui y sont
entrés par malentendu, par ignorance, par bêtise si vous voulez, et qui y souffrent avec de
grands dangers pour eux et pour les autres ;
parce qu'il y a une injustice abominable à ce
que cette vierge chrétienne que vous nous
montrez livrée sans défense à ce misérable débauché qui, n'ayant vu en elle que son or, la
délaisse et la ruine pour satisfaire ses détesta-
bles passions, soit condamnée au désespoir, à
la stérilité, à la misère, à la solitude, à toutes
sortes de sacrifices et de douleurs que personne
n'a le droit de lui imposer, ou à l'adultère auquel tout l'invite ; et, cela, parce qu'elle a été
mariée par un père sans prévoyance à un
mari sans probité. Et c'est vous, l'Église, qui
voulez cela, vous qui avez eu, pendant plus
de quinze siècles, la domination du monde,
qui avez pu, par la persuasion comme par la
force, façonner notre société selon vos textes,
vos principes et votre idéal, et qui n'êtes ar-

rivée qu'au résultat que vous avouez, dans
notre pays où le catholicisme est encore la religion nominale de la majorité ! Vous n'avez
pas réussi avec tous les moyens spirituels et
temporels que vous aviez à votre disposition ;
laissez-nous en chercher un autre. Ce moyen,
ce remède, les nations qui se sont séparées
de votre autorité l'emploient, et il est bon, à
ce qu'il paraît, puisque, chez elles, la famille
est plus nombreuse, plus morale, plus unie et
plus respectée que chez nous, quoi que vous en
disiez ; car personne ne prendra au sérieux que
tous les peuples qui pratiquent le divorce sont
moins moraux, moins heureux, moins unis,
moins patriotes et moins vigoureux même que
les Français, les Italiens, les Portugais et les
Espagnols.

Ce n'est pas quand nous sommes encore
tout meurtris et tout ébranlés des défaites
que nous ont infligées, il y a quelques années,
les compatriotes et les fils de Luther ; ce n'est
pas quand le peuple dont je voudrais tout
autant que vous n'avoir que du mal à dire, ce
n'est pas quand ce peuple protestant que Napo-

léon Ier menaçait en 1809 d'effacer de la carte
de l'Europe s'est, en soixante ans, à force d'é-
nergie, de patience, d'entente, d'union, de
patriotisme enfin, tellement relevé et développé
qu'il a vaincu ou absorbé en lui les pays catholiques qui l'entourent et qu'il a repris deux pro-
vinces à la pauvre petite France que Napoléon
nous avait laissée et dont les schismatiques
russes, allemands et anglais avaient fini par
avoir raison ; ce n'est pas quand l'Amérique
nous donnait, pendant la guerre de la sécession,
durant trois années consécutives, le spectacle
du plus ardent patriotisme auquel elle sacrifiait
ses intérêts matériels les plus chers ; ce n'est
pas quand les Russes et les Turcs, dans la lutte
qu'ils viennent tout récemment de soutenir les
uns contre les autres, ont, assaillants et assaillis,
vainqueurs et vaincus, combattu avec un acharnement et un héroïsme qui ont fait l'admiration
du monde ; ce n'est pas quand les païens, comme
vous les appelez, se révoltent patriotiquement
à droite et à gauche contre la domination de
l'Angleterre, qui envoie contre eux armées sur
armées, sans que son commerce, sa prospérité,

sa politique et son influence en diminuent, ce
n'est pas quand de plus petits pays comme la
Suède, la Norvège, la Hollande, la Belgique et
la Suisse nous offrent le spectacle du travail, de
la moralité, de l'union, du bien-être, du respect
des plus grands peuples obtenus par la pratique de
la paix et de la liberté ; ce n'est pas en présence
de pareils faits qu'il faut venir nous dire que
le divorce a démoralisé, abaissé, corrompu,
avili, rendu faibles et fait dégénérer, sous toutes
leurs formes, tous les peuples chez lesquels il a
pénétré à la suite du grand scandale de la Réforme.

Non, monsieur l'abbé, ce n'est pas là de la
discussion sérieuse, ce ne sont pas là surtout des
arguments sérieux, car je ne doute pas de
votre sincérité ; seulement, bien que vous invo-
quiez de temps en temps des écrivains que vous
avez en horreur et en mépris, comme Voltaire
ou Saint-Lambert, quand vous trouvez un
membre de phrase qui, séparé des autres, peut
avoir l'air de vous donner raison, au fond vous
ne puisez vos renseignements que dans les
livres de vos missionnaires ou dans les récits

des historiens ou des voyageurs qui sont du
même avis que vous, et qui ont un intérêt dog-
matique à voir et à présenter sous un certain
jour les choses qui sont contraires à leurs convictions, à leurs intérêts et à leurs idées. Soyez-en
bien convaincu, monsieur l'abbé, lorsque tant
de peuples maintiennent une loi comme celle
du divorce, ils ont pour cela des raisons, ces
raisons sont excellentes, et ce n'est pas uniquement pour eux, comme vous le dites, l'occasion de donner cours à leurs abominables
passions. Cette loi ne les démoralise ni ne les
abaisse. Se présente-t-il un cas où il soit nécessaire et juste de faire appel à cette loi, ils
s'en servent, les tribunaux jugent ce cas comme
tous les autres délits, ils rendent un jugement
favorable ou non, comme sur toute autre matière, et tout est dit. Ces cas sont extrêmement
rares et n'empêchent pas les autres familles
de vivre chrétiennement, moralement et dans
une harmonie parfaite, si elles ont eu le bon
sens de contracter des unions honorables et
réfléchies ; cela n'empêche pas les mères d'aimer leurs enfants, les enfants de devenir des

citoyens, les citoyens de devenir des pères et d'être de très honnêtes et très braves gens, de défendre leurs foyers et leur patrie quand il le faut, et de se développer en connaissances, en industrie, en commerce, en art, en morale et en liberté.

Vous signalerez quelques facilités trop grandes, quelques excès dans la jeune Amérique ; mais nous vous répondrons encore par vous-même, puisque vous dites, à propos de la polygamie des patriarches et du divorce autorisés par Moïse, que c'était là des mesures indispensables à toute société naissante dont le législateur doit désirer et faciliter l'accroissement ; or les États-Unis, qui contiennent quatre-vingt-quatre ou quatre-vingt-cinq millions d'habitants, ont un territoire qui peut en contenir un milliard ; la Russie, qui est un peu dans les mêmes excès quant au divorce, a un territoire habitable pour cinq ou six cents millions d'habitants, et elle en a au plus le septième ; voilà leurs excuses.

J'ajouterai, maintenant, puisque les exemples particuliers vous intéressent, vous con-

vainquent quelquefois, et que, d'ailleurs, nous
causons en toute confiance, que, depuis dix ans,
je. me trouve justement passer tous mes étés,
en France, au milieu de familles anglaises toutes
très nombreuses, très morales, très unies, quoique protestantes et vivant sous la législation
du divorce, dont elles ne pensent aucunement
à se servir, et qu'elles ont cette loi dans leurs
droits comme on a des pompes à incendie ou
des bouées de sauvetage en cas d'accidents ;
ce n'est pas une raison pour mettre le feu à la
ville ou pour se jeter continuellement à la mer
pendant la traversée. On sait que les moyens
sont là, et l'on va et vient sur terre et sur mer
plus tranquillement, voilà tout.

Je vois, dans une de ces familles, un père, une
mère et sept enfants, dont cinq garçons et deux
grandes jeunes filles ; le père, tout grand seigneur qu'il est, travaille du matin au soir au
gouvernement et à la grandeur de son pays ;
la mère n'est nullement reléguée dans un coin
de la maison, et les enfants sont on ne peut plus
respectueux pour l'un et pour l'autre, qui sont
on ne peut plus tendres pour tous. Dans une

seconde famille, je vois un père de soixante-
douze ou soixante-quatorze ans, qui a, d'un premier mariage, onze ou douze enfants ; qui, veuf,
en a eu huit ou neuf de secondes noces contractées avec une femme vivante aujourd'hui et
dont le dernier né a quelques mois à peine. Les
enfants des deux lits vivent tous et dans la plus
parfaite intelligence ; les aînés ont déjà une
famille tout aussi unie, et grands et petits, garçons et filles, sont sains, gais, laborieux, pleins de
respect pour le patriarche protestant, qui a été,
dans l'Inde, pendant quarante ans, le serviteur
actif et dévoué de son pays, et qui, l'année dernière, s'est jeté à la mer pour sauver une femme
catholique qui se noyait, parce que le directeur de l'établissement, quoique catholique aussi,
n'avait pas placé dans l'eau les bouées et les
barques réglementaires dont nous parlions tout
à l'heure.

Ces exemples sont fréquents et je m'étonne
qu'ils ne vous aient pas frappé davantage.
Quant à moi, comme si le hasard lui-même
voulait me venir en aide, je me trouve sans
l'avoir prémédité, et je m'y arrête beaucoup

plus longtemps que je ne le devais, justement
pour vous écrire cette lettre qui menace d'être
démesurément longue, je me trouve en Suisse,
au bord du lac de Genève, en plein pays protestant. Dans la nomenclature que vous faites des
pays que le divorce a fait dégénérer, après avoir
exempté un peu la Suisse, vous ajoutez que, « en
y regardant de plus près, on reconnaîtrait bien
vite qu'elle est dans le même état que les autres. » J'ai donc bien regardé, et avec d'autres
yeux que ceux de la foi. Tous ces gens-là
ont l'air d'avoir la conscience extrêmement tran-
quille et la vie très occupée et aussi agréable
que possible. Les enfants, presque tous blonds,
frisés et roses, sont bien soignés, bien nourris,
et sourient à tout le monde. Les militaires surtout paraissent les ravir; il les acclament dès
qu'ils les voient, ce qui semblerait indiquer
que la bravoure traditionnelle de ce petit
peuple est restée dans son sang et que, le cas
échéant, il défendrait bien ses droits ou son
territoire. Le dimanche, toutes ces familles luthériennes, bien que corrompues par le divorce, se rendent dans leurs temples, où elles

chantent à tue-tête et avec assez d'ensemble ;
après quoi, elles, se promènent dans la montagne au milieu des vignes et se distraient de
la façon la plus simple. On n'y boit pas plus
que chez nous. Leurs petits cimetières, om-
bragés de grands arbres, embaumés de fleurs,
sont entretenus avec un soin et une piété ex-
traordinaires, ce qui prouve que leurs affections
terrestres suivent jusque dans la mort ceux qui
en ont été l'objet. Ces familles luthériennes lais-
sent les catholiques, qui sont surtout des
étrangers, pratiquer leur culte dans leur cha-
pelle, et, sans les traiter de cléricaux, leur per-
mettent d'adorer leur Dieu comme ils l'en-
tendent. Je suis ici depuis un mois et je n'ai
encore vu qu'une seule mère donner le fouet
à son enfant, parce que celui-ci voulait absolument grimper sur le garde-fou de la route, de
l'autre côté duquel il n'y avait que des jardins
en contre-bas à quinze ou vingt pieds de profondeur. Cette correction, toute brutale qu'elle
était, m'a plutôt fait l'effet d'une preuve d'amour
maternel que de cruauté hérétique.

Maintenant, monsieur l'abbé, voulez-vous savoir pourquoi les mœurs conjugales se sont tant relâchées, et pourquoi, par conséquent, le divorce est devenu indispensable chez nous et partout ?

Si les mœurs se sont relâchées, si l'adultère est devenu plus fréquent, ce n'est pas à cause de la Réforme, puisque la Réforme ne nous a pas atteints, nous autres Français (et nous n'en sommes pas moins, au dire de tous les autres peuples, le peuple le plus immoral et le plus débauché de la terre); c'est tout bonnement parce que les peines qui frappaient l'adultère dans nos vieilles législations, et dont je vous ai donné plus haut quelques spécimens, se sont adoucies, tellement adoucies, qu'elles en sont arrivées à être dérisoires et inutiles.

Pourquoi les lois se sont-elles adoucies à ce point? Est-ce par l'intervention de l'Église, qui a intercédé pour les coupables? Non; mais c'est peut-être par la complicité de l'Église qui ne peut pas toujours faire ce qu'elle doit, comme vous nous l'avez fort bien expliqué, et qui a été forcée de se soumettre à certaines circonstances.

C'est à partir du xvi° siècle, nous l'avons
vu plus haut, que les peines commencent à
s'adoucir et qu'on en revient au fouet et au
couvent, dont la première proposition date de
l'impératrice Théodora, c'est-à-dire d'un millier
d'années. Il est vrai que, avant d'épouser Justi-
nien, cette impératrice clémente aux femmes
avait été courtisane et danseuse.

Avec les derniers Valois et avec les premiers Médicis, non pas l'amour, non pas la
passion, non pas la sentimentalité, mais la galanterie et, pis encore, le libertinage et le libertinage universel avaient envahi la cour et la noblesse de France. Agnès Sorel est la dernière
forme poétique des amours royales. Un peu
d'idéal battait encore dans le cœur de cette
autre courtisane, qui prépara pour ainsi dire
Charles VII à écouter Jeanne d'Arc. Louis XI,
qui abolit la coutume des poules et du foin,
trancha des têtes, mais fort peu pour adultère ;
et à peine est-il mort que la cour et toute la
gentilhommerie française n'ont qu'une idée,
c'est de se distraire de ce règne noir et rouge.
Quelles plus douces distractions que celles de

la guerre et de l'amour, pour lesquels le roi mort
n'avait eu que peu de goût? Si Charles VIII avait
dû couper autant de têtes pour crimes d'amour
que son père en avait coupé pour crimes d'ambition et de révolte, toute la noblesse de France
y aurait passé. Comment continuer à tuer, à tor-
turer, à emprisonner les nobles et belles com-
plices de tous ces beaux gentilshommes? Ceux-ci
se seraient levés en masse pour les défendre.
Elles avaient toutes, à côté de leurs livres d'heures, au moins une copie de Boccace, à laquelle
Catherine de Médicis et toute sa suite ajoutèrent
les Dialogues de l'Arétin, après que les soldats
de Charles VIII eurent rapporté du même pays
un autre bienfait, cette maladie qu'on nomme
napolitaine quand on ne veut pas la nommer,
et dont François Ier dut mourir tout de même,
bien qu'il eût repoussé la Réforme. Le crime
d'adultère devint donc le gentil péché d'amour
dont Brantôme, côté des hommes, et l'honnête
Marguerite de Navarre, côté des femmes, sont
les premiers et les plus spirituels historiens,
tandis que les poètes, Ronsard en tête, se mettent
à chanter et à immortaliser les belles pécheresses

et que le mercure contre-balance tant bien que mal l'influence secrète de ces initiations nouvelles.

Que fit l'Église contre le courant, prise qu'elle était entre la Renaissance et la Réforme? Elle le suivit et l'arche sainte vogua sur ce déluge d'eaux de senteur, escortée de gondoles vénitiennes avec couronnes de roses, guirlandes de lis, et mélodies de violes et de flûtes. Rome, tout en préparant contre les réformés les terribles revanches qui devaient éclater à la Saint-Barthélemy sans finir à la révocation de l'édit de Nantes, Rome s'efforça de retenir, par l'appât d'une religion plus conciliante et plus conforme aux mœurs actuelles, ces âmes que lui dérobait de plus en plus la religion réformée, qui les dispensait de la confession. Jamais, en effet, moment n'avait été mieux choisi pour offrir aux gens de n'avouer plus qu'à Dieu ce qu'ils faisaient en ce monde.

L'Église catholique trouva mieux. Elle composa pour ses fidèles un mélange de confession facile et de pénitences douces qui, en absolvant tous les péchés, promettait toutes les béatitudes

d'en haut, sans défendre les jouissances d'en
bas ; elle reprit ainsi par-dessous, pour ainsi
dire, par sa connivence avec les passions humaines et leur utilisation à son profit, par l'acquiescement au féminin libéré, affamé en même
temps de plaisir, de superstition et de pouvoir,
elle reprit, par un escalier secret, entre le confessionnal et l'alcôve, son influence sur les rois,
sur les princes et, par conséquent, sur les hommes. Peu à peu la morale de Sanchez, de Suarez,
de Bellarmin et d'Escobar succéda à celle de
Moïse et de Jésus, et les principes de saint Ignace
à ceux de saint Augustin et de saint Chrysostome.
Adieu les durs châtiments de l'adultère, adieu
les remords cuisants, car nul n'ignore aujour-
d'hui que les remords sont les enfants des fautes
dont on ne jouit plus et que l'on commence à
expier. Entre son amant et son directeur, la
femme n'eut plus rien à craindre de son mari,
qui lui demanda seulement de l'aider à mettre
au monde l'aîné de ses enfants, l'héritier du
nom et de la fortune, se montrant ensuite beaucoup moins scrupuleux pour les cadets, dont on
pouvait toujours, d'ailleurs, faire tous ces petits

évêques à bénéfices et tous ces petits abbés à
prébende, qui se mirent à bourdonner comme des
frelons autour et au nom de la ruche céleste.
C'est l'heure des accommodements avec le ciel,
et, quand Tartufe dira à Elmire :

> Et je n'ai pu vous voir, parfaite créature,
> Sans admirer en vous l'auteur de la nature,
> Et d'un amour ardent sentir mon cœur atteint
> Au plus beau des portraits où lui-même il s'est peint;

quand Tartufe parlera ainsi à Elmire, Molière
ne fera que traduire en vers cette maxime des
jésuites qui l'ont élevé au collège de Clermont
et qu'il connaissait bien :

« Tangere, amplecti et osculari, tantum licet
ad se delectandum honeste ob honestum amo-
rem, vel ob urbanitatem, *vel ob laudandum
Deum qui eam tam pulchram fecit;* modo non
se exponat periculo. »

Voilà comment, pour nous en tenir à cette
citation qui nous paraît donner une idée suf-
fisante de l'adaptation que l'Église dut faire
de ses grands principes aux passions des
hommes, voilà comment, les peines s'étant adoucies, les mœurs s'étant relâchées, le mariage a

perdu peu à peu son caractère d'institution
divine, et le divorce est devenu nécessaire. Si
l'on en a tant abusé comme vous le dites, monsieur l'abbé, après la promulgation de la loi de
1792, c'est qu'il y avait une quantité énorme de
mariages viciés et malheureux depuis longtemps
par tant d'exemples contagieux venus de si haut
et que l'Église n'avait pas voulu ou n'avait pas pu
réprimer. Dans le premier cas, elle s'avouait
complice ; dans le second, elle se reconnaissait
incapable. C'était donc à la loi civile d'essayer
d'arrêter le mal, et, si nous avons encore, pour les
masses, quelque morale pratique dans le monde
et surtout en France, c'est à la loi civile plus
qu'à la loi religieuse que nous la devons. Celle-
ci revendique tous les progrès que nous accom-
plissons, parce que, en effet, toute morale venant
du Christianisme et du Décalogue, et l'Église
s'étant déclarée la dépositaire et la propagatrice
de cette morale, dès que la morale triomphe,
l'Église s'en attribue le mérite ; mais la révolution française que l'Église attaque tous les jours
est venue, au contraire, principalement en ce
qui concerne le mariage, réparer tout ce que

les siècles précédents, avec la complicité de
l'Église, avaient fait naître d'immoralités et de
désordres de toute espèce. En proclamant les
droits de l'homme, la révolution française a
proclamé aussi ses devoirs ; en supprimant le
droit d'aînesse, en rendant tous les enfants
égaux devant le père, elle a constitué la vraie
famille ; en voulant que tous les enfants parti-
cipassent également à l'amour et à l'héritage
du père, elle a peut-être eu le tort de rompre·
avec la tradition d'Isaac, où il fallait que Jacob
volât l'héritage pour l'avoir, mais elle a fait que
le père a tenu à être le père de tous ses enfants
et a bien autrement surveillé qu'il ne le faisait auparavant la conduite de sa femme ; il ne l'a plus
fait passer pour sa sœur, même pour se faire
bien venir de Pharaon, et celle-ci s'est effrayée
de la galanterie qui pouvait avoir des conséquences si compromettantes pour elle et si
désastreuses pour l'enfant, puisque, comme
épouse et comme mère, elle pouvait être bannie
violemment et complètement de la famille avec
l'enfant clandestin. L'amant lui-même, le trou-
badour, l'Almaviva traditionnel a commencé à

réfléchir, et il s'est moins aventuré autour du
lit conjugal, sur lequel veillaient maintenant
l'époux, la loi et les héritiers légitimes, tous
égaux, armés de ces mêmes triques dont les
laquais de M. de Rohan, cent ans auparavant,
frappaient impunément Voltaire, qui devait, plus
tard, rendre au centuple à ces privilégiés les
coups qu'il avait reçus de l'un d'eux. Ce n'est
pas tout, la révolution française (pardon encore
d'être forcé de répéter ces choses-là), en décrétant l'égalité de tous les hommes devant la loi,
comme elle décrétait l'égalité de tous les enfants
devant le père, en établissant la liberté de
toutes les consciences, de tous les cultes, avec
l'avènement de toutes les capacités, créait enfin
cette bonne et solide bourgeoisie composée de
catholiques, de protestants, de libres penseurs,
d'israélites, nouvelle classe issue du peuple,
c'est-à-dire du sol même de la patrie laborieuse
et par conséquent morale, car la morale résulte
plus du travail que de la prière (« Qui travaille
prie, » a dit saint Paul, lequel a bien dit cette
fois-là et bien d'autres fois encore); la Révolution, dis-je, créait cette bonne et solide bour-

geoisie qui est l'assise, l'honneur, la protection et la prospérité des sociétés modernes.

Cette révolution a eu ses excès comme vous avez eu les vôtres ; elle a eu ses échafauds comme vous avez eu vos bûchers, elle a eu ses Robespierre comme vous avez eu vos Borgia ; elle a failli comme toutes les institutions humaines, même celles qui ont commencé par la révélation, le dévouement, le sacrifice, l'idéal ; partant, quittes, au point de vue des récriminations, ce qui ne vous empêche pas, vous et tous ceux de l'Église, monsieur l'abbé, de l'accuser toujours de tous les maux qui règnent encore sur la terre. *Je le sais bien*, dites-vous (page 150), *le divorce est conforme aux principes de la liberté qu'il fallait inventer, le jour où la raison, privée de son flambeau, devint le seul guide, où les passions remplacèrent Dieu.*

Vous avez, monsieur l'abbé, ainsi que tous les ministres de votre culte, lorsque vous voulez bien laisser croire que vous discutez, un procédé très simple : toutes les fois que les événements s'accomplissent dans le sens de vos croyances, de vos dogmes et de vos intérêts,

ils sont l'œuvre de Dieu ; quand ils s'accomplissent dans le sens contraire, ils sont l'œuvre
du diable ; tous ceux qui pensent comme vous
sont dans le vrai ; tous les autres sont dans le
faux ! C'est ce procédé qui vous rend plus
qu'injustes, qui vous rend ingrats envers la
révolution française ; car elle a fait pour l'Église
ce que nous demandons vainement à l'Église de
permettre qu'on fasse pour nous, elle a supprimé
les vœux éternels ; et, quand M. de Bonald est
venu réclamer à la Chambre, en 1816, au nom
de la religion catholique redevenue religion de
l'État, le rétablissement de l'indissolubilité du
mariage, il s'est bien gardé de réclamer en
même temps et au même titre le rétablissement
de l'éternité des vœux ecclésiastiques. La mesure
révolutionnaire était bonne à garder, et, bien
que la seconde loi fût aussi facile à faire voter que
la première par cette Chambre effarée et servile,
il n'en fut pas question. Ainsi, monsieur l'abbé,
les prêtres ont le divorce et nous ne l'avons pas.
Tandis que les Français ont perdu le droit
de divorcer d'avec l'épouse adultère, homicide, voleuse, galérienne, tandis que les Fran-

çaises ne peuvent divorcer d'avec l'époux adultère, homicide, voleur, galérien, vous qui êtes
unis à l'épouse infaillible, immaculée et impec-
cable, l'Église, vous avez le droit de la répudier
du jour au lendemain sans avoir à en appeler à
un autre tribunal que celui de votre conscience ;
les religieuses qui ont épousé Jésus ont le droit,
sans que rien au monde puisse les en empêcher,
de rompre ces noces divines. Vous n'usez que
bien peu de ce droit, direz-vous, sans doute à
cause des qualités particulières de l'époux et
de l'épouse, mais enfin, ce droit, vous l'avez, et
nous n'avons pas le droit équivalent. Quand le
père Hyacinthe veut contracter mariage du
vivant de sa première épouse, qui est toujours
vivante puisqu'elle est éternelle, il ne se marie
pas, il se *remarie*, sans le moindre empêchement ; il devient père, sinon sans le moindre
scandale pour vous, du moins sans le moindre
obstacle pour lui. Il n'y a qu'un ou plusieurs
Français de plus. Ce grand avantage qui vous
reste sur nous de par notre révolution, sans
compter tous les autres avantages que vous vous
êtes constitués vous-mêmes, ce dont je ne vous

12

blâme pas, étant partisan de la plus grande
somme possible de liberté pour tous, cet avantage vous semble faire partie de vos droits et
voici ce que vous répondez d'avance à ceux qui,
comme moi, pourraient vous présenter cette objection :

*Si la loi, cessant d'être catholique pour deve-
nir uniquement civile, a cessé de contraindre
un homme engagé par sa conscience à rester au
couvent toute sa vie, elle a été tout simplement
conséquente avec elle-même.* (Nous allons voir
si la doctrine catholique va en faire autant.) *Le
pouvoir religieux et le pouvoir civil se maintiennent l'un l'autre, et sont comme les membres
d'un même corps, mais ils sont parfaitement distincts.*

Alors, puisque la loi a cessé d'être catholique pour devenir uniquement civile, puisque le
pouvoir religieux et le pouvoir civil sont parfaite-
ments distincts l'un de l'autre, pourquoi la loi
civile, n'ayant plus rien de commun avec la loi
religieuse, ne nous rend-elle pas le divorce, qui
n'a été rayé de notre code que grâce à la loi
religieuse, redevenant prédominante en 1816 par

le catholicisme rétabli comme religion d'État ?
Pourquoi restons-nous toujours sous le coup
de cet argument de M. de Bonald, qui ne saurait
être de mise après que la religion catholique a
cessé, depuis 1830, d'être religion d'État, argument qui a fait voter le rétablissement de
l'indissolubilité au retour des Bourbons et qui
est tel que je le cite :

« La religion catholique est celle de l'État;
la loi civile qui permet le divorce est donc en
opposition avec la loi religieuse qui le défend.
Il faut que l'une des deux fléchisse. »

C'est net, c'est clair, c'est absolu. — C'est
bien ainsi que parle l'Église dès qu'elle revient
au pouvoir et peut se mêler publiquement des
choses publiques, quitte à prendre des allures plus
modestes et des chemins plus détournés quand
une révolution l'exclut momentanément du gouvernement des affaires civiles. C'est son cas
aujourd'hui; aussi n'est-ce pas au nom de la religion catholique que vous demandez le maintien de l'indissolubilité; c'est au nom de la
morale, de la société, de la famille, en vous ser-
vant de tous les mots qui ont toujours action

sur tout le monde, que vous soutenez maintenant votre thèse ; mais tout à coup vous vous trahissez dans les pages suivantes, qui nous montrent comment vous traiteriez encore la loi civile et la liberté humaine si vous et les vôtres reveniez demain au pouvoir.

Heureusement le rétablissement de la monarchie légitime prévint de nouveaux débordements en faisant disparaître le divorce. Dans la séance de la Chambre des députés du 14 décembre 1815, M. de Bonald demanda avec l'autorité de son talent et de son caractère : « *Que Sa Majesté soit suppliée d'ordonner que les articles du Code civil relatifs au divorce soient supprimés.* » *Le 26 décembre de la même année, la question vint en discussion devant la Chambre, et, après la lecture d'un rapport de M. de Trinquelague et un discours de M. de Bonald, auteur du projet, la proposition fut prise en considération.*

La discussion sur le fond s'ouvrit le 16 février 1816, se continua dans la séance du 2 mars suivant, séance dans laquelle le projet fut adopté par 195 voix contre 22, après avoir été défendu par MM. Cardonnel et Blondel d'Aubers, et combattu par M. Fornier de Saint-Lary.

La Chambre des députés adopta la proposition, qui fut ensuite présentée à la Chambre des pairs le 12 mars 1816 et y vint en discussion le 19 mars. Deux évêques, Mgr *de la Luzerne, évêque de Langres, et M*^{gr} *de Clermont-Tonnerre, évêque de Châlons, la défendirent éloquemment et la firent définitivement adopter.*

La loi fut promulguée le 8 mai de la même année. Nous avons sous les yeux les discours qui furent prononcés dans cette mémorable circonstance. Les adversaires du divorce placèrent la question sur son véritable terrain, sur l'institution et la nature du mariage, ils en exposèrent les lois consécutives.

« Si le mariage est indissoluble par son institution et par sa nature, disait M. de Trinquelague, si la religion de l'État le déclare tel, si l'intérêt de la société exige qu'il le soit, comment la loi civile pourrait-elle admettre le divorce ? »

Et il poursuivait : « Pour nous, messieurs, qui avons conservé la foi de nos pères, et pour qui les merveilles de la création sont toujours de saintes vérités, ces lois (les lois constitutives du mariage) ont une source bien plus noble, elles dérivent de la Divinité elle-même. Voyez l'auteur de tous les êtres s'occupant, après avoir créé le roi de la nature, du soin de lui donner une compagne. »

« *Il ne la tire pas du néant,* » dit le célèbre avocat général Séguier, discutant la même question que nous agitons, *il oublie, pour ainsi dire, qu'il peut créer. Il la prend dans la propre substance de l'homme, et, satisfait de son ouvrage, il l'offre lui-même à celui pour qui il venait de la former.* » Le premier homme reçoit de la main de Dieu sa compagne, et, dans le transport de sa joie, cédant à une inspiration divine, il dicte à sa race la loi de cette ineffable union : « *L'homme quittera son père et sa mère pour s'attacher à son épouse ; elle s'appellera de son nom, et ces deux êtres confondus n'en feront plus qu'un.* » . . . .

. . . .

» *Aux yeux de cette religion sainte, le mariage n'est point un simple contrat naturel ou civil ; elle y intervient pour lui imprimer un caractère plus auguste. C'est son ministre qui, au nom du Créateur du genre humain, et pour le perpétuer, unit les époux, consacre leurs engagements. Le nœud qui se forme prend dans le sacrement une forme céleste ; et chaque époux semble, à l'exemple du premier homme, recevoir sa compagne des mains de la Divinité même. Une union formée par elle ne doit pas pouvoir être détruite par les hommes, et de là son indissolubilité religieuse.*

» Si ce dogme n'est pas reconnu par toutes les Églises chrétiennes, il l'est incontestablement par l'Église catholique : et la religion de cette Église est celle de l'immense majorité des Français.

» La loi civile qui permet le divorce est donc en opposition avec la loi religieuse.

» Or cette opposition ne doit point exister, car la loi civile, empruntant sa plus grande force de la loi religieuse, il est contre sa nature d'induire les citoyens à la mépriser.

» Il faut donc, pour les concilier, que l'une des deux fléchisse et mette ses dispositions en harmonie avec celles de l'autre.

. » *Mais la loi religieuse appartient à un ordre de choses fixe, immuable, élevé au-dessus du pouvoir des hommes.* « *La nature des lois hu-* » *maines,* » *dit Montesquieu,* « *est d'être soumise* » *à tous les accidents qui arrivent, et de varier à* » *mesure que les volontés des hommes changent;* » *au contraire, la nature des lois de la religion* » *est de ne varier jamais.* » *C'est donc à la loi civile à céder, et l'interdiction du divorce pro-* *noncée par la loi religieuse doit être prononcée pàr la loi civile, doit être respectée par elle.* »

La loi de 1816 (c'est vous que je cite main- *tenant) eut donc pour but de mettre la loi civile* *en harmonie avec les principes de la religion catholique reconnue religion de l'État, comme avec les intérêts de la société.*

Aussi, lorsque la révolution de 1830 eut fait prévaloir de nouveau le principe de la souverai- *neté du peuple déjà proclamé en 1789 et mis à la mode l'indifférence religieuse, on songea natu-* *rellement au rétablissement du divorce.*

. *Il fut proposé dans la séance de la Chambre des députés du 11 août 1831; M. de Schonen présenta le projet de loi suivant :*

« ARTICLE PREMIER. *La loi du 8 mai 1816 qui abolit le divorce est rapportée.*

 » ARTICLE 2. *Les dispositions du titre VI du livre premier du Code civil reprennent, à dater de la promulgation de la présente loi, leur force et leur vertu.* »

Cette proposition fut prise en considération dans la séance du 18 août et revint devant la Chambre, pour la discussion du fond, dans les séances du 9, du 13 et du 14 décembre. Rejetée par la Chambre des pairs, qui représentait les traditions religieuses et conservatrices du pays, la proposition fut reprise en 1832 par M. Bavoux, qui la présenta à la Chambre en ces termes, dans la séance du 22 décembre :

« ARTICLE UNIQUE. *Les dispositions du Code civil sur le divorce seront rétablies ; en conséquence, la loi du 8 mai 1816 est abrogée.* »

Elle fut prise en considération dans la séance du 29 décembre après une brillante joute oratoire à laquelle prirent part M. Bavoux, défendant le projet, et M. Merlin, qui le combattait.

Le projet, rapporté par M. Odilon Barrot, fut discuté par la Chambre des députés dans

*les séances du 5 et du 23 mars 1833, et adopte
dans cette dernière séance, mais rejeté de nouveau par la Chambre des pairs. En vain
M. Bavoux, avec une constance digne d'une
meilleure cause, reprit la proposition et la fit
adopter par la Chambre des députés, le 25 mai
1833 et le 24 janvier 1834; la Chambre des
pairs la rejeta toujours.*

*En 1848, M. Crémieux, ministre de la jus-
tice, déposa, au nom du gouvernement, sur le
bureau de l'Assemblée constituante, la proposition suivante :*

« ARTICLE PREMIER. *La loi du 8 mai 1816 est
abrogée. En conséquence, les dispositions du
titre VI du livre premier du Code civil reprennent leur force à compter de la promulgation de
la présente loi.*

» ARTICLE 2. *L'article 310 du Code civil est
modifié comme il suit :*

» *Tout jugement de séparation de corps, devenu définitif depuis trois ans au moins, sera
converti en jugement de divorce sur la demande
formée par l'un des époux, sur requête et assi-
gnation à bref délai.*

» *Le jugement qui prononcera le divorce sera rendu à l'audience.*

» *L'époux condamné pour adultère n'est pas admis à réclamer le divorce.*

» *Fait au conseil du gouvernement, le* 26 *mai* 1848.

» *Signé :* F. ARAGO, LAMARTINE, MARIE, GARNIER-PAGÈS.

» *Par la commission du pouvoir exécutif.*

» *Signé :* CRÉMIEUX. »

Ce projet, n'ayant pas été favorablement accueilli par la Commission à l'examen de laquelle il avait été envoyé, fut retiré dans la séance du 27 *septembre et ne vint même pas en discussion.*

Depuis cette époque jusqu'au 6 *juin* 1876, *jour où M. Naquet a présenté sa proposition actuellement à l'étude, il n'a plus été question du divorce dans les régions officielles ; mais la presse, la littérature, le théâtre se sont emparés de ce sujet. On a attribué à l'interdiction du divorce la décadence des mœurs françaises, pour faire ressortir ses avantages sur la séparation de corps ; on a répété sur tous les tons et sous*

*toutes les formes le mot sinistre de M. Alexandre
Dumas : « Tue-la ! » Et, au milieu de ce concert
de malédictions, il n'est venu à la pensée d'aucun
de nos philanthropes de redire la parole autrement sage, autrement équitable de Jésus : « Que
celui qui est sans péché lui jette le premier la
pierre ! »*

En citant *le mot sinistre* de l'auteur de
l'Homme-Femme, vous savez bien au fond, monsieur l'abbé, à quoi vous en tenir sur la véritable signification de ce mot. Vous savez bien, si
vous avez lu mon livre avec autant de soin que
je lis le vôtre, vous savez bien que je ne con-
seille à aucun homme de tuer sa femme. Je place
la femme à tuer dans un tel état d'animalité et
d'impénitence, je place l'homme qui devrait
tuer à une telle hauteur de perfection, que ces
pages ne sont justement que la paraphrase de la
parole évangélique que vous regrettez de ne pas
entendre plus souvent et qu'on répète cependant plus que vous ne le croyez, trop peut-être,
surtout dans la littérature. Mais les hommes

étant tout aussi pécheurs aujourd'hui qu'ils
l'étaient du temps de Jésus, on peut leur répéter
sans crainte et pendant longtemps encore : « Si
vous êtes sans péché, frappez ; » la femme la
plus coupable n'aura rien à craindre. Cette
phrase n'a donc été écrite que comme la conséquence logique d'une loi illogique, et pour montrer à ceux que ces questions intéressent quelle
extrémité elle autorise chez un homme, sinon
sans péché, puisqu'il n'y en a pas, du moins honnête homme, dans le seul sens que notre nature
imparfaite puisse prêter à ce mot.

Le mari, me direz-vous, a encore d'autres
droits à épuiser légalement avant d'en arriver à
celui-là.

Lesquels ?

Grâce à la législation actuelle, je n'en vois
pas d'autres que le meurtre pour le libérer
complètement, et la femme, elle, n'a même pas
ce droit, ou, si elle l'a, elle ne saurait guère en
profiter, car il y a bien peu de femmes à qui on
pourrait dire : « Tue-le ! » qui prendraient un
revolver ou un couteau et qui frapperaient le
coupable. Mais quand il y en a une par hasard, le

jury prononce pour elle l'acquittement comme pour l'homme.

Revenons au mari et aux moyens qu'il peut employer avant d'en arriver au meurtre.

Le mari peut provoquer le complice de sa femme, se battre avec lui pour sa dame : jugement de Dieu ! ce qui est absurde, puisque, après avoir été trompé, il court encore la chance d'être tué et de rendre ainsi la femme coupable entièrement libre, ou, si c'est lui qui tue, de n'en rester pas moins éternellement rivé à cette femme, et, par conséquent, de ne rien gagner à la mort du suborneur, que le plaisir d'avoir tué son semblable, ce qui est un plaisir de bien courte durée quand il est de si mince résultat. D'ailleurs, en pareil cas, le duel n'est possible qu'entre gens du monde, et ce n'est pas là un moyen praticable dans toutes les classes de la société et par tous les tempéraments. Il est de plus en plus abandonné. Nous nous en servons encore au théâtre, mais rarement ; ce n'est plus d'un très grand effet.

Il y a aussi, comme dit Pallavicini dans l'Histoire du concile de Trente, l'excellent raisonnement dont saint Augustin s'est servi pour convaincre les fidèles qu'ils ne doivent pas avoir de la répugnance à se réconcilier avec leurs conjoints, qu'ils ont abandonnés pour être tombés en adultère, lorsque les coupables sont touchés de leur crime.

« *Pourquoi*, dit ce saint, *un mari fidèle ne recevra-t-il pas sa femme coupable, puisque l'Église la reçoit? Ou pourquoi une femme ne pardonnera-t-elle pas à son mari qui a commis un adultère et qui en est pénitent, puisque Jésus-Christ a bien voulu le lui pardonner? Car, quand l'Écriture appelle insensé et méchant celui qui demeure avec une femme adultère, elle entend parler de celle qui, ayant commis ce crime, ne s'en repent pas et qui refuse de cesser de le commettre.* »

C'est tout simple, en effet, et saint Augustin, dégoûté de tous les adultères et de toutes les fantaisies encore plus excentriques auxquelles il s'était livré pendant sa jeunesse, en parlait bien à son aise. Et la nature, et la passion, qu'est-ce qu'elles deviennent dans de pareils raisonnements ?

Il faut les immoler.

C'est bientôt dit. Ceux-là mêmes qui ont fait vœu de continence et d'humilité les immolent-ils donc autant qu'ils le conseillent, et les papes, les évêques et même les saints ont-ils été toujours sans entraînements, sans défaillances, sans ambition, sans colère, sans vengeance? Théories admirables, principes divins, pratique impossible, sauf dans certains cas où les convenances du monde, la peur du ridicule ou l'intérêt des enfants imposent le silence à celui des deux époux qui a à se plaindre de l'autre. Et même, en ces circonstances douloureuses et dans ces abnégations rares, il y a plus souvent transaction que pardon complet. Il se crée donc dans ces ménages, ainsi ébranlés secrètement et unis en apparence, une séparation réelle aussi pleine d'embarras et d'amertume pour celui qui a consenti au silence que pour celui qui en profite, et là est bien souvent non pas l'excuse, mais l'explication des amours en dehors d'un foyer dont personne n'a connu les luttes et les pactes secrets.

Il y a encore la séparation judiciaire publique, où chacun des deux époux vient, par l'organe de son avocat, essayer de déshonorer l'autre, comme de récents procès nous l'ont fait voir, et dont je ne vois pas que les enfants, que l'on invoque toujours, tirent moins de honte, de chagrin et d'abandon que du divorce, qui aurait au moins l'avantage de ne pas faire naître de ces débats publics qui déshonorent ou le père ou la mère, quelquefois les deux.

Il y a les séparations sans bruit, à l'amiable, qui sont une sorte de consentement réciproque à l'adultère mutuel, et enfin il y a le procès public intenté à la femme adultère, qui tue le respect des enfants pour leur mère et quelquefois pour leur père, et qui ne libère personne.

Vous savez, en effet, monsieur, ce qui se passe en ces circonstances.

Le mari, qui pouvait être si terrible autrefois, la loi ancienne à la main, quand il avait une raison de sévir, est absolument ridicule aujourd'hui quand il vient demander à la loi nouvelle de le venger. Ce même mari, car c'est toujours le même dans ce cas-là, qui pouvait infliger la

mort, la torture, la honte ou le ridicule éternels
non seulement à l'épouse coupable, mais encore à
son complice, voit, aujourd'hui, condamner cette
épouse à deux mois de prison devant un auditoire qui lui rit au nez, à lui, par des juges
qui sont tout disposés à faire comme le public,
malgré l'air sérieux qu'ils affectent. *Elle* est
aussi sympathique, surtout si elle est jolie,
qu'*il* est grotesque, — et, si elle semble laide, on
se demande pourquoi il n'est pas enchanté de
l'aventure qui le dispensait d'une besogne sans
intérêt. Cet amant dont ce mari pouvait jadis
impunément faire manger le cœur à sa femme
(comme fit ce bon M. de Vergy, qui trouva ce
moyen facile de s'immortaliser), — à moins qu'il
ne lui plût, s'il était Polonais, de faire accro-
cher ledit amant par où vous savez, comme un
quartier de bœuf à l'étal d'un boucher, — cet
amant, le mari plaignant le voit condamner
maintenant à quinze jours de prison et cent francs
d'amende. Si le condamné est joli garçon, quel-
ques-unes des femmes qui auront assisté à
ce jugement seront toutes disposées à l'aller
voir dans sa prison, à lui faire oublier sa

belle, et à le consoler de la dureté de la loi.

Il ne reste donc véritablement au mari trompé qu'un dernier moyen, dont l'efficacité est incontestable, c'est de tuer la femme. Ce moyen, que la loi est forcée de prévoir parce que, malgré saint Augustin, il faut qu'elle compte avec la passion humaine, ce moyen a un grand avantage, c'est de dénouer tout d'un seul coup. Le mari est sûr d'être veuf et de pouvoir se remarier, ce qui lui sera on ne peut plus facile, les femmes ayant quelque penchant à aimer un homme qui a donné une telle preuve d'énergie. Ce moyen, si expéditif et si infaillible qu'il soit, car les tribunaux en sont réduits à l'absoudre toujours, est cependant beaucoup moins employé que le duel, le procès et la séparation. Il y a des hommes qui, bien que très malheureux et très irrités, répugnent à se faire bourreaux et à verser le sang, même avec la tolérance du Code. Cela se voit cependant, par suite de l'insuffisance de la loi, plus souvent qu'on ne le voudrait, même lorsque l'on soutient les thèses que je développe ici, et bien que ces meurtres, tout en étant déplorables, donnent raison à ces thèses. Le procès récent de madame de S..., à qui son mari a tiré deux ou trois coups de revolver, parce qu'il était las de voir traîner son nom dans les offices et dans les cuisines des hôtels garnis, est un des nombreux arguments contre lesquels, quoi que vous disiez, viendront éternellement échouer les excellents conseils de saint Augustin.

Il est vrai qu'il y a des hommes qui aiment encore mieux, dans ces circonstances abominables, se tuer eux-mêmes, autre refuge que la loi accorde. C'est ce qui est arrivé dernièrement à un très galant homme; il avait épousé, avec toutes les garanties de la famille et de l'Église, une jeune fille catholique, laquelle, sous prétexte que tous les hommes sont égaux et frères devant Dieu, se partagea bientôt entre son mari et son valet de chambre. Le mari, ayant acquis la preuve indubitable de cette charité clandestine et sans proportion, n'a pu résister à sa honte, à sa douleur, à son étonnement peut-être, et il s'est tué. C'est une solution comme une autre, mais plus à l'avantage des femmes adultères et des valets de chambre que des maris. Peut-être, si cet honnête homme avait eu à sa disposition une loi qui lui eût per-

mis' de répudier cette femme égalitaire, peut-
être ne fût-il pas sorti de la vie et eût-il pu
trouver ensuite une épouse moins fanatique du
plumeau. De tous les moyens pratiques dont le
mari peut se servir, dans l'état de la législation
actuelle, ce dernier est celui que je recomman-
derais le moins parce que c'est celui qui a le
moins de chances d'être adopté, et qu'il ne faut
jamais recommander que ce qui a quelque pro-
babilité de succès. Je suis et reste donc plutôt,
dans la discussion, pour *Tue-la*, et, faut-il vous
l'avouer, — je me flatte peut-être, — je vois là
un des arguments destinés à faire adopter la loi
du divorce.

Eh bien, monsieur l'abbé, entre les peines
capitales, les tortures que la loi passée infligeait
aux adultères et la punition dérisoire qu'elle leur
inflige aujourd'hui, il y a une lacune que le législateur français doit combler et qu'il ne peut
combler qu'avec le divorce. De deux choses
l'une : ou l'adultère est un attentat abominable
au contrat le plus sacré qui puisse engager les
êtres humains, le mariage ; ou c'est une pecca-

dille sans importance, passible seulement d'une
amende ou d'un emprisonnement. de quelques
jours, comme d'avoir vendu à faux poids ou so-
phistiqué du vin. Il faut. nécessairement opter
entre les deux termes. Une loi n'a pas le droit
de venir dire à ses justiciables : « Vous êtes mari
et femme,. vous vous êtes unis par le mariage,
j'ai déclaré le lien indissoluble au nom d'une religion qui n'est. pas la vôtre, car les conjoints
peuvent être israélites, protestants ou n'appar-
tenir à aucun culte. Cette religion que ni vous ni
moi ne pratiquons, ajoute la loi, car je suis un
être abstrait qui promulgue toutes sortes de choses, mais qui ne pratique rien du tout, cette religion ayant déclaré que l'adultère est un crime
exécrable, un des plus haïssables aux yeux du
Dieu qu'elle représente, je condamnerai celui de
vous deux qui sera coupable, surtout quand ce
sera la femme, car je m'y suis prise de façon que
l'homme puisse échapper facilement à la con-
statation du délit, et les mœurs lui ont d'ailleurs
ménagé des prérogatives particulières, je condamnerai celui de vous deux qui sera coupable
à un ou deux mois de prison et à cent francs

d'amende ; mais je condamnerai celui qui sera
innocent à rester éternellement lié à l'autre, à ne
pouvoir pas se remarier, à ne pas avoir d'enfants
légitimes. Si cet innocent passe outre et se remarie à l'étranger par une combinaison quelconque,
je lui confisquerai ses biens à la réquisition du
coupable ; s'il a des enfants de son nouveau mariage ou de son union libre avec un troisième individu, je déclarerai ces enfants illégitimes,
bâtards, hors la loi ; ils ne pourront jamais réclamer ni nom ni héritage, tout en restant soumis à toutes les autres exigences des lois et du
Code civil français. Si la femme séparée qui sera
devenue mère illégalement a peur du déshonneur, elle pourra abandonner ses enfants, qui
n'auront jamais rien à dire. Du reste, comment
diraient-ils quelque chose, il y a tant de chances
pour qu'ils meurent de cet abandon ? si elle
les tue, et que je le sache, elle sera passible
naturellement de toutes les peines édictées
contre l'infanticide.

» Voilà pour l'adultère : mais, comme il n'y
a pas que l'adultère qui déshonore et avilisse
le mariage, il faut, pour que je sois juste,

dira encore la loi, que, dans tous les autres cas, l'innocent continue à être aussi puni, plus puni même que le coupable. Ainsi l'un des deux aura-t-il voulu se défaire de l'autre, l'emprisonner, l'assassiner, le tuer? Je les séparerai de corps, pour éviter la récidive, mais voilà tout.

» L'un des deux aura-t-il été pour un crime condamné aux galères à perpétuité ? L'innocent sera toujours lié à lui, il traînera le même boulet à trois mille lieues de distance, c'est-à-dire plus lourdement, et, tandis que le coupable, avec un peu d'adresse, pourra peut-être s'échapper de Nouméa, son conjoint innocent ne pourra jamais sortir du mariage, il ne pourra avoir ni autre conjoint légal, ni enfants légitimes, ni foyer accepté, ni famille régulière. Si le conjoint resté libre, c'est-à-dire non déporté ou non ferré, est une femme qui ait besoin de gagner sa vie, comme institutrice, ou comme ouvrière, ou comme domestique, et que ceux chez qui elle aura été accueillie apprennent son nom et sa situation de femme de forçat, ils la mettront à la porte ; si elle le leur dit d'avance, ils ne la recevront pas.

» L'un des deux époux aura-t-il pratiqué les mœurs de Sodome ou de Lesbos, ce qui est absolument incompatible avec le but du mariage ; aura-t-il abandonné son conjoint pour courir le monde sans qu'on ait plus entendu parler de lui ; sera-t-il fou furieux, reconnu incurable, frappé d'infirmités qui rendent impossibles non seulement l'acte conjugal, mais jusqu'à l'intention de l'accomplir ; sera-t-il impuissant, ivrogne, brutal, déshonoré publiquement par des concussions, des vols, des faux ; sera-t-il mouchard ou souteneur de filles ; sera-t-elle Messaline ou Phryné, avec ou sans bénéfices, l'autre époux restera rivé, toujours rivé, éternellement rivé au coupable, au nom du Dieu de charité, d'amour, de clémence et de justice, qui a dit à Abraham de prendre Agar quand Sarah était stérile, à Rachel de prêter son mari Jacob à Lia, pour des mandragores, et à l'amant de madame du Cayla de rétablir le catholicisme en France et de supprimer le divorce. »

Ce serait à mourir de rire à force d'illogisme et d'ineptie si la plus monstrueuse injustice ne

dominait pas dans cette loi, si les plus vilains
scandales, si les plus grands malheurs, si les
plus dangereuses immoralités n'en résultaient
pas.

Reste donc la mort, oui, monsieur l'abbé,
comme je l'ai déjà dit en écrivant ce sinistre
« Tue-la », et encore ce moyen n'est-il accepté
que pour l'adultère. Alors, tuons l'adultère ;
ce sera toujours ça ; et nous voilà retombés en
plein moyen âge.

En effet, je lis dans les *Anciennes Coutumes
du Berry*.

« Si un homme marié trouvoit autre che-
» vauchant sa femme, le dit mary peut eux
» deux, c'est-à-dire l'homme et la femme tuer,
» sans qu'il doive loy et amende, et encore,
» si le dit mary n'est pas assez fort et il a
» doute que le malfaiteur eut l'audessus de
» lui en cette manière, il peut mener son fils
» avec lui pour l'ayder, et il n'y a nulle amende
» pour le fils, quels qu'il y a pour le père, mais
» que le dit fils ne jette pas main à la mère,
» mais seulement ayde à son père à survaincre
» son ennemi. En ce point, l'on ne peut ni ne

» doit poursuivre le dit fils à nulle amende. »

Eh bien, monsieur, grâce à l'abolition du divorce, nous en sommes encore aux vieilles coutumes du Berry.

Il y a quelques années, à Saint.-A..., je ne veux nommer ni le lieu ni le mari, pour ne pas renouveler le chagrin ni réveiller les souvenirs du meurtrier, que je tiens pour aussi honnête que malheureux, en quoi du reste les juges ont jugé comme moi ; il y a quelques années un habitant de Saint-A... était notoirement trompé par sa femme depuis plus de dix ans ; il lui avait maintes fois pardonné, selon le conseil de saint Augustin, à cause du grand amour qu'il avait pour elle et ses enfants, bien qu'il sût que la dernière, une fille de huit ou neuf ans, ne fût pas de lui. Il avait successivement employé tous les moyens conseillés par la religion et le véritable amour. Il ne s'en était pas tenu là. Connaissant l'amant de sa femme, il l'avait souffleté en pleine rue, sans que celui-ci, d'ailleurs, lui répondît rien.

Un soir, ce mari outragé avec tant de persévérance apprit que la chair de sa chair et les os de ses os poussait l'audace jusqu'à recevoir son amant chez elle, dans une chambre du rez-de-chaussée et qu'elle y était enfermée avec lui.

Connaissait-il les *Anciennes Coutumes du Berry,* ou suivit-il simplement ce mouvement de la passion auquel ces *Anciennes Coutumes* avaient été forcées d'adhérer? Toujours est-il qu'il alla chercher son fils, âgé de dix-sept ans, et, lui mettant dans les mains un fusil à deux coups, chargé de chevrotines, il lui dit : « Poste-toi à l'angle de la maison. Cette fenêtre que tu vois là va s'ouvrir; un homme enfermé, à cette heure, avec ta mère sautera dans le jardin : tu tireras sur cet homme; moi, je me charge de ta mère. »

Alors cet homme s'en alla frapper à coups redoublés à la porte de la chambre du rez-de-chaussée. Ce qu'il avait prévu arriva, les coupables effrayés ouvrirent la porte-fenêtre donnant sur le perron pour se sauver; ils croyaient le mari derrière eux; celui-ci avait déjà gagné dans le jardin le poste qu'il avait choisi. L'a-mant se sauva dans la direction de la grille ; dans le trajet qu'il avait à parcourir il devait passer devant le fils, l'enfant. La mère se sauva naturellement du côté opposé, où l'attendait son mari. Le fils lâcha ses deux coups de fusil sur le fuyard et le manqua ; le mari tira sur sa femme un premier coup et l'abattit ; mais elle n'était que blessée, elle se releva ; il l'acheva de son second coup.

Le père et le fils passèrent en jugement ; la vérité fut connue, et ils furent acquittés tous les deux à l'unanimité des juges, par la même loi qui aurait condamné la femme à deux ans de prison au plus, si le mari outragé s'était contenté de s'adresser aux tribunaux ; et l'acquittement eut lieu aux applaudissements de tout le public, ému de sympathie pour un criminel au nez duquel on aurait ri, si, au lieu de divorcer par un homicide, il était venu demander à la loi ce qu'elle devrait toujours donner, la punition due à un coupable et la justice due à un innocent.

« Ce sont là des exceptions, » me direz-vous, monsieur l'abbé, et les exceptions vous intéressent peu. Voici comment vous nous le déclarez.

Le nombre des mariages qui réclament le

divorce est-il si considérable, qu'il puisse faire renoncer à une institution que vous-même, monsieur Naquet, appelez admirable; faire abroger une loi dont le respect universel serait l'accomplissement de tous vos vœux ! Non, le dernier compte rendu de la justice civile nous donne l'état suivant des demandes en séparation de corps, portées devant les tribunaux de 1846 à 1876.

De 1845 à 1850, moyenne annuelle............			1,080
De 1851 à 1855	—	—	1529
De 1856 à 1860	—	—	1913
De 1861 à 1865	—	—	2395
De 1866 à 1869	—	—	2922
De 1872 à 1875	—	—	2881
En 1876	—	—	3251

Si nous additionnons les moyennes de vingt-huit années (1870 et 1871 n'y figurent pas), nous arrivons à 60,848 séparations. Les tribunaux en ayant rejeté environ la dixième partie, ne portons le total qu'à 50,000, soit 100,000 individus mariés sans l'être pour une période de vingt ans ! Certes les cas particuliers sont intéressants, émouvants, dramatiques. On fera frémir ou pleurer la population parisienne avec

« *Madame Caverlet* », avec « *une Séparation* » ;
*mais le moraliste prend la statistique générale,
et il trouve qu'il y a en France une moyenne de
320,000 mariages par an* (tombés à 290,000,
comme nous l'avons vu plus haut) ; *soit, pour
les vingt-huit années ci-dessus, 8,960,000 mariages. Il y en a* 50,000 *qui ont été désorganisés
par la séparation de corps judiciaire, et* 50,000
*tout au plus par la séparation volontaire. Nous
sommes loin de la thèse générale, nous sommes
dans l'exception. Or, en toute chose, il faut se
méfier des lois d'exception, surtout en matière
d'état civil.*

Est-ce bien vous qui parlez ainsi, monsieur
l'Abbé, vous un chrétien ? que dis-je ! un ministre de la religion catholique, doublé d'un moraliste, d'un logicien ? Cent mille malheureux ne
vous intéressent pas ? cent mille de vos frères ne
comptent pas pour vous ? Vous les traitez d'exception intéressante et dramatique, mais, somme
toute, insignifiante ? Si cette exception est si
faible, pourquoi lui refuser le divorce ? Vous
voyez qu'il n'y a pas grand danger ; les statistiques prouvent qu'on n'en usera pas beaucoup, et

les statistiques des enfants légitimes augmente-
ront, puisque ces gens-là pourront se remarier ;
et les statistiques des enfants adultérins, bâtards,
illégitimes, abandonnés, étranglés, mort-nés ou
avortés en diminueront certainement. Et où avez-
vous pu prendre que la loi doit rester indifférente au sort de cent mille individus et qu'elle
ne doit pas être égale pour tous ? Et comment,
exerçant votre saint ministère, pouvez-vous traiter si lestement les exceptions? Il ne faut pas en
faire fi, monsieur l'Abbé ; j'en connais qui, selon vous, ont sauvé le monde. Qu'est-ce que la
vertu, si ce n'est une exception? Que sont le génie, la conscience, la bonne foi, le courage, la
morale, la justice, la miséricorde, la sincérité,
le simple sens commun, sinon des exceptions ?
L'Église catholique elle-même est une exception
dans le monde ; les cent quarante millions de
fidèles qu'elle a sont une exception dans les
treize cent cinquante millions d'habitants de
la terre, et ceux qui suivent fidèlement ses
préceptes, parmi ces cent quarante millions
de fidèles, sont une bien autre exception encore.
Les catholiques ! Beaucoup d'inscrits, monsieur

l'abbé, très peu d'appelés, encore moins d'é-
lus! N'est-ce pas aussi une exception que le
vœu de continence prononcé et accompli par
vos cinquante mille prêtres catholiques? ce qui
doit contribuer à la diminution des mariages
et à la diminution des naissances, du moins
dans la statistique des enfants légitimes. Quelle
exception plus singulière que celle de Moïse
rapportant du Sinaï les dix commandements..
écrits de la main de Dieu lui-même sur les
tables de pierre! Il y en a d'autres cependant,
celle par exemple de la naissance de Jésus-
Christ, de sa divinité dans la forme humaine, et
de la virginité physique de sa mère résistant à
cette naissance. C'est là une exception telle, qu'il
a fallu en faire un miracle. Et la résurrection de
Jésus trois jours après sa mort, sa présence et
sa vie sur la terre pendant quarante jours avec
des organes semblables aux nôtres, bien que la
mort les eût anéantis; voilà des exceptions et
non toujours très compréhensibles. Ce n'en est
pas moins sur ces exceptions que repose la
religion au nom de laquelle vous voulez qu'on
ne s'occupe pas des exceptions visibles, vi-

vantes, qui nous paraissent à nous mériter
l'intérêt du législateur autant que toutes les
autres. Ne traitez donc pas si lestement nos
exceptions, monsieur l'Abbé, ce serait d'un
mauvais exemple ; nous pourrions user du même
procédé avec celles qu'on cherche à nous imposer, telles que l'immaculée conception et l'infaillibilité, et nous ne demandons pas ces revanches.
Que Dieu, que votre Dieu veuille qu'il y ait des
milliers et même des millions et des milliards
d'individus qui souffrent éternellement parce
que le premier homme a désobéi, c'est là une
justice particulière, mystérieuse, exceptionnelle
dont je m'explique que l'humanité tende de plus
en plus à s'affranchir ; mais que la justice humaine, qui ne trône pas sur les hauteurs des
dogmes révélés et des hypothèses transcen-
dantes, qui a des comptes à rendre aux hommes
qui dépendent d'elle, mais dont elle dépend aussi ;
que la justice humaine tolère et maintienne des
lois dont souffrent une exception de cent mille
individus en trente ans, sans compter ceux qui
n'osent, qui ne veulent ou qui ne peuvent rien
dire, non, monsieur l'Abbé, non, malgré toute

votre éloquence, cela ne peut pas être et cela
ne sera pas.

Tenons donc compte des exceptions. Si elles
deviennent très nombreuses, elles ne seront
plus des exceptions, et le remède que nous demandons deviendra forcément indispensable ; si
elles restent ce qu'elles sont, — mais je crois,
moi, que, si l'on rétablit le divorce, elles diminueront beaucoup, — alors le remède ne sera
pas plus dangereux chez nous qu'il ne l'est
dans les pays où on l'emploie comme il faut
l'employer, comme vous n'avez cessé de l'employer vous-même dans l'Église catholique sous
le nom élastique et spécieux de nullité, dans
des cas exceptionnels ni plus ni moins intéressants que les nôtres.

Ce qui ne vous empêche pas de dire :

*Pour ce qui est des cas de nullité reconnus
par l'Église, nous ne voyons pas quel argument on en peut tirer en faveur du divorce. Ils
en fourniraient plutôt pour le combattre. C'est
précisément parce que l'Église a prévu et réglé
des cas de nullité, qu'il n'y a plus rien à faire,
et les partisans du divorce viennent trop tard.*

Comme, à votre insu, on retrouve bien dans cette dernière phrase, monsieur l'Abbé, tout l'esprit de cette Église catholique toujours autoritaire et absolue, sous prétexte d'unité, de fixité, de divinité et d'éternité !

Et vous terminez en disant : *Cette dernière objection est si peu sérieuse, qu'il est inutile de s'y arrêter davantage.*

Toujours le même procédé de discussion ! Toute objection à laquelle vous ne pouvez pas répondre n'est pas assez sérieuse pour qu'on s'y arrête. Voilà encore que nous n'allons pas être du même avis. Moi, je trouve que c'est là l'objection la plus sérieuse qu'on puisse vous faire. Je comprends très bien le dilemme de l'Église : « Que le mariage français cesse d'être un contrat et redevienne un sacrement comme autrefois et vous pourrez toujours l'annuler, car il y a *toujours* un cas de nullité dans tout mariage contracté sous notre seule loi religieuse ; mais, si vous maintenez le mariage français, vous n'aurez jamais ni cas de nullité ni divorce, grâce à l'influence indirecte que nous avons conservée sur l'esprit de la société française. Hors de nous pas de salut. » Examinons et commençons d'abord par laisser là la casuistique et la subtilité, pour ne pas dire l'hypocrisie des mots.

Le divorce a existé de tout temps dans tous les pays, avant comme après la constitution de l'Église, et, depuis cet événement, il a existé partout avec le consentement de l'Église. A cette heure, il fonctionne dans tous les pays civilisés du monde, excepté en France. Voilà qui est clair et précis, je crois. Prouvons.

Nous avons vu qu'il était dans la loi de Moïse, chez les Romains, chez les Grecs, chez tous les païens. Il a été consenti et approuvé par l'Église catholique pendant les huit premiers siècles de l'ère chrétienne, même pour les prêtres, puisque, pendant les premiers siècles, les prêtres catholiques pouvaient se marier. Les conciles, jusqu'à cette époque, ou ne parlent pas du divorce, ce qui démontre qu'ils l'admettent, ou le consacrent ou le tolèrent. En 1031, le concile de Bourges, canon 10°, dit que celui qui aura quitté sa femme hors le cas d'adultère, n'en prendra pas une autre de son vivant, et réciproquement.

A la fin du xie siècle, le divorce avec permission de se remarier était tellement licite en France, que Urbain II, au concile de Clermont, fut forcé de renouveler les canons ecclésiastiques qui le défendaient ; mais, en somme, ce n'est que vers le xiiie siècle qu'il fut unanimement condamné ; ce qui n'empêcha pas des rois et des princes de le pratiquer, comme nous l'avons prouvé plus haut, avec l'assentiment des papes (Louis VII, Louis XII, Henri IV, etc.).

L'Église peut dire que ce que nous appelons divorces autorisés par elle depuis le xiie siècle n'était que des cas de nullité ; soit. Nous allons alors lui donner la preuve qu'elle a de tout temps autorisé le divorce, sous le nom de divorce, pour cause d'adultère, avec permission de contracter de nouveaux mariages.

Au concile de Trente, la matière du divorce fut traitée à fond, et nos théologiens de Sorbonne y soutinrent avec grand talent, sinon avec grand succès, la thèse que nous soutenons aujourd'hui. Ils ne réussirent pas à la faire triompher. Les Pères du concile tenaient à établir dogmatiquement l'indissolubilité du ma-

riage, par conséquent à proscrire définitivement le divorce. Mais, avant que le décret
fût prononcé, les ambassadeurs de Venise
firent lire une requête contenant que leur république possédait.les îles de Chypre, de Candie, de Corfou, de Zanthe et de Céphalonie,
toutes pleines de Grecs qui, depuis plusieurs
siècles, observaient la répudiation des femmes
adultères et se.remariaient à d'autres, *sans que
jamais ni' l'Église, ni aucun concile les en eût
repris.* Il n'était pas juste, disaient.les ambassadeurs, que ces Grecs fussent condamnés en
leur absence, puisqu'ils n'avaient pas été appelés au concile; qu'il plût donc aux Pères
d'ajuster le canon de telle sorte qu'il ne leur
nuisît point.

Cette requête fit quelque bruit parmi les
Pères, tant à cause de la remontrance des Vénitiens que pour la recharge que firent ceux qui,
ayant égard à l'opinion de saint Ambroise, ne
voulaient pas que l'on usât du mot anathème. On
y trouva un expédient qui fut *de ne pas condamner ceux qui disaient que le mariage peut
être rompu pour cause d'adultère et que l'on*

peut en contracter un autre, comme l'ont dit saint Ambroise, quelques Pères grecs et comme cela se pratique chez les Orientaux; mais d'anathématiser ceux qui diraient que l'Église erre lorsqu'elle enseigne que le nœud du mariage n'est pas rompu par l'adultère et qu'il n'est pas permis d'en contracter un autre (Histoire du Concile de Trente, page 729, par Fra Paolo Sarpi, théologien du sénat de Venise audit concile).

Vous allez me dire, monsieur l'Abbé, que Fra Paolo Sarpi, pas plus que Soave, ne fait autorité quant au concile de Trente, et que le seul historien avoué et consacré par Rome de ce concile est le cardinal Pallavicini, qui réfute à chaque instant les erreurs de Sarpi et de Soave, soit.

Voyons ce que dit le cardinal Pallavicini :

On avait aussi dessein de prononcer anathème contre ceux qui prétendraient que les mariages consommés étaient dissous par l'adultère; mais les ambassadeurs vénitiens, à qui l'on avait communiqué le canon projeté sur ce sujet, représentèrent, dans la congrégation du 11 août, que leur république était toujours demeurée inviolablement attachée au saint-siège

et aux conciles généraux assemblés par son au-
torité, recevant et embrassant avec respect et
avec la plus entière déférence les décrets qui
venaient de là, comme ayant tous pour but la
gloire de Dieu, le salut des âmes et la paix
des chrétiens; que, si on ne changeait rien à
l'anathème contenu dans le septième canon, on
offenserait beaucoup les peuples de l'Église
orientale, principalement ceux qui habitaient
les îles sous la domination de la république,
comme celles de Candie, de Chypre, de Cor-
fou, de Zante et de Céphalonie, et beaucoup
d'autres, avec péril de troubler non seulement
leur repos, mais celui de l'Église catholique;
que, quoique l'Église grecque fût séparée de la
romaine en partie, il n'y avait pas à désespérer
qu'elle ne s'y réunît un jour, puisque les Grecs,
qui habitaient les pays soumis à la république,
tout en vivant selon leur rite, ne laissaient pas
d'obéir aux évêques nommés par le souverain
pontife; qu'ils étaient donc obligés dans l'in-
térêt du bien, et pour remplir leurs fonctions
d'ambassadeurs, de représenter au concile qu'il
ne devait point frapper ces peuples d'anathème,

ce qui les irriterait et les porterait à se séparer entièrement du Saint-Siège ; qu'il paraissait assez que la coutume de ces Grecs de répudier leurs femmes pour cause d'adultère et d'en épouser d'autres était très ancienne chez eux, et qu'ils n'avaient jamais été ni condamnés ni excommuniés par aucun concile œcuménique, quoique l'Église catholique et romaine n'eût pas ignoré cette pratique; qu'ils étaient donc décidés à faire les plus vives instances pour que l'on usât d'un sage tempérament en adoucissant le décret, de manière à ne point condamner directement les Grecs, ni les frapper d'anathème, sans toutefois blesser la dignité de l'Église et en conservant le respect dû au sentiment de plusieurs docteurs. Il leur semblait que le but du concile était rempli et la république satisfaite, si on formulait ainsi le canon : « Anathème à quiconque dira que la sainte Église catholique, apostolique et romaine, qui est la mère et la maîtresse des autres églises, s'est trompée ou se trompe lorsqu'elle a enseigné et qu'elle enseigne que le mariage peut être dissous par l'adultère de l'un des

époux, et que ni l'un ni l'autre, ou la partie
innocente qui n'est pas cause de l'adultère, ne
doit point contracter un nouveau mariage du
vivant de l'autre époux, et que celui-là commet un adultère, qui, ayant répudié sa femme
pour ce crime, en épouse une autre, et celle
qui, ayant quitté son mari adultère, se marie
avec un autre. »

*Les ambassadeurs proposaient aux Pères cet
expédient, ou les priaient d'en choisir eux-
mêmes dans leur haute sagesse quelque autre
conforme au vœu de leur république, laquelle
avait été et serait toujours entièrement dévouée
au Saint-Siège apostolique.*

*Depuis, quand on en vint à donner son
sentiment sur cette matière, André Cuesta,
évêque de Léon, rejeta la requête, parce que,
disait-il, l'Église n'avait pas coutume d'user
de cette formule d'anathème, Si quelqu'un dit
que l'Église a erré. Il ajouta que la vérité qui
était proclamée là était certaine, confirmée
par le concile de Milévis, au chap.* xix, *par
le sixième général et par celui de Florence;
il cita à l'appui, parmi les Pères grecs : Clé-*

ment d'Alexandrie et saint Basile; que si quelque Père était tombé dans l'erreur en affirmant
le contraire, beaucoup de ceux qu'on avait
cités avaient parlé différemment, ce qu'il mon-
tra d'une manière évidente en pesant chacune
de leurs expressions. Il est probable que, si
Cuesta eût été un des premiers à exposer ses
raisons, il aurait amené à son avis autant de
monde qu'il en fallait pour faire rejeter la
requête. Mais le plus grand nombre fut d'avis
que l'on fît droit à la demande des ambassadeurs.

Il faut relever ici deux infidélités commises
par Soave : il suppose, en premier lieu, que
les Vénitiens demandèrent, non pas les modifications que nous avons exposées, mais en
général un changement qui mît les Grecs à
l'abri d'une condamnation. Et, de là, il prend
occasion de jeter le ridicule sur les Pères du
concile, et de les accuser de légèreté et d'in-
conséquence, tandis qu'il raconte que plusieurs
d'entre eux ne voyaient point de différence
entre la première et la seconde formule; et que
néanmoins ils adoptèrent le sentiment du plus

grand nombre. Le fait est qu'il y avait une différence, bien qu'elle ne fût pas très sensible; mais, en accordant même qu'il n'y en avait point, n'était-il pas plus convenable d'accorder à la république le changement qu'elle sollicitait dans le décret, lorsque ce changement affectait plutôt les paroles que les idées? Car n'est-il pas vrai que moins on demande, plus on souffre d'un refus, comme aussi plus le bienfait qu'on sollicite est grand, moins on a droit de se plaindre de ne le point obtenir.

Vous voyez, monsieur l'Abbé, que Pallavicini ne contredit pas Fra Paolo Sarpi, et que les catholiques d'Orient ont été autorisés à divorcer pour cause d'adultère, selon le texte de saint Matthieu, tandis que les catholiques d'Occident restaient soumis à l'indissolubilité complète selon le texte de saint Luc. Donc deux poids et deux mesures dans ce concile de Trente, auquel l'Église n'a cessé de se conformer depuis, c'est-à-dire depuis l'année 1563, et qui régit encore vos arguments, comme nous aurons l'occasion de le constater plus d'une fois. Donc, sans user des mêmes subtilités que les

Pères, nous pouvons dire en toute assurance
que le concile de Trente, ne condamnant pas
ceux qui disent que le mariage peut être rompu
pour cause d'adultère et que l'on peut en contracter un autre du vivant du conjoint répudié,
ne condamne pas non plus ceux qui divorcent
pour cette cause et se remarient, et, par conséquent, que le concile de Trente a toujours autorisé le divorce, dans un certain cas et sur
certains points du globe; ce qui équivaut à l'a-
voir autorisé partout, puisque l'Église s'est déclarée une, fixe et infaillible.

Passons maintenant aux cas de nullité que
nous avons dit et prouvé n'avoir été dans le
passé que des divorces déguisés et que, par trois
faits dont l'un date de six ou sept ans et dont
les autres sont de cette année même, nous allons
démontrer être toujours dans les mêmes conditions.

En 1871 ou 1872, — s'il me faut faire la preuve
de ce que j'avance, je dirai exactement et la
date précise que je ne me rappelle pas et les
noms des héros que je me rappelle fort bien, —
en 1871 ou 1872, une célèbre courtisane née

dans un pays schismatique et qui, après toutes
sortes d'aventures cosmopolites, avait trouvé
moyen de se faire épouser par un catholique
appartenant à un pays où le mariage est resté un
sacrement religieux, voulut contracter de nouvelles noces avec un hérétique millionnaire qui
tenait absolument à lui donner son nom. L'Église
catholique du pays où le mariage avait eu lieu
annula ce mariage, par la raison *qu'il n'avait
jamais été consommé*, et l'épouse libérée devint
la femme de l'hérétique en question.

Je serais curieux de savoir, étant donnée la situation antérieure de la double épouse, comment
l'Église a pu acquérir la preuve certaine que le
mariage n'avait jamais été consommé. Les deux
époux l'ont déclaré et l'Église s'est contentée de
leur déclaration. Nous n'oserons jamais demander des moyens aussi simples pour le divorce.

Il y a quelques mois, la fille de la duchesse X..., mariée au prince Z..., appartenant,
lui aussi, à un pays où il n'y a pas d'autre mariage
que le sacrement religieux, voulut faire annuler
ce mariage. Malheureusement il n'y avait pas
moyen de déclarer qu'il n'avait pas été con-

sommé, il y avait un enfant vivant et bien vivant ;
il n'y avait pas moyen non plus de trouver un
degré de parenté. La jeune femme était d'une
grande famille du Nord, le jeune homme d'une
grande famille du Midi ; mais ils étaient tous les
deux de grande famille, et c'est pour ces familles-
là que, de toute tradition, le ciel réserve ses
accommodements et ses indulgences. La mère
de la jeune femme déclara avoir forcé la volonté
de sa fille pour faire plaisir à l'empereur et à
l'impératrice des Français, qui désiraient ce
mariage, et la jeune épouse déclara avoir été
contrainte et forcée, avoir dit *oui* du bout des
lèvres en disant *non* dans le fond de son cœur.
Jusqu'où est allée cette restriction mentale, nous
ne saurions le dire, puisqu'elle a permis à l'enfant
de naître. Ce que nous pouvons affirmer, c'est
que le Saint-Père a confié l'examen de la cause
à une commission de cinq cardinaux pris dans
la congrégation du concile et que ce tribunal a
prononcé la nullité du mariage.

L'enfant étant toujours la grande objection dans
ces cas-là, vous seriez bien aimable, monsieur
l'Abbé, de nous dire ce que va devenir l'enfant

du prince et de la princesse Z..., dont l'Église vient d'annuler le mariage, il y a quelques mois, et, quand vous nous l'aurez dit, nous vous répondrons que nous ferons des enfants, dans le divorce, ce que vous en faites dans la *nullité*.

Maintenant, monsieur l'abbé, puisque les sujets plaisants ne vous déplaisent pas, lisez dans les *Acta coram S. Congregatione Concilii, quæ processum super nullitate matrimonii præcesserunt. Romæ. Typis fratrum Pallotta, via Humilitatis, n° 85*, 1879, lisez la nullité de mariage prononcée en faveur de P...-J...-A...-T..., baron de :.., lieutenant de cuirassiers dans un pays voisin du nôtre, dont la volonté avait été forcée par sa tante Eulalie de... Voyez-vous cet officier de cuirassiers, dont cette vieille fille force la volonté ! Mais il faut dire aussi comment. En le menaçant de le déshériter. Que voilà une bonne raison pour Dieu ! Lisez, monsieur l'abbé, lisez ; cela vous édifiera, si cela ne vous fait pas rire comme moi.

Ces exemples suffisent ; qui en voudra d'autres n'aura qu'à feuilleter, à la Bibliothèque,

15

les dix-sept volumes in-folio des *Analecta Juris Pontificii*, et il verra avec quelle facilité l'Église dénoue l'indissolubilité du mariage, quand elle y a un intérêt quelconque.

Mais, monsieur l'abbé, il n'y a pas que les courtisanes, les princes, les rois, les grands seigneurs et les millionnaires qui aient à souffrir de l'indissolubilité du mariage et, bien que, dans votre livre comme dans tous ceux qui combattent le divorce, il ne soit jamais question que des embarras que causerait le partage des biens et des successions entre les enfants des divorcés, il ne faut pas oublier ceux pour qui ces embarras ne sauraient exister, les pauvres gens, les ouvriers, les prolétaires pour qui la liberté est souvent le premier de leurs instruments de travail. Les grandes dames, les jolies femmes, les élégantes, les jeunes filles dont vous parlez, qui ont voulu être duchesses, qui sont tombées sur des drôles qui, comme vous le dites, ne voulaient que leur or, m'intéressent certainement puisqu'elles m'ont inspiré des comédies comme *la Princesse Georges* et *l'Étrangère*, — comédies que vous n'avez pas vues, malgré l'autorisation

de saint Thomas d'Aquin, et qui prennent la défense de ces innocentes ; mais il n'y a pas que
ces femmes-là. Elles sont à plaindre ; néanmoins,
grâce à la famille, au monde, aux compensations de toute sorte que la naissance et la
fortune tiennent en réserve, elles se tirent toujours un peu mieux d'affaire que la femme pauvre.
Celle-ci travaille pour élever ses enfants nés d'un
butor qui lui prend son argent péniblement
amassé, va le dépenser au cabaret, et, en ren-
trant le soir, la bat et la féconde de nouveau ;
elle le laisse faire ; c'est pour elle le seul moyen
qu'il se calme et s'endorme. Cette femme-là,
vous n'en parlez pas ; qu'en faites-vous ? Il serait bon cependant que, protégée par une loi,
elle pût échapper à cette brute et travailler tranquillement pour ses enfants et même épouser
un autre ouvrier honnête et laborieux qui l'ai-
derait à supporter la vie. Les conseils de saint
Augustin sont excellents ; mais êtes-vous sûr
qu'elle connaisse l'évêque d'Hippone, cette
malheureuse, et qu'elle puisse vraiment les
suivre ?

Elle a la séparation comme tout le monde,

la séparation de son corps battu et de ses biens qui n'existent pas. Soit, la voilà séparée ; qu'arrive-t-il ? Elle cherche une place dans un atelier, dans un magasin, dans une maison particulière, comme ouvrière ou comme servante ; admettons qu'elle la trouve ; savez-vous ce qui se passe ? A peine le mari, resté toujours le maître de cette femme, toute séparée qu'elle est, sait-il qu'elle gagne un peu d'argent, qu'il vient la relancer là où elle est, lui fait de telles scènes, qu'on en est réduit, pour avoir la paix dans sa maison et ne pas passer sa vie à témoigner chez le commissaire de police, à mettre la victime à la porte ; et voilà la mère sans travail et les enfants sans pain. Les décisions des conciles, c'est très beau ! La grande morale évangélique, c'est fort édifiant ; mais la misère, mais la faim, c'est bien dur ; et, si cette femme pouvait en appeler à une loi faite pour la délivrer complètement de cet époux qui n'a rien compris au mariage, de ce générateur mécanique qui n'a rien compris aux enfants, si cet individu, de par cette loi, redevenait un étranger pour elle, les textes ne

seraient pas plus compromis par le divorce civil
que par la nullité religieuse, et il y aurait pour
ces humbles, dont vous ne dites pas un seul
mot dans votre livre, et qui intéressaient tant
votre divin Maître, moins de misères, de désordres, de catastrophes et d'injustices.

Ainsi, nous venons de le démontrer, un peu
longuement, j'en conviens, mais péremptoire-
ment, comme il fallait le faire en face d'un adversaire tel que vous, monsieur l'abbé : ni Moïse,
dans ses propres textes, ni Jésus, au dire de
saint Matthieu, témoin oculaire et auriculaire,
qui mérite à cause de cela bien plus de créance
que saint Luc, lequel n'a jamais vu le Christ et
n'a été disciple que de saint Paul, ni Moïse, ni
Jésus n'ont jamais condamné le divorce ; l'É-
glise catholique, une, fixe, éternelle, infaillible,
et prétendant représenter seule et complètement la loi divine sur la terre, l'a autorisé pendant dix ou douze siècles sous son vrai nom,
même pour les prêtres, ce qui ne s'explique
guère, soit dit en passant, de la part d'une
Église si près de ses origines et si sûre par con-

séquent des textes qu'elle invoque si rigoureusement quinze cents ans après et qui auraient dû être d'autant plus sévères qu'ils étaient plus neufs ; et cette même Église a longtemps toléré et tolère encore pour les fidèles d'Orient le divorce sous son nom véritable ; pour les pays soumis à la seule loi religieuse, elle pratique réellement le divorce sous le nom de nullité, dans certains cas qui peuvent s'étendre avec la plus grande facilité à toutes les circonstances où le divorce est nécessaire et où les secondes noces sont désirées, puisque, quand il n'y a pas d'enfants, l'Église peut toujours dire que le mariage n'a pas été consommé ; quand il y a enfant, que la volonté de l'épouse ou même celle de l'époux, comme dans le cas du cuirassier, a été contrainte et qu'il y a eu de leur part restriction mentale.

Il ne nous reste plus à prouver que notre dernière proposition, qui est que le divorce existe dans tous les pays civilisés, excepté en France ; ce sera bien facile. Les seuls pays où le divorce n'existe pas dans les lois sont la France, l'Italie, l'Espagne et le Portugal; or, comme en Italie ceux qui se marient peuvent opter entre le contrat civil et le sacrement religieux qui contient la nullité, et qu'en Espagne et en Portugal, il n'y a que le sacrement religieux qui constitue le mariage, lequel sacrement peut être frappé de nullité, il en résulte que la France est le seul pays où le mariage ne peut être dissous; ce qui doit bien faire rire l'Église catholique, qui a aussi ses moments de gaieté, quand elle entend proclamer et répète en gémissant que la France est un pays révolutionnaire, matérialiste, athée, qui s'éloigne de plus en plus des saines doctrines de l'Église catholique, apostolique et romaine.

Du reste, monsieur l'abbé, vous avez une autre tactique, très heureuse ou très adroite, dans la discussion, c'est de montrer la loi que propose M. Naquet tellement excessive, tellement facile, tellement à la disposition du moindre caprice, qu'en effet, moi-même, si j'étais député et que je pusse croire que ce que demande M. Naquet est tel que vous le dites, je serais le premier à voter contre lui.

Voici comment vous vous exprimez (page 49), comment, pour ainsi dire, vous résumez la question du divorce : *Mais que restera-t-il de cette affection* (l'affection paternelle et maternelle) *si le mariage n'est plus qu'une union passagère, si,* A TOUT INSTANT, ON PEUT ROMPRE UN LIEN LÉGITIME POUR EN FORMER UN AUTRE ÉGALEMENT LÉGITIME ? *La flamme qu'un souffle peut détruire, ce n'est point l'amour, c'est la passion et la passion tue l'affection, comme l'amour. Gouffre toujours béant, tigre jaloux et trompeur, divinité sanguinaire et corrompue à qui, chaque jour, des pères et des mères sacrifient leurs enfants et l'honneur, la passion, maîtresse de l'âme, exerce sur toute chose son redoutable empire. L'esprit de famille a baissé partout où le divorce s'est introduit dans les mœurs.*

L'animal soigne ses petits, mais son affection et ses soins ne s'étendent pas au delà du berceau, et bientôt il repousse ses fils pour satisfaire une passion nouvelle; ainsi, quand toute barrière aura été abaissée, quand le divorce pourra tout légitimer, la femme elle-même dé-

laissera ses enfants, dès qu'un autre amour germera dans son cœur.

Supposez-le permis cependant, que deviennent la vertu, la sagesse, l'ordre, l'amour du foyer? Un sourire sarcastique et méprisant ne va-t-il point accueillir quiconque oserait encore faire entendre ces mots au jeune homme que des sentiments inconnus jusqu'alors ont fait tressaillir? La flamme le dévore, il cherche à l'éteindre. « Pourquoi, dit-il, m'embarrasser de ces choses qui ne sont que bagatelles, tandis que je puis, A MON GRÉ, RENVOYER LA FEMME QUI AURA CESSÉ DE ME PLAIRE POUR FAIRE UN NOUVEAU CHOIX? Jouissons! Quand la fleur sera flétrie, il en est d'autres. »

Mais quelles seront les conséquences de son langage insensé? Lorsque tu ne demanderas plus à la femme qu'une beauté printanière, un attrait passager, pourquoi te donnerait-elle davantage? pourquoi serait-elle vertueuse? pourquoi se mettrait-elle en peine d'acquérir les qualités précieuses que tu dédaignes et qui cependant auraient fait ta joie, ton bonheur? Mais ne viens pas les lui demander plus tard;

elle pourrait te reprocher alors de l'avoir trompée, de lui avoir montré le mariage comme une
satisfaction, d'avoir couvert le vice d'appâts;
ne viens pas réclamer son amour et son dévouement ! Tu en as toi-même étouffé le germe, et,
d'ailleurs, tu ne mériterais pas d'être aimé. Elle
te sera funeste, l'influence que, malgré toi, la
femme continuera à exercer sur toi-même et
sur le monde entier. Molle et languissante, comment pourra-t-elle soutenir ton courage abattu,
t'inspirer de nobles dévouements ? Te montrera-
t-elle le chemin parfois si rude de la gloire,
quand peut-être elle aura foulé aux pieds
l'honneur, quand elle pensera QU'UNE AUTRE
POURRAIT JOUIR DES TRIOMPHES PRÉPARÉS PAR ELLE?
Mère de l'homme, elle est aussi la mère de tout
ce qu'il engendre. Mais cette femme, que la
passion rend indifférente à toute autre chose,
qu'elle absorbe, qu'elle dévore, pour qui le présent est tout, et l'avenir n'est rien, que mettra-
t-elle en ton âme si ce n'est des sentiments in-
constants comme la brise, éphémères comme la
fleur et, comme elle, mensongers, des pensées
sans consistance, ardentes et vagues comme

sa passion? Car elle brûle, mais elle n'aime pas.

Voilà certainement des pages éloquentes et colorées ; mais, si elles ont l'avantage pour vous de résumer presque toutes vos idées sur le divorce, elles ont le tort, pour moi, de manquer absolument de justesse et de vérité.

L'esprit de famille n'a pas baissé partout où le divorce s'est introduit dans les mœurs ; c'est le contraire, comme le prouvent les mœurs des familles anglaises, allemandes, suisses, belges, suédoises, hollandaises, etc. Il faut bien renouveler cette même réponse chaque fois que vous renouvelez la même erreur.

L'animal ne repousse pas ses fils pour satisfaire des passions nouvelles, par la raison bien simple que l'animal n'a pas de passions ; il n'a que des instincts et des besoins que le Créateur a jugés nécessaires à la création et surtout à la procréation, puisqu'il les lui a donnés et que l'animal leur obéit sans avoir la faculté, ni de les comprendre, ni de les éviter. Si son affection et ses soins ne s'étendent pas *au delà du berceau*, c'est que, au delà, ses petits n'ont plus besoin de

lui et qu'ils sont munis par la nature, à partir
de ce moment, des moyens dont ils ont besoin
pour vivre tout seuls. Si vous pouvez obtenir
de tous les pères et de toutes les mères, dans
l'ordre humain, pensant et raisonnant, mariés
ou non mariés, d'en faire autant pour leurs
enfants ; si vous pouvez obtenir de la société
qu'elle fasse pour ces mêmes enfants ce que la
nature fait pour les petits des animaux, ce que
la société fait elle-même pour ces petits quand
elle tire un bénéfice de leur existence, de leur développement et de leur reproduction, vous aurez
rendu un rude service à la civilisation et au
progrès des mœurs, de la morale et de l'équité.

La femme n'est pas telle que vous la dépei-
gnez, prête à délaisser ses enfants, quand le
divorce existe, dès qu'un autre amour germe
dans son cœur; vous la calomniez autant que
l'animal. Si elle était ainsi, il n'y aurait même pas
besoin de demander le divorce, ni en sa faveur,
ni contre elle, il y aurait à ne plus l'épouser,
à la prendre comme simple productrice, à lui
enlever ses enfants, qu'elle est toujours, selon
vous, prête à abandonner pour un amour nou-

veau, et à l'envoyer tout de suite au-devant de ce nouvel amour.

Enfin, quand nous demandons le divorce, il ne faut pas, monsieur l'abbé, nous présenter à vos fidèles et à vos lecteurs, si confiants qu'ils soient, comme tellement dénués de bon sens et de sens moral, que nous voulions une loi qui permette aux époux de ne voir dans le mariage qu'une *union passagère*, qu'un lien légitime qu'ils peuvent rompre à *tout instant* pour en former un autre *tout aussi légitime*, et qui permette *chaque jour* aux pères et aux mères d'*immoler leurs enfants et l'honneur à ce tigre jaloux et trompeur, à ce gouffre toujours béant, à cette divinité sanguinaire et corrompue qu'on nomme la passion.*

Nous ne sommes ni aussi immoraux, ni aussi insensés que vous voulez le faire croire, et nous ne demandons même pas, je le répète, pour le divorce, tous les avantages et toutes les extensions de la nullité.

Nous demandons tout simplement que la dignité, la liberté, la conscience, la valeur morale, sociale, réelle, effective de la personne humaine,

pouvant porter intérêt, comme toutes les autres
valeurs, soient consacrées et respectées dans
l'engagement du mariage comme dans tous les
autres engagements ; nous demandons que la loi
tienne compte, dans ce contrat, de certaines
éventualités préjudiciables à l'une des deux parties contractantes, quelquefois aux deux, comme
elle le fait dans tous les autres contrats ; nous demandons que, dans ce commerce supérieur, dont
nous sommes loin de nier la sainteté, quand elle y
est, des âmes et des corps, des intelligences et
des sentiments, il y ait au moins les mêmes
garanties que dans le plus vulgaire commerce
matériel ; voilà ce que nous demandons ; et
nous le redisons ici, au milieu de cette lettre
comme nous l'avons dit au commencement,
comme nous le redirons dans nos conclusions
des dernières pages, et chaque fois qu'il se
présentera un argument nouveau, afin que ceux
qui aiment mieux parcourir que de lire d'un
bout à l'autre, ce que nous comprenons bien,
un ouvrage comme celui-ci, aient quelques
chances, en l'ouvrant au hasard, d'y trouver tout
de suite toutes ces abominations et toutes ces

horreurs que vous nous accusez de demander.

La seule objection que l'on nous fasse, et que l'on puisse nous faire, est celle-ci : dans le contrat du mariage, il n'y a pas seulement l'intérêt des deux parties contractantes, il y a celui d'autres individus ; des enfants qui résulteront justement de ce contrat particulier et dont la loi doit s'inquiéter, son but et sa fin étant de répartir et de balancer les devoirs et les droits des citoyens, de façon à tenir la société, économiquement et moralement, dans un équilibre aussi parfait que possible.

Nous pourrions répondre à cette objection ce que nous avons déjà répondu plus haut, ce que tous les partisans intelligents du divorce, depuis Aubert-Dubayet jusqu'à M. Naquet, ont très justement répondu : Les enfants deviendront par le divorce ce qu'ils deviennent par la séparation ; et, quand j'aurais ajouté une fois de plus : Les enfants deviendront par le divorce civil ce qu'ils deviennent par la nullité ecclésiastique, j'aurais, nous aurions répondu à l'objection. Je ne m'en tiendrai pas là, puisque nous ne faisons pas ici que de la légalité, que

nous en faisons même très peu, et que vous,
par vocation supérieure, moi, par disposition
naturelle, nous avons l'habitude d'observer
l'âme humaine et de tirer nos jugements de
nos observations. Laissons donc là les con-
troverses, les habiletés, les arguties, mettons-
nous en face de cette âme humaine, par conséquent de la volonté de Dieu, et regardons-la
bien en face. Vous paraissez avoir sur moi un
grand avantage : le confessionnal ; j'en ai un
plus grand en réalité : la vie commune. Au
confessionnal, on ne vous dit que ce qu'on veut
vous dire, et vous n'entendez et ne voyez, du
reste, que ceux et celles qui y viennent ; moi et
tous les laïques qui ont les mêmes dispositions
que moi, nous entendons, voyons, étudions, à
leur insu, tous ceux qui ne viennent pas à vous,
et ce sont les plus nombreux. Vous avez pour
vous renseigner tous les catholiques qui crai-
gnent d'avoir tort ; nous avons, nous, tous ceux
qui croient avoir raison ; les pénitents de votre
côté, les inconscients du nôtre. Supposons que
vous voyez de plus haut, nous voyons de plus
près.

. Sur la loi civile, ses droits, ses devoirs et son fonctionnement, nous sommes d'accord, je pense. Vous ne reconnaissez pas un instant à cette loi le droit d'intervenir non seulement dans votre conscience, et vous avez bien raison, mais dans votre ministère ; vous venez de déclarer le pouvoir civil et le pouvoir religieux, dont vous êtes un des ministres, complètement distincts l'un de l'autre ; vous devez donc me permettre à moi laïque d'en réclamer tout autant, c'est-à-dire de ne reconnaître à la loi le droit d'intervention que dans les faits dont j'ai à souffrir et contre lesquels je lui demande de me protéger en compensation de certaines charges qu'elle m'impose. Elle intervient aussi et de force dans ma vie, mais seulement toujours dans ma vie extérieure, corporelle pour ainsi dire, si je veux me dérober à ces charges auxquelles je dois me soumettre comme citoyen, comme membre d'une société régie par cette loi dont je suis toujours censé avoir une connaissance exacte. Si je commets une contravention, un délit, un crime, qu'elle le sache, elle se saisit de ma personne, elle l'enferme, elle

16

l'interroge et elle l'acquitte où la condamne,
selon que je prouve mon innocence ou qu'elle
prouve ma culpabilité. Si je ne veux pas lui
dire la vérité quand elle m'interroge sur mon
délit, si même je ne veux pas lui répondre,
elle ne peut pas m'y forcer. Elle avait jadis
la torture, l'inquisition l'a eue aussi; elles ne
l'ont plus ni l'une ni l'autre; je ne sais pas
si vous vous en plaignez; moi, je n'en re-
grette rien. Si la loi me punit de mort, elle
n'a action que sur ma personne physique.
Au pied de l'échafaud, elle le reconnaît, puisqu'elle m'offre le secours du ministre de ma
religion pour réconcilier, si c'est possible, avec
mon Dieu, cette âme qu'elle va séparer de mon
corps, c'est-à-dire rendre à la liberté, et devant
laquelle son pouvoir s'arrête. Si je ne veux
pas du secours religieux, je le repousse; elle ne
peut pas me l'imposer. Donc ma conscience,
ma pensée, mon âme, tout mon être intime
m'appartient, personne n'a rien à y voir, ni la
la loi ni l'Église. Ainsi [l'ont voulu et définitivement établi les divers mouvements de notre civilisation française. Si vous avez action

sur mon âme, ce n'est que par une délégation
volontaire de ma part, délégation que je puis
reprendre du jour au lendemain, comme je puis
sortir de la confession religieuse dans laquelle
mes parents m'ont fait inscrire sans me con-
sulter, et le plus souvent sans savoir pourquoi,
parce que c'était celle de leurs parents et
que ceux-ci la leur avaient donnée. Je n'ai
même pas besoin d'invoquer la loi pour cela;
elle déclare que ce n'est ni de son ressort ni
de son domaine. Mon âme est donc à moi
seul. Je vis bien, je vis mal, je pense bien, je
pense mal, je suis catholique, protestant, juif,
athée, si je ne commets aucun des délits
extérieurs prévus par la loi, si je paye mes
impôts, si je sers mon pays, si je ne vole ni
ne tue mon prochain, si je n'use ni du rapt
ni de la violence pour séduire des petites filles
qui ont plus de seize ans, si je ne bats pas les
sergents de ville (et encore cela dépend-il de
certaines époques), si je n'épouse pas deux
femmes et si je ne tords pas le cou à mes enfants, car je peux les battre bien longtemps
sans que le commissaire s'en mêle, je n'ai rien

à démêler avec la loi civile, encore moins avec la loi religieuse.

Un jour, une femme et moi, nous venons dire à la Loi : « Nous voulons, madame et moi, monsieur et moi, faire une association publique et privée, passer un contrat d'union nous permettant de porter le même nom, d'avoir des intérêts communs, de recourir à toi lorsque notre association légale sera en péril du fait d'un étranger ou du fait de l'un de nous deux ; quels sont les devoirs que tu exiges de nous en échange des droits que nous te demandons volontairement ? »

La Loi répond :

« Je puis vous unir et vous protéger aux conditions suivantes :

» Toi, homme, tu devras assistance et protection à cette femme.

» Toi, femme, tu devras soumission et obéissance à cet homme.

» Vous vous devrez fidélité l'un à l'autre.

» Femme, tu seras forcée d'habiter sous le même toit que ton mari.

» Homme, tu devras pourvoir aux besoins de

cette femme et la recevoir toujours sous ton toit.

» Consentez-vous à ces conditions ?

» — Oui.

» — Vous êtes unis. »

Des enfants qui peuvent résulter de cette union, la loi ne dit pas un mot, à moins que les enfants n'aient précédé le mariage et que les époux ne veuillent les légitimer, auquel cas elle déclare que, par le présent acte, elle reconnaît comme légitimes les enfants nés des œuvres des deux époux antérieurement au mariage. Si cette femme ou moi avons des enfants naturels, ou reconnus, ou légitimes d'un mariage antérieur, la loi ne nous le demande pas. La situation de ces enfants est réservée par d'autres articles dont la loi ne nous parle même pas, et que nous devons connaître, en tout cas, subir. Si, par le mariage, je veux légitimer un enfant né d'une autre femme que la mienne ; si ma femme veut légitimer un enfant issu d'un autre homme que moi, la mère de mon enfant fût-elle restée inconnue, le père de l'enfant de ma femme fût-il resté inconnu, notre consentement de légitimer

cet enfant sans mère ou sans père fût-il bien
constaté et sans préjudice pour personne, quel
que soit l'intérêt de l'enfant, — eût-il été recueilli,
élevé, nourri, éduqué par nous ou l'un de nous, —
quel que soit notre âge, et fût-il bien certain que
nous ne pouvons plus avoir dans l'avenir d'enfants
légitimes à qui cette légitimation ferait tort, la
loi, si elle a la preuve ou la simple présomption
que cet enfant n'est pas né de ma femme et de
moi, non seulement ne permet pas cette légitimation, mais elle peut nous poursuivre pour avoir
tenté un faux en matière d'état civil. Il est vrai
qu'elle nous permet, si nous avons cinquante et
un ans tous les deux, d'adopter un enfant qui
en a vingt et un et qui consent à l'adoption ; et
elle lui constitue alors les mêmes droits qu'à
l'enfant qui serait né de nous par le mariage.
Mais, si elle a la preuve ou la présomption que
cet enfant que nous voulons adopter est adultérin par l'un de nous, ou même par nous deux,
c'est-à-dire, cette fois, qu'il est bien réellement
notre enfant, résultant de relations que cette
femme que je veux épouser et moi avions ensemble à une époque où nous étions mariés

tous deux, elle avec un autre homme que moi,
moi avec une autre·femme qu'elle, la loi, bien
que les deux intéressés soient morts, bien que
nous voulions nous unir par le mariage et que
nous pensions régulariser ainsi une situation im-
morale et fausse ; quel que soit en même temps
l'intérêt de l'enfant, innocent de notre faute, la
loi ne nous permet ni la légitimation ni l'adoption, et, tout en mariant le père et la mère, elle
condamne l'enfant à rester éternellement avec
les noms de baptême que nous lui avions donnés,
en le déclarant né de père et mère inconnus. Si
nous avions été moralement et légalement plus
coupables encore, nous père et mère clandes-
tins, si nous étions parvenus, par un subterfuge
quelconque, à faire entrer dans la filiation légitime de celui que nous trompions, cet enfant
né de nos rapports adultères, non seulement cet
enfant aurait eu un nom de famille auquel il
n'aurait pas eu droit, mais, son père légal étant
mort, nous pourrions, par l'adoption, lui donner
notre nom à nous, et lui laisser toute notre fortune si nous n'avions pas d'autres enfants légitimes, une part d'enfant légitime si nous en

avions, sans compter l'héritage qu'il aurait pu
recueillir de son père légal.

Bien plus : si nous avons été adultères, une
femme et moi ; si, par exemple, étant mariés
tous les deux et séparés, elle de son mari,
moi de ma femme, nous avons vécu publiquement et notoirement ensemble, ce mari et cette
femme étant morts, la loi consacrera notre immoralité en nous mariant ensemble et ne fera
rien pour l'enfant qui, bien qu'étant le fruit de
cette union clandestine, ne s'est rendu coupable
d'aucun délit, ni matériel ni moral? Pourquoi
tant d'indulgence envers les coupables? pourquoi tant de sévérité envers les innocents?

Parce que, dans le mariage comme dans tous
les autres contrats, la loi ne connaît et ne doit
connaître que les contractants ; elle concède des
droits, elle détermine des engagements, mais aux
contractants seuls ; s'ils usent de leurs droits sans
manquer à leurs devoirs respectifs ou sans que
personne se plaigne s'ils y manquent, elle ne dit
rien ; si quelque ayant droit se plaint, si le droit
commun est blessé, elle apparaît pour punir,
quelles que doivent être pour les alliés du délin-

quant, si innocents qu'ils soient, les conséquences du châtiment qu'elle inflige. Ce n'est pas
tout. Pas plus dans le mariage que dans les
autres contrats, elle ne se préoccupe, elle n'a à
se préoccuper des intérêts moraux des enfants.
Les enfants sont pour elle des citoyens comme
les autres. S'ils ont à réclamer, ils réclameront,
et justice leur sera rendue. Si les enfants résultent du mariage, certains articles de la loi, non
énoncés dans le contrat matrimonial, régleront
les droits de ces enfants comme conséquence dudit contrat, ainsi que, dans les affaires commer-
ciales, certains articles viennent régler les droits
des créanciers, des tiers porteurs, de tous les
intéressés qui peuvent surgir. La loi n'a aucune
sensibilité ni dans le décret ni dans l'exécution, et, quand nous venons lui demander de dissoudre complètement le contrat matrimonial,
s'il y a eu des manquements et des contra-
ventions d'un certain genre, comme elle fait pour
tous les autres contrats et actes de sociétés,
nous ne faisons que lui demander d'être conséquente avec elle-même, avec son propre esprit, avec sa seule raison d'être, l'équilibre des

devoirs et des droits pour chacun des contractants. Les législateurs laïques, quand ils donnent
pour raison de l'indissolubilité du mariage l'intérêt des enfants, savent parfaitement que cette
raison n'est pas de logique légale, puisque, dans
aucun cas, la loi n'a préventivement souci de
ceux qu'ils invoquent. Quand un homme et une
femme mariés ont des dettes et que la loi les
condamne à payer ce qu'ils doivent, s'occupe-
t-elle des enfants nés du mariage et qui n'auront plus de quoi manger le lendemain ? Quand
le père et la mère ne payent pas leurs impôts
et que la loi vend leurs meubles, s'occupe-
t-elle des enfants légitimes qu'elle jette dans
la rue ? Quand la loi envoie un voleur aux
galères, quand elle coupe la tête à un assassin,
s'occupe-t-elle des orphelins qu'elle fait, bien
qu'elle ait marié le père et la mère de ces orphelins ? Aux enfants naturels, aux enfants adultérins, aux enfants incestueux qui sont tout aussi
innocents en étant plus malheureux que les autres, à qui la faute de leurs générateurs n'a pu
faire perdre leur qualité d'enfants, c'est-à-dire
d'êtres intéressants par eux-mêmes et intéres-

sants encore plus à cause de leur situation anor-
male, douloureuse et imméritée, à ces enfants la
loi témoigne-t-elle le moindre intérêt ? Loin de
là : elle les parque comme des pestiférés, elle les
marque comme des criminels. Cette sévérité,
cette partialité, pour ne pas dire ici le vrai
mot, dont elle fait preuve à l'endroit de ces
enfants innocents, fournit-elle donc à la loi un
argument irréfutable lui donnant le droit d'user
de la même sévérité, de la même partialité à
l'endroit des époux innocents qu'elle rive au
mariage indissoluble comme elle a rivé les enfants naturels, adultérins, incestueux et innocents à l'illégitimité éternelle ? Non certainement. La vérité est que la loi civile est incomplète et insuffisante dans ces deux cas ; mais,
comme elle n'a pas la prétention d'être divine,
comme elle est humaine et, par suite, modifiable et perfectible, nous lui demandons une
modification et un perfectionnement qu'elle donnera forcément tôt ou tard.

Passons maintenant à la loi naturelle et par
conséquent divine, celle-là, bien autrement

divine que la loi catholique et toute autre loi
religieuse, puisqu'elle est accomplie partout,
quelle que soit la forme de la religion, et même
en dehors de la religion ; passons à cette loi
naturelle, dont M. de Bonald a dit si justement
qu'elle n'a pas besoin du mariage pour les plaisirs de l'homme et la production des enfants ;
suivons-la de son origine à sa fin, de la naissance
à la mort, et voyons si nous y trouvons la
moindre indication de la nécessité du mariage.

L'enfant naît légitime ou non, riche ou pauvre, blanc ou noir, avec une forme et des organes qui lui sont propres. Son premier besoin est
de respirer, puis de se nourrir. Il s'empare du
sein plein de lait qu'on lui présente, que ce
soit celui de sa mère, d'une autre femme ou
d'un animal. Les Romains ont été jusqu'à la louve
pour Romulus et Rémus. Il aimera mieux le sein
étranger que celui de sa mère, si celui-là a plus
de lait que celui-ci, et il profitera plus dans ces
conditions du lait mercenaire que du lait maternel. Ici aucune indication chez l'enfant d'un
sentiment intellectuel ni moral quelconque.
Il grandit et se développe inconsciemment,

comme la plante et l'animal. Il sourit de temps
en temps à sa nourrice ou à sa mère, qui se
croit aimée de lui, surtout quand il peut dire :
« Maman. »

La vie, presque complètement insignifiante au
sommet de ce petit être, mieux répartie au milieu
dans les organes de la respiration et de la nu-
trition qui lui sont plus nécessaires, semble
exigeante et relativement exubérante à la base.
L'enfant semble n'avoir qu'une idée, mouvoir ses
pieds et ses jambes, et, dès qu'il se tient
dessus, non pas marcher, mais courir. Qui de
nous n'a été étonné en voyant des enfants gam-
bader sans fatigue et sans repos durant des
journées entières? C'est une véritable furie ;
ils tombent, ils se heurtent, ils se relèvent, ils
recommencent, rien ne les arrête. La vie de
mouvement paraît leur être communiquée par
le sol qu'ils touchent du pied. Aucun besoin de
jouissances intellectuelles ; aucunes préoccupations sentimentales, sauf dans certaines dispositions maladives. Les parents un peu observateurs qui viennent voir leurs enfants au
collège, reconnaîtront facilement qu'ils sont

mieux venus aux heures des classes qu'aux
heures des récréations, et que les jeunes éco-
liers allongent aussi volontiers les visites qui
les soustraient à leurs études qu'ils abrègent
celles qui les arrachent à leurs jeux. Quant aux
professeurs chargés de l'instruction des enfants,
ils vous diront tous, et nous l'avons vu par nous-
même, que, sur cent de leurs élèves, il y en a
au moins quatre-vingt-dix dont il est on ne peut
plus difficile, pour ne pas dire impossible, de
fixer l'esprit pendant une heure sur le même
sujet. Durant cette première évolution, les
parents peuvent mourir impunément. Si leurs
enfants ne sont pas, après cette mort,
transportés dans un milieu hostile, s'ils trouvent chez des étrangers les mêmes soins et
le même bien-être extérieur qu'ils trouvaient
chez leurs père et mère, c'est à peine s'ils s'aper-
çoivent de cette mort. En tous cas, ils en per-
dent très vite le souvenir. C'est par l'habitude
et l'exercice de la vie, c'est par le développement de notre intelligence que nous apprenons
à aimer véritablement. L'enfant n'aime pas.

La vie monte et fait un témoignage nouveau.

Des métamorphoses graduelles, incoercibles, s'opèrent à la suite de phénomènes successifs; elles produisent des étonnements d'abord, puis des curiosités vagues, des désirs qui se portent sur des formes indécises, des énergies tenaces et ignorantes, dont le cerveau reçoit le contre-coup sans en connaître la cause et sans savoir comment les utiliser ou les vaincre. Est-ce le premier rêve de l'idéal? Pas encore. C'est le premier indice de besoins, d'attributs consécutifs des phénomènes antérieurs. C'est toujours la marche ascendante de la vie animale; seulement elle a gagné les centres et les sexes s'imposent. L'homme en ce moment est en plein instinct. Nous parlons ici de l'homme tel que la nature l'a fait, tel qu'il se manifeste chaque fois qu'on ne le détourne pas de sa destinée et de sa fonction. Un jour enfin, le jeune homme trouve l'explication du mystère qui le trouble, il le trouve dans un être autrement conformé que lui, et qui le cherchait de son côté, comme lui le cherchait du sien.

L'union se fait, la loi de la création est révé-lée dans l'ivresse de la chair, l'espérance du

bonheur commence à poindre, le sentiment suc-
cède à la sensation et la fortifie ; la vie, cessant d'être uniquement instinctive et animale,
monte de nouveau, elle arrive au cœur, elle
devient affective, et l'amour naît alors de la
possession mutuelle et réciproque de ces deux
êtres se complétant l'un par l'autre. L'enfant vient au monde ; la famille se constitue, la
véritable solidarité s'établit. La vie continue son
ascension ; la voilà dans la tête. L'esprit se met
en mouvement. Le *comment* et le *pourquoi* des
choses humaines, la recherche des moyens de
durée, les combinaisons pour rendre heureuse
l'existence commune, la responsabilité, le devoir
personnel apparaissent ; il va falloir penser, travailler, être brave, industrieux, prévoyant pour
cette compagne adorée, pour cette mère féconde,
pour cet enfant innocent et débile.

Tels sont les quatre états successifs dans le
développement de l'homme : l'instinct, la sensation, le sentiment, l'idée. Est-ce tout ? Non.
S'il s'en tenait là, l'homme serait simplement
un animal plus perfectionné que les autres,
tandis qu'il est d'essence divine, ne fût-ce

que parce qu'il croit à l'existence d'un Dieu.

Il y a pour lui un cinquième état, qui
est l'état de conscience, c'est-à-dire la mise
en ordre, en mouvement et en utilité, à leurs
plans respectifs, de son instinct, de sa sensation, de son sentiment, de son idée. Là
est l'apogée des facultés de l'homme. Celui qui
arrive à ce dernier état a vraiment ce qu'on
appelle une âme, il est maître de sa destinée et
il est en communication directe avec le principe
des choses, non seulement avec la création
tout entière, mais encore avec l'invisible Créateur. Arrivée là, si la vie monte de nouveau,
elle dépasse les facultés et les capacités de
l'homme et elle le quitte. Où va-t-elle alors?
Je n'en sais rien, ni vous non plus, monsieur
l'abbé, malgré les affirmations de l'Église; mais
l'infini seul pourra désormais la contenir.

L'homme accomplissant jusqu'au bout cette
genèse progressive est rare. Il y en a eu un,
un seul qui, pour avoir, pendant trois ans
seulement, prouvé qu'il n'avait jamais passé ni
par l'instinct ni par la sensation, qu'il était
entré tout de suite dans le sentiment, dans l'idée

et dans la conscience, a mérité d'être proclamé Dieu. D'autres plus assujettis aux conditions humaines n'ont été que des saints, des grands hommes, de simples hommes de bien, les uns immortels, les autres restés obscurs, n'ayant eu action que sur le petit cercle d'hommes inconnus qui les entouraient, les respectaient, les admiraient, et s'efforçaient de les imiter.

Ces hommes de développement intégral, s'étudiant eux-mêmes, ayant cru constater en eux l'humanité tout entière avec tout ce qu'elle peut contenir de divin, ont voulu, pour le bonheur de leurs semblables, et pour leur simplifier et faciliter la vie en ce monde, créer, dans les sociétés formées par les hommes, des lois sociales en rapport avec les lois naturelles, s'assistant et se fortifiant les unes les autres. De tous ces phénomènes successifs, ils ont dégagé, pour ainsi dire, la pensée continue et suivie du Créateur ; ils se sont efforcés d'en déduire ses desseins, et d'indiquer aux hommes la cause maîtresse et le haut but de tous ces mouvements divers et inconscients. Ils n'ont très justement attribué à la

sensation que l'attrait passager, éphémère dont
la nature a trouvé bon d'assaisonner certaines
fonctions animales, indispensables à son but,
attrait sans lequel l'être humain eût refusé de se
soumettre à ces fonctions ; ils ont constaté que,
ces fonctions ayant été accomplies pendant
le temps et pour la fin que la nature a fixés,
la sensation qui les rend séduisantes ne garde
plus en elle, si l'homme veut la prolonger au
delà du terme naturel et en dehors de la fin
voulue, que l'amertume, le danger, la douleur et
la mort, et ils ont cru faire leur devoir et agir
selon la volonté de Dieu, et pour le bien de
l'humanité, en subordonnant, dans leurs commandements, la sensation au sentiment, à
l'idée et à la conscience. Pour cela, il a fallu,
non pas modifier l'œuvre du Créateur, ce qui
était impossible, mais l'interpréter de manière
à donner plus d'importance à son intention
secrète qu'aux moyens apparents, et accorder plus à la destinée définitive et providentielle de l'homme qu'à son expression momen-
tanée sur la terre. Pour être sûrs de né pas le
voir déroger aux fonctions ni se dérober aux

devoirs, ils ont profité du charme, du plaisir, du bonheur, du calme contenus, au début, dans leur accomplissement, et ils ont substitué une phase à une autre dans l'ordre des épigénèses physiologiques.

Puisque l'instinct et la sensation n'avaient pour but dans la nature que d'amener l'homme au sentiment, à l'amour, à la famille, au travail, à la conscience, ils ont dit et tâché de faire comprendre à l'homme qu'il ne devait plus voir en eux que des agents secondaires et les soumettre le plus tôt possible à ce qui est, reste et doit rester toujours au-dessus d'eux. Des premiers étonnements, des curiosités vagues, des désirs sans forme, des énergies ignorantes, ils ont fait un ensemble, un tout qu'ils ont appelé tout de suite, pour l'homme qu'ils voulaient civiliser, le besoin d'aimer un être d'une autre conformation que la sienne et sans lequel il ne pouvait accomplir sa mission terrestre ni donner satisfaction à tous ses sentiments, et, puisque l'homme, par l'amour, par les enfants qui en résultaient, par le bonheur de toute sorte qu'il trouvait dans la femme choisie, demeurait volontairement uni à elle jusqu'à la mort de l'un des deux, ils lui ont demandé s'il ne trouvait pas à la fois simple et juste de consacrer d'avance cette union heureuse et volontaire par un engagement solennel qui la rendrait à la fois plus noble et définitive. L'homme a dit oui, et cette admirable institution du mariage qui contient l'amour, le travail, le plaisir, le bonheur, la famille, la solidarité éternelle dans la vie et dans la mort, s'est constituée sur les indications de la nature. L'amour vient donc de Dieu ; mais le mariage vient de l'homme.

Cependant, quels que soient les intentions, l'idéal, le génie, la clairvoyance des hommes inspirés, ce n'est pas impunément qu'ils intervertissent quoi que ce soit dans les conceptions et les arrêts de la Divinité. Si celle-ci avait procédé comme elle l'a fait, elle avait ses raisons. En admettant qu'elle ait prévu non pas le mariage légal, mais l'union éternelle comme conséquence des instincts, des sensations, des sentiments, des idées qu'elle donnait à l'homme, elle n'avait sans doute prévu cette union qu'à un certain moment, qu'après certaines autres conséquences antérieures qui pouvaient la rendre logique et entièrement conforme à ses vues. Aussi à peine les premiers -hommes se disant, se croyant, étant, si vous le voulez, inspirés de Dieu, eurent-ils établi le mariage en intervertissant l'ordre préexistant dans les phénomènes humains, en plaçant l'engagement de se prendre éternellement pour mari et femme avant l'union naturelle et physique des deux êtres, avant la fécondation et la conception assurées, à peine eurent-ils fait cette interversion de plans, qu'ils vinrent se heurter à un de ces cas exceptionnels qu'il faudrait toujours prévoir dans les législations et qui se trouvait justement retirer à l'union de l'homme et de la femme sa raison d'être providentielle et nécessaire ; ils se heurtèrent à la stérilité. Alors nous voyons, dès le commencement du monde biblique, les premiers grands patriarches, au nom même de la famille et de la procréation qui sont, qui doivent être, dans la nature, les raisons et les suites du rapprochement des sexes, alors nous voyons, en face de ce cas non prévu, les premiers patriarches introduire la concubine féconde dans le propre lit de l'épouse stérile, non seulement avec le consentement de celle-ci, mais avec l'approbation de Dieu, ramenant ainsi tout de suite les hommes au principe naturel dont ils se sont arbitrairement écartés. Voilà, croyons-nous, le sens supérieur qu'il faut attribuer à la polygamie des Abraham et des Jacob, pour qu'elle ne soit pas en contradiction avec la grande morale religieuse que vous faites découler de la constitution des familles patriarcales.

Bien heureux et bien admirables seraient encore les hommes s'ils s'en étaient tenus à cette seule revendication des droits de la nature, et s'ils avaient continué néanmoins leur ascension progressive ; mais, quand leurs chefs, au nom de l'idéal, eurent interverti l'ordre établi par Dieu, ils devaient, eux, l'intervertir, bien autrement, au nom de leurs passions, ou plutôt accepter les seuls plaisirs et rejeter les charges dont ces plaisirs ne devaient être que les amorces. Il en est des hauteurs morales comme des hauteurs physiques : elles sont peu accessibles et encore moins habitables ; il faut une grande énergie pour y parvenir, une grande puissance d'organisme pour y demeurer. La plupart de ceux

qui arrivent jusqu'à l'idée ne tentent pas toujours
d'atteindre à la conscience, quelques-uns même
les confondent ; ils se sentent déjà tellement au-
dessus des autres hommes qu'ils se croient ar-
rivés au point culminant. Ainsi, des hommes
de seule imagination ont pu, inconsciemment,
tromper longtemps ceux qui les écoutaient. Cette
foule prenait leurs espérances hautes et leurs
consolantes hypothèses pour des vérités éternelles, et voyait des prophètes et des législateurs,
là où il n'y avait que des poètes.

Ceux-là sont encore ce que nous appelons des
grands hommes ; mais la plupart des mortels
n'arrivent pas même à l'idée, ils restent dans
la sensation, avec quelques rares incursions
dans le sentiment, où ils ne parviennent pas
à se fixer. Ils vont et viennent ainsi de leurs
bases à leurs centres, et, obéissant aux lois
de la pesanteur, ils finissent par retomber dans
leurs instincts et par y mourir comme ils y sont
nés. Ce troupeau humain, ceux d'en haut le mènent pendant quelque temps avec des promesses,
des superstitions, des espérances, des menaces,
des châtiments ; mais il se défend, et il se dérobe

tôt ou tard au nom de ces instincts, de ces besoins, de ces sensations, que leurs pasteurs ne subissent plus, mais qui n'en restent pas moins les plus puissants mobiles des actions des masses. Et voilà pourquoi les hommes ont toujours besoin de guides nouveaux, venant modifier et perfectionner l'œuvre toujours modifiable et perfectible, parce qu'elle est toujours incomplète, des plus belles conceptions humaines. Supposons un homme arrivé à la connaissance parfaite et à la pratique exacte de la vérité, il ne pourra jamais en tirer ni le droit, ni le moyen surtout d'imposer à tout jamais cette vérité à tous les hommes. Cette perfection, si elle existe, ne sera jamais qu'individuelle. Il faut être fou d'orgueil ou d'extase pour croire à la possibilité d'une entente immédiate et d'une communion universelle.

Voilà pour l'homme.

Voyons la femme.

« Ici, c'est très compliqué ! » disent les obser-

vateurs superficiels qui ne jugent la femme que
dans ses actes. « C'est très simple ! » disent ceux
qui l'analysent dans sa nature propre. Je suis de
ces derniers.

Chez la femme, toutes les métamorphoses
physiologiques tendent à cette seule fin : l'a-
mour. Elle veut être aimée, elle veut aimer
surtout. Son rêve, son but, son idéal, sa fonction, son culte, sa patrie, son génie, sa conscience, l'amour, toujours l'amour, rien que
l'amour. Quand elle est aimée et qu'elle aime,
elle comprend tout, elle accepte tout, elle croit
à tout ce que lui dit l'homme qu'elle aime et
dont elle se sent aimée. Cette femme-là, monsieur l'abbé, vous ne la connaîtrez jamais, parce
que, dans l'état où elle est, elle n'a jamais besoin
de vous ; elle se trouve placée à la source même
du principe en raison duquel elle a été mise en ce
monde. D'ailleurs les religions ne sont pas faites
pour qu'on vienne leur dire qu'on est heureux. Il y
a, dans le bonheur par l'amour, un épanouissement
de tout l'être où, pour les âmes élevées, Dieu a sa
part secrète, mais où l'intermédiaire comme vous
est de trop. La femme ne vient, pour ainsi dire,

officiellement, au Dieu que vous représentez que quand elle n'aime pas encore où quand elle n'aime plus. Dès qu'elle aime véritablement, comme elle peut, comme elle doit aimer, elle vous échappe. Aucune forme humaine, ni père, ni mère, ni enfant, ni prêtre ne peut se placer longtemps entre elle et l'homme qu'elle aime. C'est là son seul et vrai maître, et il n'y avait pas besoin de lui dire de quitter ses parents pour aller à lui, elle y serait allée toute seule. Ce n'est pas tout ; elle sera croyante ou athée selon ce que sera son ami, qu'elle le tienne d'un contrat ou de sa seule volonté. « Croyez-vous en Dieu, disait un jour un homme supérieur à sa femme, dont il se savait profondément aimé ? — Si vous voulez, » répondit-elle. Voilà le fond de la femme. Rappelez-vous bien ceci, monsieur l'abbé, toute femme qui est en divergence d'opinion religieuse avec son époux et qui lutte avec lui sur cette matière n'aime pas cet époux. Que l'Église en profite, mais qu'elle n'en tire pas trop de conclusions au profit de Dieu. Il n'y a qu'un Dieu, et, pour la femme qui aime, l'homme aimé est ce Dieu-là. Voilà l'absolu ; je défie le Père le

plus éloquent de l'Église, parlant au nom de
toutes les morales divines et promettant toutes
les béatitudes éternelles, de séparer l'esprit de
la femme qui aime de l'esprit de l'homme qui
est aimé d'elle. Je doute même qu'elle lui ré-
ponde quand il fera cette tentative, quitte à tuer
le lendemain l'homme aimé s'il est infidèle, à
mourir ensuite de l'avoir tué.

Dieu n'a rien fait de plus simple et de plus éton-
nant que l'amour de la femme pour l'homme.
L'éternité n'est pas plus étendue, l'infini n'est
pas plus vaste. Comme le soleil, cet amour se
projette et se répand constamment sans s'amoindrir jamais ; il s'alimente sans cesse à des foyers
inépuisables et invisibles. La femme qui est pos-
sédée de cet amour-là n'a aucun besoin de
liberté, sans doute parce qu'elle sent son âme
parcourir en une minute la terre, le ciel et l'u-
nivers tout entier. Mais cette liberté de son
esprit et de sa personne physique, dont elle fait
si facilement, et avec tant de bonheur, hom-
mage et abandon à celui qu'elle aime, quand
elle n'aime pas ou quand elle n'aime plus,
elle la revendique avec acharnement, avec

férocité, quels que soient les engagements publics qu'elle ait pris et signés d'y renoncer à
l'avenir. D'ailleurs, pour la femme, il n'y a pas
de contrats de légalité, il n'y a que des contrats
de sentiment. Les mots « droit et devoir » ne
lui représentent — intrinsèquement — rien.
Tous ses droits, elle les abdique sans effort si elle
aime, et tous ses devoirs que, dans l'amour elle
accomplit en riant, elle est prête à les fouler aux
pieds si elle n'aime plus, et, surtout, si elle n'est
plus aimée alors qu'elle aime toujours.

Quelquefois alors, elle se réfugie dans la foi.
C'est à ce moment qu'elle vous arrive. Il ne faut
pas moins à cette femme-là que le Dieu qui a créé
les mondes pour combler, dans sa pensée et dans
son cœur, le vide qu'un simple mortel y a laissé.
Quelquefois, elle devient folle ou elle meurt. Le
plus souvent, elle ne croit plus à rien, et elle se
précipite avec désespoir, avec des sanglots et
des rires, dans l'ivresse des chutes irréparables.
L'infini d'en haut ou d'en bas, le ciel ou l'enfer,
voilà ce qu'il lui faut pour tâcher d'oublier ce
qu'elle a perdu.

Telle est la femme, celle que Dieu a faite.

Elle est aussi rare que l'homme conscient. Hâtons-nous de le dire, ce n'est pas sa faute. Chez elle, c'est la nature elle-même qui a interverti l'ordre établi chez l'homme, et qui, l'ayant faite comme physiologie et comme fonctions diffé-rente de l'homme, l'a nécessairement modifiée dans sa psychologie intime. En effet, chez la femme, le sentiment précède la sensation, qui ne s'éveille quelquefois jamais, et, bien que l'idéal la domine toujours, elle n'est pas en communication directe avec Dieu. L'homme, époux, amant, est toujours son intermédiaire entre le principe et elle; il en résulte que, n'ayant pas d'initiative, de mouvement personnel, elle attend tout de son créateur humain. Elle sera selon ce qu'il sera, et c'est pourquoi il est toujours responsable de ses erreurs et de ses défaillances. Si, par exception, elle veut être en communication directe avec Dieu, il faut ou qu'elle empêche l'homme d'intervenir ou qu'elle l'immole en elle, ou qu'il l'ait rendue libre par la mort ou l'abandon. De là les vierges religieuses et les pécheresses converties, sainte Agnès ou sainte Madeleine. Elle

le sait ; aussi, le jour où l'esprit de Dieu veut
souffler directement sur elle et en elle, sans
l'intermédiaire de l'homme, pour une fécondation miraculeuse, il faut que l'Esprit lui demande
son consentement. Les lois de la création humaine établies par Dieu sont si irrévocablement
établies, que la femme s'en prévaut pour imposer à son tour, au nom de son idéal, ses conditions au Créateur, quand Celui-ci veut, même
pour sauver le monde, y faire dérogation. Lorsque Dieu choisit Marie pour la rendre mère du
Messie, elle exige, en échange de l'infraction
qui va être faite en elle, que Dieu la laisse éternellement vierge, et Dieu consent et se soumet.
Tel est votre dogme catholique. L'idéal, voilà
donc ce qui domine toujours la femme, et, pour
enfanter un Dieu, elle veut que sa chair reste
parfaite, indifférente, immaculée, que la possibilité même de la sensation ne puisse pas venir,
une seconde, troubler son sentiment.

Nombre de femmes ont les aspirations de
Marie et l'amour immédiat de Dieu poussé jusqu'à la virginité éternelle. Elles ne veulent connaître de l'homme que ses souffrances, quelle

qu'en soit la cause, pour les adoucir et les sou-
lager ; ce sont ces femmes qui remplissent vos
couvents et vos Missions de ces admirables
filles, sœurs de miséricorde et de charité pour
le premier malheureux ou le premier pécheur
venu ; il en est d'autres qui ont instinctivement
une horreur si profonde, physiquement et moralement, de l'homme, il leur apparaît dans son
inconnu comme un être si dégradé, si dégradant, qu'elles ne veulent pas savoir s'il existe,
heureux ou malheureux, et qu'elles le fuient dans
la prière et la contemplation jusqu'au plus profond des cloîtres obscurs et silencieux ; enfin, il
est d'autres femmes, qui, n'ayant trouvé en ce
monde que le mari, ni bon, ni mauvais, jamais
l'homme qu'elles avaient rêvé, n'en accomplissent pas moins avec patience et sévérité leurs
devoirs d'épouse, de mère et de chrétienne, qui
traversent la vie sans hésitation visible, dans un
équilibre apparent, toujours sereines. Si l'enfant vient, la maternité les dédommage ; elles
y disparaissent avec la passion qu'elles tenaient prête pour le père. Si l'enfant ne
vient pas, la charité et la foi suppléent. Ces

femmes-là, on ne saurait trop les proposer en
exemple, d'autant plus, monsieur l'abbé, que
quelques-uns seulement, dont vous devez être,
peuvent savoir ce qu'il leur a souvent fallu
immoler en elles pour arriver à cette harmonie
qui simule le bonheur. C'est là le secret qu'elles
vous confient ; c'est là que la religion bien entendue et bien appliquée leur devient d'un si
grand secours; respectons ces femmes et sa-
luons-les bien bas quand nous les connaissons.

Passons maintenant au troisième individu, celui qui résulte du rapprochement, de l'amour, de
l'union, du mariage des deux premiers, passons
à l'enfant.

Cette loi particulière de la séparation, que
nous déclarons, nous, pleine de dangers et d'injustices, vous, pleine d'avantages, est maintenue
chez nous, au nom des enfants, et, quand vous
et tous les défenseurs religieux de l'indissolubilité, avez bien posé vos conclusions théologiques, — qui ne sont pas toujours suffisamment
compréhensibles pour ceux et surtout pour

18

celles qui écoutent, — vous invoquez l'intérêt des enfants, et chacun de nos adversaires répète à nos propositions ce mot d'ordre : « Mais les enfants, que deviendront-ils? Vous voulez donc détruire, dans le cœur de l'homme et de la femme, jusqu'à l'amour qu'ils ont pour leurs enfants? »

Nous avons répondu tout à l'heure à cette objection ce qu'il y a à répondre, quant à la légalité et à la pratique; traitons donc maintenant de l'amour du père et de la mère pour leurs enfants, de l'amour des enfants pour le père et la mère. Aussi bien est-ce un sujet où, comme dans l'amour de l'homme et de la femme, il y a de grandes probabilités pour que nous, laïques, nous soyons mieux instruits que vous, puisque vous n'êtes ni marié ni père et que nous le sommes ou pouvons l'être.

Ce qui me frappe, entre autres choses, chez le prêtre catholique, ce sont ses affirmations absolues en certaines matières où il lui a été impossible, puisque cela lui est défendu, d'expérimenter par lui-même. Quand le prêtre catho-

lique, soit dans le livre, soit en chaire, parle
des passions humaines, il en parle dans des
termes et avec une assurance qui n'admettent
pas de réplique. Où a-t-il pris le droit de se prononcer comme il le fait? S'il sait par lui-même
à quoi s'en tenir sur les passions, il est sacri-
lège; s'il ne le sait pas, il est incompétent.

Ainsi, par exemple, je vous demanderai, monsieur l'abbé, comment il vous est permis de vous
rendre compte des différents sentiments que la
vie commune peut faire naître entre les parents
et les enfants, ce que cet ensemble de besoins,
d'intérêts, de passions, dans les milieux, si différents les uns des autres, qui constituent les
sociétés, ce que cet ensemble peut vous représenter, à vous qui vivez en dehors de ces
passions, de ces intérêts, de ces besoins de la
famille et qui n'avez pas d'enfants? Ce que vous
voyez, ce qu'on vous rapporte suffit-il? Non.

Vos parents vous ont aimé, me direz-vous,
vous les avez aimés, vous les aimez encore, et
ils vous ont révélé ainsi surabondamment les
joies, les beautés, les grandeurs de l'amour paternel et maternel; et, comme vous leur avez

rendu et leur rendez les sentiments qu'ils vous
témoignent, vous avez connu, vous connaissez
l'amour filial. Voilà une réponse, je l'accepte,
et, après vous avoir dit : « Vous êtes bien heureux d'avoir été aimé ainsi par vos parents ! » je
vous ferai observer que vous n'en avez pas moins
trouvé qu'il y a quelque chose de supérieur à
tous ces sentiments, paternel, conjugal, filial,
puisque vous leur avez préféré sciemment et
librement, au nom de l'amour divin, le célibat et
la virginité. Quelque amour que vos parents aient
eu pour vous, quelque amour que vous ayez eu
pour vos parents, quelques joies que vous ayez
données et reçues, il ne vous a pas plu de continuer ces joies ni même de les augmenter en deve-
nant à votre tour époux et père. Arrivé à un certain moment, il y a eu pour vous, comme pour
tous les membres du clergé catholique, un état
préférable à celui de l'amour, du mariage, de
la paternité, de la famille enfin : l'état virginal.
D'où il résulte que, si vous avez connu les émotions de l'amour filial pour les avoir ressenties,
vous n'avez connu celles de l'amour paternel
que pour les avoir causées. Ces dernières sont

demeurées dans votre imagination seule, elles
n'ont pas fait partie de votre vie d'ensemble,
de vos entrailles, de vos organes, de votre être
total, non plus que les préoccupations, les angoisses, les sacrifices, les douleurs, les déses-
poirs attachés en si grand nombre et avec de
si longs et de si profonds retentissements à
l'exercice du véritable amour paternel, non
plus que les ennuis, la répulsion, l'horreur
inspirés quelquefois par leurs propres enfants à
ceux qui n'étaient pas faits pour en avoir. Vous
avez pu aimer, vous aimez sans nul doute les
enfants, mais de cet amour chrétien qui, se ré-
partissant sur tous et par conséquent se divisant
à l'infini, perd ainsi de son intensité et se dérobe
à la particularisation et à la fixité qui contiennent
tous les aléas des sentiments uniques et indi-
viduels, sentiments si puissants, quand ils existent, que l'Église a cru devoir finalement vous en
demander le sacrifice. Elle redoutait pour vous,
prêtres, si vous aviez continué à vous marier,
comme dans les premiers siècles de l'ère chrétienne, la lutte trop périlleuse entre les commandements de la loi et les exigences de la

nature. Si vous aviez sacrifié vos enfants aux
nécessités de votre mission, vous auriez été dénaturés ; si vous aviez sacrifié votre apostolat à
vos enfants, vous auriez été inutiles. L'Église vous
a ordonné d'immoler d'avance votre postérité en
vous-mêmes, en votre propre sein, par résorption
pour ainsi dire, et d'utiliser pour tout ce qu'elle
veut régir ce grand surcroît de vie. On a souvent et longtemps disserté à cette fin de savoir
si l'Église a eu tort ou raison de décréter le célibat des prêtres ; elle a eu raison. Il a été la puissance pour elle, parce qu'il a été pour eux la con-
centration, l'énergie, l'indépendance, la claire
vue de la route bien droite et du but bien fixe.
Le gouvernement des âmes est aux chastes.
Rien de plus facile à celui qui s'est dominé dans
la chair que de dominer les autres dans l'esprit.
Voilà pourquoi la chute ébruitée d'un seul prêtre, même des plus obscurs, fait tant de tort
à la religion. Si le clergé catholique avait toujours été chaste, il aurait été invulnérable ; il
aurait conquis toute la terre, très vite, et il l'aurait gardée.

Donc vous ne vous écrierez jamais comme le

roi Lear, avec des imprécations au ciel : « Un
bœuf vit, un cheval vit, et ma fille est morte ! »
Vous n'aurez pas les insomnies lamentables et hal-
lucinées de Young ; vous pourrez être saint Vin-
cent de Paul, vous ne serez jamais Ugolin. Vous
ne connaîtrez jamais ni le bonheur ni l'ennui
d'avoir un enfant à vous, ni la douleur de le
perdre, ni la satisfaction de ne plus en entendre
parler ; vous n'avez que les enfants des autres,
et les enfants des autres, on ne les perd jamais
il y en a toujours. De plus, s'ils veulent trop
s'imposer, on les rend facilement supportables.

Voulez-vous que je vous dise mon sentiment
au sujet de la décision que vous avez prise, monsieur l'abbé ? Je vous félicite et je vous approuve.
Si vous avez renoncé à des plaisirs toujours douteux, vous avez évité des inquiétudes certaines ;
puis il y a tant de pères qui ne comprennent
rien à la paternité, qu'il est bon que des célibataires religieux, des pères platoniques comme
vous se substituent à ceux-là. Enfin, quand on a
beaucoup regardé, scruté, approfondi cette vie
terrestre à la fois si courte, si compliquée et
si difficile, on se demande si, philosophique-

ment, vous n'en faites pas ce qu'il y a de mieux à
en faire.

En attendant, si l'Église a déclaré la virginité pour les hommes et les femmes au-dessus
de l'amour, le célibat au-dessus du mariage et
la chasteté au-dessus de la famille, c'est qu'elle
a reconnu que l'amour, le mariage, la famille ne
sont pas des besoins irrésistibles chez l'homme et
la femme et que ces grands biens peuvent en définitive être remplacés par d'autres plus précieux
ou plus attrayants. Mais je vous ferai observer
alors que ce qui peut être remplacé pour ceux-
ci par une chose peut aussi bien être remplacé
pour ceux-là par une autre, même d'un ordre in-
férieur. C'est là une question de goût personnel,
de hauteur, de médiocrité ou de bassesse d'âme.
Si la chasteté, qui demande un grand et difficile
effort, à en juger par la quantité de gens qui ne
peuvent s'y soumettre, si l'immolation de toutes
les joies intimes, si la résolution de soigner des
malades, de racheter des coupables, de ramener
des infidèles, de s'expatrier du jour au lendemain,
d'être toujours prêt à vivre n'importe comment,
et à mourir n'importe où, dans la solitude, dans la

misère et quelquefois dans le martyre, si ces choses si peu attrayantes par elles-mêmes tentent certains hommes et certaines femmes bien plus que les enivrements de l'amour, les sécurités du mariage et les doux échanges de la famille, il faut bien admettre qu'un très grand nombre aussi d'hommes et de femmes se laisseront tenter par des plaisirs reconnus pleins d'attraits pour le plus grand nombre et par des jouissances naturelles immédiatement réalisables. Autrement dit, puisqu'il y a des hommes et des femmes qui immolent ce qui nous semble un si grand plaisir à ce qui nous paraît une si rude tâche, il devient compréhensible que beaucoup d'hommes et de femmes immolent, et bien plus facilement, ce qui leur semble un devoir très rude à ce qui leur paraît un plaisir très doux.

Je ne voudrais en aucune façon diminuer ni amoindrir le grand sacrifice accompli par les prêtres, mais, certainement, il s'en trouve parmi eux qui, en se vouant au ministère ecclésiastique (et ceux-là principalement peuvent prétendre à une vocation véritable) ne le font qu'après s'être reconnus sans aucun goût pour les plaisirs ni pour les devoirs du mariage et de la famille ; ils les tiennent pour de véritables servitudes auxquelles ils sont heureux de se soustraire. Je ne crois pas que Bossuet ait souffert une seule minute de n'avoir ni femme ni enfants, et je suis sûr que saint Augustin, converti, a été enchanté de n'avoir plus à s'occuper de sa concubine et de son fils. En un mot, si certains hommes et certaines femmes aiment assez peu les enfants pour renoncer, au nom d'une vocation peu intelligible pour les masses, non seulement au bonheur d'avoir des enfants, mais au plaisir d'en procréer, vous m'accorderez bien qu'il y a des hommes et des femmes, en bien plus grand nombre, qui aiment assez peu les enfants, pour ne vouloir d'eux que le plaisir qu'ils donnent neuf mois avant de venir au monde. D'où je conclurai : l'amour paternel et maternel n'est pas une grâce conférée nécessairement par le sacrement du mariage, c'est une qualité individuelle donnée par la nature seule. A ceux qui ne l'ont pas reçue par grâce initiale ou par inspiration subite, aucun raisonnement, aucune expérience, aucune prédi-

cation, aucun exemple, aucune pression, ne le
révèlent et ne l'inculquent. Contre la vocation
irrésistible qui vous a fait prêtre et qui vous
interdit d'avoir des enfants issus de vous, tout
argument, destiné à vous en distraire, viendrait
se briser, n'est-il pas vrai? on aurait beau vous
vanter, à vous homme de célibat et de continence, les grands devoirs du mariage et de la
famille dont vous parlez vous-même si bien, on
aurait beau, à vous homme de chair comme nous,
vous représenter les délices de l'amour conjugal
et de la paternité, vous resteriez complètement
insensible, considérant vos devoirs et vos mérites
de prêtre comme plus grands, vos jouissances
et vos abnégations comme plus élevées et plus
douces que tout ce qu'on vous offrirait. Vous
dites peut-être quelquefois : « Je crois que
j'aurais été un excellent père de famille, j'aurais beaucoup aimé les enfants », mais vous ne
les aimez pas par-dessus tout, puisque cet amour,
qui aurait pu être, ne vous a pas entraîné vers
l'invincible besoin d'en avoir et que vous lui
avez préféré autre chose.

Eh bien, monsieur l'abbé, sachez ceci qui

est absolu et qui pourra vous servir dans vos observations ultérieures : parmi nous, simples mortels, rien ne peut détruire l'amour paternel et maternel quand la nature nous l'a donné ; rien ne peut nous le donner quand nous ne l'avons pas. Vous réclamerez inutilement des mesures coercitives contre les hommes et les femmes réfractaires à cet amour, vous ne le leur imposerez pas plus que vous ne l'arracheriez par des mesures encore plus violentes du cœur de ceux qui en sont possédés. Lorsque deux époux ayant des enfants arrivent à vouloir absolument divorcer, c'est que l'un des deux, au moins, n'aime pas du tout ses enfants, et que l'autre a vainement fait appel à ce sentiment avant de demander la dissolution du contrat. A partir de ce moment, l'intérêt des enfants est non seulement de rester avec celui des deux générateurs qui va les aimer pour deux, mais de tenir pour mort le père ou la mère qui n'a rien compris, qui ne comprendra jamais rien à ce sentiment. Si le malheur veut que le père et la mère qui demandent à divorcer n'aiment ni l'un ni l'autre leurs enfants, l'intérêt de ces enfants est d'être à tout jamais séparés et délivrés de ces parents stupides et d'être donnés à des étrangers, le plus indifférent des étrangers étant moins dangereux pour des enfants qu'un père et une mère dont ils ne sont pas aimés. Jamais un étranger à qui un enfant est confié n'exercera sur lui des traitements aussi cruels qu'un père ou une mère qui se sont pris d'antipathie pour l'être issu d'eux. Il n'y a rien de tel que les grands sentiments détournés de leur idéal et de leur but pour produire des monstruosités que la haine ordinaire serait incapable d'inventer.

Avons-nous besoin de rappeler ces pères et ces mères abominables que nous voyons passer de temps en temps et trop souvent devant les tribunaux? Ils ont abandonné, torturé, mutilé, tué, corrompu leurs enfants, et même, en face de la justice et du châtiment, ils ne trouvent ni un mot de repentir ni une larme de regret. Ce sont des brutes, me direz-vous, soit; mais ce sont des brutes physiologiquement conformées comme vous et moi, qui, sans avoir la faculté d'aimer, avaient la

faculté de se reproduire, qui en ont usé avec
ou sans la garantie morale du mariage chrétien.
Vous, vous croyez à l'obscurcissement momentané de leur âme et vous assurez qu'il faut
solliciter et espérer leur repentir. Erreur. Quand
la justice humaine arrache et a raison d'ar-
racher ces enfants, s'ils ne sont pas morts des
mauvais traitements qui leur ont été infligés,
à leurs misérables parents, ou quand elle condamne à la prison ou aux galères perpétuelles
ces pères et ces mères dénaturés, la loi ne
fonde aucune espérance sur leur repentir; elle
a raison. Il ne viendra cependant à l'idée de
personne de l'accuser d'abus de pouvoir et de
demander que les enfants soient remis aux
mains de ces parents, sous prétexte que, avec
de la patience et de bons conseils, on éveil-
lera peu à peu, mais certainement, dans ces
scélérats, l'amour paternel et maternel, qui,
étant dans la volonté de Dieu, devra se faire
jour tôt ou tard. Quant aux enfants, à la première caresse, au premier témoignage d'amitié
qu'ils recevront de ceux à qui ils auront été
confiés, ils se jetteront dans leurs bras avec des

effusions dont ils ne s'étaient pas crus capables jusqu'alors.

C'est là que vous et vos frères en Jésus-Christ, qui n'avez pas, qui n'avez pas voulu avoir d'enfants, qui vous êtes passés de l'amour paternel, c'est là que vous intervenez et que vous vous substituez, comme pères d'élection, en dehors de la chair, spirituellement, à ces pères selon la nature, qui n'ont pas su aimer les enfants qu'ils ont voulu procréer et que vous aimez, vous, bien mieux qu'ils n'auraient jamais su le faire. C'est là, que vous acquérez la preuve que le lien du sang ne donne pas plus nécessairement l'affection ni la tendresse réciproques que le mariage chrétien ne donne des grâces spéciales et que ce lien rompu par certaines anomalies particulières peut être reconstitué artificiellement, solidement et utilement par des attractions et des charités étrangères ; c'est là que la pauvre vitrière qui a ramassé d'Alembert sur les marches d'une église devient la véritable mère du philosophe, et que celui-ci répond justement, noblement et selon Dieu à madame de Tencin, quand plus tard elle lui dit : *Je suis ta*

mère : « Vous vous trompez, madame, vous ne
l'êtes pas ; ma mère, c'est cette pauvre femme
qui m'a recueilli, qui m'a nourri, qui m'a
aimé. »

N'avez-vous pas lu, comme je l'ai fait, récemment dans les procès criminels, un drame
sinistre ? Un homme marié, paysan non inin-
telligent, avait de force violé sa fille, âgée de
dix-huit ans, et l'avait rendue mère ! L'enfant
dont elle était secrètement accouchée, il l'a-
vait tué, en le jetant dans les fosses; puis,
ayant eu peur qu'on ne l'y trouvât, il l'en avait
retiré avec un long croc et l'avait fait bouillir
dans la marmite aux légumes, pour en faire
une matière méconnaissable, qu'il avait enterrée ensuite dans un coin de son jardin. La malheureuse fille, après avoir subi ces violences et
assisté à ces abominables scènes de meurtre,
n'avait pas osé dénoncer son père, et sa mère,
ayant connaissance du fait, indissolublement
mariée à ce gredin, n'avait pas osé dénoncer son
mari.

En effet, quel avantage moral ou matériel y
eût-elle trouvé ? Elle aurait été la femme d'un

criminel reconnu tel publiquement, tandis que, en gardant le silence, elle seule et sa fille le savaient ; elle aurait toujours été rivée à ce galérien qui, gracié peut-être un jour ou l'autre, par suite du *repentir* qu'il aurait témoigné, serait revenu au domicile conjugal et aurait fait payer cher à sa femme la dénonciation dont il aurait été victime. Si la mort civile, cette loi si logique et si équitable, existait encore, cette femme eût dénoncé cet homme : elle eût ainsi garanti sa seconde fille des attentats qu'il voulut aussi commettre sur la pauvre enfant, elle fût redevenue libre et, si elle s'était remariée, je défie que ses enfants eussent eu, malgré votre dire, monsieur l'abbé, à redouter quelque chose de pire de ses secondes noces. Cela ne vous convainc pas encore ? Cherchons.

Je vois, dans un autre procès, une femme mariée ayant une petite fille unique, âgée de trois ou quatre ans, qu'elle adore. Le mari, espèce de bête féroce, ne trouve naturellement pas une raison à donner aux juges, quand ceux-ci lui demandent pourquoi il a tué ou plutôt fait mourir son enfant, au milieu des plus horribles

tortures, en l'absence de sa femme. Cet infanticide fut condamné aux galères à perpétuité.
Circonstances atténuantes ; lesquelles ? le jury
ne veut pas couper encore une tête ; il fait donc
grâce de la vie à ce scélérat, mais il ne fait pas
grâce à cette mère innocente, que la condamnation capitale de son mari, condamnation
si bien méritée, aurait rendue à ses droits, à
ses sentiments et au libre usage d'elle-même.
Cette mère, après avoir vu son unique enfant
tuée par le seul homme dont elle pouvait légalement en avoir d'autres, est restée indissolublement mariée à cet homme. La voilà condamnée à ne plus jamais connaître les joies
de la maternité après n'en avoir connu que les
douleurs. La loi lui prend, et elle a raison, le
mari que, selon vous, Dieu lui avait donné, la
chair de sa chair, les os de ses os, qui a bien
traité ce qui était issu de l'union de ces os et
de ces chairs, et elle ne lui permet pas d'en
prendre un autre. Le premier se repentira peut-
être ; quand cela ? Peut-être jamais. L'homme ne
peut désunir ce que Dieu a uni, etc. Si le divorce
succédait, comme cela devrait être, à un pareil

crime et à une pareille condamnation, croyez-vous que l'enfant de cette femme aurait quelque chose de plus à redouter du second mari de sa mère ? Évidemment non, puisque le premier, son père, a pris soin de le tuer préalablement. Cette femme reste ainsi condamnée à la stérilité, autrement dit à avoir un cœur et un corps qui ne lui servent plus de rien, puisqu'elle n'a plus ni époux ni enfant, ou à l'adultère et à la génération clandestine où l'enfant n'aura jamais légalement, ni un nom, ni un père, ni une mère.

Et c'est Dieu qui veut qu'il en soit ainsi, dites-vous, monsieur l'abbé ! En êtes-vous bien sûr ? Eh bien, si cela était vrai, il ne nous resterait plus, à nous autres Français, qu'à imiter tant d'autres peuples et à sortir au plus vite, comme eux, d'une religion abominable où régnerait un pareil Dieu. Mais rassurons-nous, Dieu n'a rien voulu de pareil, et la preuve, c'est que la France est maintenant le seul pays où les choses se passent de la sorte. Dieu veut, parce que le bon sens et l'équité le veulent, que, un homme et une femme ayant été unis par le mariage, celui des deux qui reste innocent témoigne la plus grande indulgence possible à celui qui devient coupable ; que l'épouse et l'époux se pardonnent mutuellement les erreurs et les faiblesses vraiment inhérentes à la nature humaine. S'il y a des enfants nés de ces époux, Dieu demande que ces enfants soient la raison et la récompense du sacrifice réciproque, et, vous le savez comme moi, monsieur l'abbé, nombre d'hommes et de femmes surtout se résignent silencieusement, très longtemps, quelquefois toujours, à une vie pénible par amour pour leurs enfants ; et cet amour est d'autant plus grand chez celui des deux conjoints qui en est animé, qu'il existe moins chez l'autre. Mais ce que Dieu veut tout autant, je vous l'affirme, c'est que, lorsqu'un des deux époux, sans le moindre souci des droits et des besoins de son allié, a commis tel délit, tel attentat, tel crime, telle infamie qui non seulement souillent irréparablement le foyer conjugal, mais jettent le coupable hors de l'humanité ; ce que Dieu veut, c'est que l'autre, l'innocent, ait le droit, même s'il n'en veut pas user pour des raisons dont il est le seul juge, de jeter à son tour hors de la famille ce coupable qui ne mérite pas plus de pitié qu'il n'en a eu. Et Dieu veut qu'il en soit ainsi, non seulement au nom de la morale et de la justice, mais au nom de l'honneur et du salut moral et matériel de ces mêmes enfants dont vous invoquez toujours l'intérêt et dont l'intérêt évident est que ce père ou cette mère indigne n'ait plus rien de commun avec eux.

Et maintenant, voyez donc, d'un autre côté, ce que c'est que l'*enfant* dont on invoque toujours l'intérêt! Qu'est-ce que cette qualité d'enfant qui commande tant de devoirs et de sacrifices autour d'elle? Regardons un peu. L'enfant! est-ce un état définitif comme une espèce ou un sexe? Non. Être un enfant, c'est un mode momentané, transitoire, au nom duquel il n'y a pas lieu de suspendre, d'arrêter, d'immobiliser les autres évolutions de l'humanité; c'est une condition passagère de l'être humain, durant laquelle il ne se rend aucun compte exact des événements ambiants qui semblent le toucher le plus. Jusqu'à quand l'enfant est-il l'enfant? N'est-il pas très vite un jeune homme, une

jeune fille? Celle-ci qui est nubile à quinze ans,
selon la loi, celui-là qui peut être soldat à dix-
huit ans, sont-ils encore des enfants pour votre
thèse? L'enfant de quatre ans, de huit ans, de
douze ans, est-il le même enfant pour vous?
N'auriez-vous pas d'abord à tenir compte de
ces différentes étapes pour ce que vous voulez imposer aux pères ou aux mères? A quel
âge l'intelligence des choses, le sens des com-
paraisons, commencent-ils à se manifester dans
l'enfant? A quelle époque la douleur prend-elle
une forme saisissable et durable pour lui, en
admettant que la douleur soit plus durable que
les autres impressions humaines? La nature,
dans son admirable prévoyance, n'a-t-elle pas
proportionné les émotions morales et même
les souffrances physiques à la puissance orga-
nique de l'individu? A petit cerveau, sensations légères, dissipées facilement, rapidement
oubliées. Ne savons-nous pas tous qu'un rien
distrait l'enfant du plus grand malheur moral?
Les plus graves, les plus terribles événements
racontés devant lui, alors même qu'il peut comprendre tous les mots qui les expriment, n'ont

aucune action sur son esprit, plus aisément
troublé par des chimères que par des réalités.
Un conte de fées, une histoire de revenants,
l'intéressent, l'émeuvent plus que les faits les
plus importants de sa propre vie: La Providence semble ne le laisser si longtemps insensible que pour accumuler et développer à son aise
en lui l'intelligence et les forces dont il aura
besoin, quand il sera grand, pour comprendre,
ressentir et, en même temps, vaincre ces douleurs de l'âme auxquelles il échappait si facilement dans le premier âge et auxquelles le dé-
croissement des forces et la vieillesse le ren-
dront de nouveau insensible. Ni le vieillard ni
l'enfant ne souffrent moralement, au vrai sens
du mot. La mort même frappe tout près d'eux
les êtres qui leur ont été dans le passé, qui,
dans l'avenir, leur auraient été le plus chers,
sans les troubler longtemps. Nous avons tous vu
des enfants de dix, douze, quinze ans, tout
vêtus de noir, rire et jouer dans la chambre
voisine de celle où l'on ensevelissait le corps
de leur père ou de leur mère dont ils étaient
adorés et qui se croyait adoré d'eux. Quand on

emporte la bière, quand ils voient les larmes
des grandes personnes et des serviteurs, les
tentures noires du corbillard et de l'église, ils
se sentent en proie à quelque chose qu'ils
seraient incapables de définir, mais à quoi
l'on sent qu'ils ont instinctivement hâte et
besoin d'échapper. Ils pleurent machinalement, et leurs yeux humides interrogent au
hasard les assistants, comme pour leur demander l'explication plus claire de ce qui se
passe autour d'eux. Dès le soir, à moins qu'un
parent ne les énerve par des souvenirs répétés, par des évocations, des larmes et des
caresses fiévreuses, ils s'endorment profondément, et, le lendemain, si on les transporte
quelque part où ils retrouvent les soins et les
sympathies de la famille, les jeux et les com-
pagnons de leur âge, il ne reste déjà plus rien
qu'un frémissement vague de l'émotion de la
veille. Voilà la réalité.

Il n'en est pas moins vrai aussi que ces petits
êtres que nous avons mis volontairement au
monde, qui ne sauraient développer tout seuls
en eux cette vie que nous leur avons donnée,

nous devons les aimer, les garantir, les renseigner et nous dévouer à eux ; nous devons leur immoler toutes les fantaisies, toutes les passions qui leur seraient préjudiciables, comme nous devons être prêts à sacrifier notre vie à la leur, qui promet toujours d'être plus heureuse que la nôtre ; mais nous ne leur devons pas l'anéantissement de toutes nos facultés, de tous nos sentiments, de toutes nos espérances, de toute notre vie morale et intellectuelle, surtout si nous pouvons concilier ces facultés avec l'amour que nous avons pour eux et le besoin qu'ils ont de nous, pas plus que nous ne leur devons le sacrifice de l'honneur, de la justice et de la vérité. Ils ont leurs droits d'enfant, sans que nous perdions pour cela nos droits de créature vivante et pensante, nos droits d'homme et de femme, qui seront les leurs un jour.

J'ai à faire vivre le mieux possible l'enfant qui est né de moi, mais je n'ai pas à mourir en lui. Quand vous, ministre d'un Dieu reconnu et accepté, vous immolez à ce Dieu non seulement vos passions, vos ambitions, vos jouissan-

ces terrestres, l'idéal humain que vous auriez pu
tenter de réaliser comme nous tous, mais encore
votre descendance naturelle, vous faites ce sacrifice à un Dieu pour vous « immutable, un, éternel », qui ne vous manquera jamais ; vous tenez
ses promesses pour irrévocables, son union
avec vous pour définitive ; en échange de vos
épreuves, il vous donnera, vous en avez la certitude, des félicités infinies. Il y a là un pacte où
les deux contractants, créature et créateur,
s'engagent réciproquement.

Ce pacte ne saurait être le même entre
les parents et l'enfant, lequel, cessant, tous
les jours un peu, d'être ce qu'il était, se
transforme sans interruption en un individu
soumis à des conditions toujours diverses.
Où est ma garantie dans l'avenir ? Où sont
les échanges équivalents et justes entre les
devoirs que je dois à mon enfant et ceux que,
par conséquent, il me devrait ? L'enfant à cause
duquel je ne me serai pas remarié, sa mère
m'ayant abandonné, aura néanmoins le droit
de m'abandonner à son tour. Où sera ma récompense? Que sera devenu le pacte naturel et

moral? Où en serons-nous du droit individuel
et de l'équité commune? Quand cet enfant aura
vingt et un ans, la loi à la main, il pourra me
dire : « Je suis libre, je vous quitte et ne vous
connais plus. » L'Évangile à la main, il pourra
me dire : « Je vous laisse pour suivre mon
épouse ou mon époux. » Cet enfant qui, après
quelques années, aura besoin d'un autre amour
que le mien, je ne pourrai l'empêcher d'aller
à cet amour, lui fût-il inspiré par un être indigne de lui. Pourquoi m'aurait-il été interdit,
à moi, d'invoquer, pour mon bonheur, pour
mon repos, pour mes intérêts, pour la santé de
mon esprit et de mon corps, pourquoi m'aurait-
il été interdit d'invoquer en ma faveur ce
même besoin d'aimer, naturel, humain, qu'il
pourra si facilement plus tard invoquer contre
moi? Pourquoi exiger que je devienne un ange,
quand il lui est permis de rester un homme
ou une femme? Pourquoi ne suis-je pas aussi
intéressant comme homme que lui comme
enfant? Pourquoi enfin cet esclavage pour moi,
cette liberté pour lui? Je voudrais bien le savoir.
Parce que mon conjoint aura été adultère,

faussaire, meurtrier, parce qu'il aura trahi l'amour ou forfait à l'honneur? Voilà les raisons que vous me donnez! J'ai tous les devoirs, le coupable et l'enfant ont tous les droits ; et, si mon fils a voulu, complice de ma femme, m'assassiner, moi son père ; si de moi, sa mère, il a conspiré la perte avec mon mari ; s'ils sont tous les deux condamnés aux galères pour m'avoir laissé à moitié mort sous leurs coups, je ne pourrai plus avoir une autre femme du vivant de cette meurtrière, et je devrai vivre dans le célibat, dans la stérilité, dans la solitude, en faveur de ce parricide ! Où sommes-nous vraiment? Dans quels codes durables, dans quelles consciences droites comptez-vous fixer comme des lois éternelles de pareilles iniquités?

Eh bien, cet enfant dont la nature ne veut pas que le cœur et l'esprit soient troublés au-dessus de son intelligence et de ses forces par la mort réelle de ses parents, sera-t-il donc plus troublé par la mort légale de l'un d'eux, par le divorce devenu nécessaire? Que la rupture complète entre les enfants et les parents se fasse par la nature ou par la loi, par la mort ou par le divorce, l'effet sera le même pour l'enfant; la douleur ne sera pas plus grande dans un cas que dans l'autre.

La séparation, direz-vous, a ce grand avantage sur la mort et le divorce, qu'elle ne rompt pas le lien conjugal, qu'elle permet plus tard le rapprochement des époux, la reconstitution de la famille. Voyons donc ce qui se passe dans la séparation.

De deux choses l'une : ou le coupable n'a commis qu'un attentat privé au mariage, attentat qui, tout en le séparant de son conjoint, lui laisse la liberté; ou il a commis un crime de droit commun qui lui supprime cette liberté par le bagne ou la prison. Dans ce dernier cas, dit-on à l'enfant que son père ou sa mère est criminel, qu'il est à Poissy ou à Nouméa ? Non; on lui dit que celui qui a disparu est mort, et il l'oublie bientôt comme s'il l'était véritablement. Croyez-vous, quand, plus tard, il apprendra la vérité, que son père vit, que ce père avait volé ou assassiné, triché ou fait des faux, croyez-vous qu'il aura plaisir à revoir ce père et qu'il n'aimerait pas mieux qu'il fût mort comme on le lui avait dit,

que déshonoré comme il le revoit? Croyez-vous
qu'il n'aimerait pas mieux qu'une loi juste eût
civilement tué ce coupable et permis à sa mère
de se remarier? Croyez-vous enfin qu'il ne préférerait pas un beau-père, si difficile à vivre
qu'il fût, à ce père galérien ou même gracié?
Croyez-vous que le sentiment filial, de par le
sang, fera retour jusqu'à l'oubli du déshonneur
et de la honte? Je ne le crois pas, moi.

Supposons maintenant la séparation, ayant
eu lieu, au contraire, pour seul délit conjugal,
adultère, sévices graves, mœurs dissolues, in-
compatibilité d'humeur? La loi autorisera l'innocent à garder l'enfant, et le coupable à venir
le voir à de certaines époques déterminées, en
un certain lieu, couvent, collège, dans la maison
et en présence d'un grand parent, d'un ami,
d'un simple témoin. Qu'arrive-t-il alors? L'é-
poux séparé, celui qui a eu les torts, le plus
souvent, s'en va définitivement à ce qui l'avait
entraîné par intermittences hors du foyer,
à l'amour illégal, au jeu, à l'orgie, au libertinage, heureux enfin de n'avoir plus à se cacher et à se contenir. Quelquefois il s'expatrie

et renonce immédiatement au droit et au plaisir, si ce n'est à l'ennui de voir son enfant.

Par la quantité des demandes en séparation rejetées, on peut juger des faits graves dont il faut faire preuve pour obtenir ladite séparation. Celui contre lequel on l'obtient s'est donc conduit de telle façon, avec un tel oubli de ses devoirs, envers ses enfants, que, la séparation prononcée, les seules convenances, quelquefois simplement le désir d'être désagréable *à l'autre*, le font user de l'autorisation de voir son enfant. « Je ne pourrai pas vous voir tel jour, dit le père ou la mère à sa maîtresse ou à son amant, parce que c'est le jour où je vais voir mon fils ou ma fille. » Que se disent ces pères, ces mères et ces enfants pendant ces courtes entrevues? Des choses banales : « Qu'est-ce que tu apprends? As-tu bien travaillé? Te portes-tu bien? As-tu envie de quelque chose? Je t'ai apporté des joujoux, des bonbons, un objet de toilette. » Et pour le cœur? Rien. Le cœur n'ose pas parler ; il n'a plus rien à faire là dedans. Le visiteur ou la visiteuse se tire d'affaire avec un baiser qui s'efforce d'être expressif et qui ne peut pas l'être

elui qui continue à faire son devoir, celui qui
n'est pas là, celui que les enfants attendent im-
patiemment le moment d'aller retrouver, celui
dont il ne peut pas être question, pas plus qu'il
ne sera question tout à l'heure entre lui et ses
enfants de ce visiteur périodique, celui qui est
innocent, celui qui est injustement puni, celui qui
souffre injustement, passe pendant cette conver-
sation comme un fantôme entre ces enfants et
ce coupable qui retourne ensuite à son amant, à
sa maîtresse, à son orgie, à son tripot. Quels
mélanges! Que reste-t-il du père ou de la mère
dans cet être, que la crainte d'être banni complètement de la famille, que le divorce radical eût
peut-être retenu, et aux mauvaises influences
duquel, si cette crainte ne l'avait pas retenu,
les enfants n'eussent plus jamais été exposés?

Ainsi, pendant vingt-cinq ou vingt-six jours
du mois, le conjoint séparé est mort pour ses
enfants; pendant trois ou quatre jours, durant
quelques heures, c'est l'innocent qui l'est. Si les
enfants veulent interroger l'un ou l'autre,
il leur est répondu: « Ne parlons pas de cela,
tu ne comprendrais pas. » Ainsi s'expriment les

gens bien élevés. Les autres restés sous l'empire de la passion ne se font pas faute de rejeter tous les torts et tous les malheurs de cette situation sur celui qui n'est pas là. « Ta mère est une méchante femme ! — Ton père est un méchant homme ! Plus tard tu connaîtras la vérité. — Il m'a fait bien souffrir ! — Elle m'a fait bien du mal ! — Il nous a ruinés ! — Elle est cause de tous nos malheurs ! etc. »

Si les deux parents sont également coupables, cela se voit, si le tribunal a trouvé bon de les séparer tous les deux de leurs enfants, c'est encore pis. Chaque visite alternée de ce père ou de cette mère qui n'ont plus rien du *père* et de la *mère* est pour les enfants une secousse, une douleur, une formalité banale, dangereuse, inutile assurément. Dans le premier cas, celui où il est resté avec l'un de ses parents, l'enfant, prématurément confident de ses chagrins, s'attache à celui-là, qui lui témoigne tous les jours d'autant plus sa tendresse qu'il y a une tendresse à remplacer; il se détache peu à peu de l'autre, qu'il sent être la cause des chagrins auxquels il assiste ; non seu-

20

lement il s'en détache, mais avec cette justice de l'enfant, justice implacable, parce qu'elle est faite d'ignorance et d'intuition, il éprouve de l'éloignement pour ce père qui fait souffrir cette mère si tendre, ou pour cette mère qui rend malheureux un père si bon ; il aimerait mieux ne plus voir du tout celui qu'il voit de temps en temps.

Vous espérez qu'il les réunira plus tard, non. Quand ils doivent être réunis par l'amour qu'ils auront conservé pour leurs enfants, les époux ne se séparent pas. Ce qui réunira peut-être ces deux êtres, l'un coupable, l'autre puni, ce sera l'âge, les convenances, des questions d'intérêt, des conditions de rapprochement imposées par la famille dans laquelle l'enfant, devenu jeune homme ou jeune fille, voudra entrer par son mariage. En tout cas, ce n'est jamais que quand ils auront usé leur vie, l'un dans l'erreur, l'autre dans le chagrin, quand leurs deux existences auront été perdues, que les époux penseront de nouveau à se réunir, en se réservant chacun le droit de conserver des relations et des habitudes contractées pendant la séparation. A l'âge qu'il a maintenant, l'*enfant* n'a plus besoin que ses parents s'aiment ; il sait à quoi s'en tenir sur les choses ; il a jugé ; il a appris lequel des deux il doit aimer et estimer, et tout ce qu'il peut faire, c'est de pardonner à l'autre. Savez-vous bien, monsieur, ce qu'il y a de mépris caché dans le pardon qu'un enfant accorde à celui dont il est né ? Le pardon est l'attribution du père et de la mère ; il doit descendre d'eux à l'enfant ; il ne doit jamais remonter de l'enfant jusqu'à eux.

Et si, ce qui arrive souvent, l'enfant a vu se glisser dans la maison paternelle où il est resté une femme prenant clandestinement la place de sa mère, ou, s'il est resté dans la maison maternelle, un homme se substituant plus discrètement mais aussi sûrement à son père ; si, après toute sorte de jalousies, de répugnances, de pudeurs, de délicatesses instinctives, à mesure qu'il avance dans la vie, il reconnaît que, après tout, à ce père qui l'a tant aimé, sa seule tendresse d'enfant ne pouvait suffire; que cette mère adorée n'était qu'une femme, qu'elle a lutté, mais enfin qu'elle avait bien le droit d'aimer et d'être aimée, puisque son père l'avait trahie ; si cet étranger ou cette étrangère, dont il s'explique maintenant la présence dans sa maison, s'est bien fait venir de lui, l'enfant, à l'âge où celui-ci ne comprenait pas tout ; si, en comparant cet étranger à son père, il est forcé de le reconnaître plus noble, plus honorable, meilleur ; si, en comparant cette étrangère à sa mère, il est amené à la trouver plus tendre et même plus respectable, quel renversement de toutes les notions de la famille, de tous les sentiments naturels, quels efforts pour la conscience, quelles luttes pour la dignité ! Vous n'aimeriez pas mieux voir cet époux misérable dont son conjoint a dû s'éloigner, qui a été cause d'abord du chagrin, puis de l'adultère de l'autre, qui a indirectement forcé l'*enfant* à comprendre que sa mère pouvait avoir un amant, que son père pouvait remplacer sa mère par une maîtresse, vous n'aimeriez pas mieux voir cet époux misérable retranché une fois pour toutes, à tout jamais, complètement de la famille par le divorce ? Vous ne préféreriez pas voir cette mère devenir une épouse légitime, heureuse et féconde au grand jour ; ce père redevenir un époux régulier, moral, heureux, producteur à ciel ouvert; il ne vous semblerait pas plus juste, plus moral, que ces enfants eussent pu aimer, estimer franchement le nouveau mari de leur mère, la nouvelle femme de leur père, comme il arrive si souvent aux enfants des veufs remariés? Non. Vous donnez la préférence à toutes ces situations fausses, dégradantes, honteuses dont nous faisons des comédies et des drames, et dont je viens une fois de plus d'essayer la peinture. C'est curieux! mais cela s'explique; et si vous vouliez raisonner comme moi, vous ne le pourriez pas. Il m'est permis de comprendre et, dans certains cas, d'accepter vos arguments; il vous est interdit de comprendre et d'accepter les miens. Est-ce que vous avez plus raison que moi? Non. Mais vous avez l'air d'avoir raison parce que, quand vous nous conseillez de nous immoler, tout le monde sent que, si vous étiez à notre place, vous feriez ce que vous nous conseillez de faire.

Oui, si vous aviez une femme et qu'elle vous trompât, vous lui pardonneriez; si elle avait commis un crime et qu'elle eût été condamnée, vous tenteriez de l'amener au repentir et de la

ramener au bien sans l'abandonner à son châtiment, pour suivre une autre femme ; si elle
avait déserté la maison conjugale, vous ne cher-
cheriez pas un autre foyer ni illégitime, ni légitime ; si elle mourait même, eussiez-vous vingt
ans, vous ne vous remarieriez plus, j'en suis certain ; — mais vous n'avez pas de femme. Si vous
aviez des enfants et que leur mère fût adultère,
criminelle ou morte, vous ne donneriez pas de
belle-mère ni de frères nouveaux à vos enfants,
j'en suis sûr, et vous ne vivriez que pour eux ;
— mais vous n'avez pas d'enfants. Mettez-vous
d'abord dans les conditions où nous sommes, et
nous verrons ensuite si vous n'agirez pas comme
nous agissons. « Ce sera la même chose, me direz-
vous, puisqu'il y a des catholiques aussi croyants,
aussi fervents que nous, qui, selon le conseil de
saint Paul, pour ne pas brûler, se sont mariés, et
qui, dans les cas que vous citez, feraient, font
ce que nous, prêtres, nous ferions, ce que nous
leur avons appris à faire. » Je le sais parfaitement ;
et, bien qu'ils ne soient pas nombreux, ces catho-
liques-là, comme vous l'avez reconnu avec tant
de tristesse, je ne nie pas leur existence, et leur

conduite prouve la possibilité du sacrifice que
vous demandez; mais ce sacrifice n'est pas
accompli par les seuls catholiques ; il y a des
protestants et des israélites qui tiennent le mariage pour indissoluble, et qui, quoi qu'il arrive,
ne se remarient pas; il y a des hommes qui
n'appartiennent à aucun culte et qui ne se remarient pas, même dans les pays où la loi civile les autorise à le faire ; il y a des hommes
qui ont aimé une femme en dehors du mariage et
qui, cette femme étant morte ou les ayant trahis,
passent le reste de leurs jours dans le même
célibat que vous. Est-ce parce que l'Église catholique a décrété l'indissolubilité du mariage que
ces juifs, ces protestants, ces philosophes considèrent leur mariage comme indissoluble, que
ces amants libres restent fidèles à un souvenir
ou redoutent une nouvelle déception? Non;
évidemment, c'est parce que cette décision
ecclésiastique se trouve conforme à leurs sentiments, à leurs idées sur le mariage et sur l'a-
mour, et cela ne les empêche pas de repousser
d'autres théories, d'autres dogmes de l'Église que
leur raison n'a pu accepter. Ce n'est donc pas

pour eux une question de discipline générale,
mais de conscience intime, d'aspiration supérieure ; c'est un besoin, pour ainsi dire, naturel
de sacrifice, indépendant de telle ou telle formule religieuse. L'âme humaine a eu et aura,
dans tous les temps, son idéal, qui s'est fait et
qui se fera jour irrésistiblement, et il n'est pas
de religion qui puisse prétendre à l'avoir créé.
Il fait partie des lois éternelles qui ne sont pas
écrites, qu'il y aurait folie à vouloir imposer à
tous et que certaines âmes de choix se lèguent
les unes aux autres par intuition, par exaltation,
par émulation. Cette immolation de soi-même
que quelques catholiques font à leurs devoirs et
à leurs convictions, les païens la pratiquaient
également, tout comme les abstinences de la
chair et de la table, et bien que leurs lois
autorisassent le divorce.

Quand nos femmes chrétiennes vont pieusement à l'adoration du Saint-Sépulcre pendant la
semaine sainte, se doutent-elles qu'elles ne font
qu'imiter d'autres femmes païennes qui, cinq
cents ans avant le Christ, faisaient le même pèle-
rinage au tombeau d'Adonis, qui avait sa se-

maine de deuil à la fin de laquelle il ressuscitait,
ce qui faisait succéder la joie à la douleur des
fidèles? Quelle différence, sauf une différence
de temps et de lieu, ferez-vous entre le patriarche Abraham se disposant à immoler son fils à
Jéhovah et le Grec Agamemnon immolant sa
fille à Jupiter, et le Romain Brutus condamnant ses deux fils pour venger les lois? Quel
martyr mourant pour la foi chrétienne meurt
plus ou meurt autrement que Curtius se jetant dans un gouffre pour sauver Rome, ou
que Ménécée, le fils de Créon, qui, ayant
appris qu'une victime de sang royal peut apai-
ser la colère des dieux contre sa patrie, s'é-
gorge lui-même à la porte de Thèbes?

« La piété est la seule chose que les hommes
emportent avec eux, et qui n'est jamais perdue,
ni dans la vie, ni dans la mort. — Malheureux l'enfant qui ne se fait pas le domestique
de ses vieux parents! — Il faut avoir le cœur
doux, donner son tour au pauvre aussi bien
qu'au riche, et se montrer également juste et
religieux pour tous. — Le vrai juste est celui
qui vit pour son prochain et non pour soi. —

L'esclave vaut l'homme libre, s'il est homme de bien. — Qui donc est esclave s'il n'a pas souci de mourir? — Heureux le sage qui vit dans la contemplation des choses célestes, sans prendre part ni aux misères, ni aux injustices d'ici-bas ! — Inhumer un mort, ce n'est que rendre de la terre à la terre. — Il y a un Dieu en nous. — Si ton âme est en bon état, tu as tout ce qu'il faut pour vivre heureux. — L'homme vraiment honnête est celui qui ne se trouve jamais assez honnête et assez vertueux. Par-dessus une bonne action, il faut en mettre une autre, comme on met tuile sur tuile pour que la pluie n'entre pas. — Être mécontent de soi-même est le vrai signe de la vertu. — Périr pour la vertu, ce n'est pas mourir. — Tu vois un pauvre nu, et tu l'habilles ; mais, si tu le lui reproches, c'est comme si tu le déshabillais. — Qui est né pour le bien est bien né, fût-il un nègre. — Il faut croire en Dieu et l'adorer sans le discuter. — Il y a un Dieu qui voit et entend ce que nous faisons ; il agira avec toi selon que tu auras agi envers les autres. — Ce que le peuple des simples croit et pratique, c'est à quoi je veux me tenir. »

Qui a eu ces pensées chrétiennes? qui les a dites? Est-ce saint Paul, saint Augustin, saint Chrysostome ou saint Ambroise ? Est-ce même Platon, Aristote, Socrate, un de ces grands sages ou de ces grands philosophes grecs à qui le christianisme doit tant? Non ; ce sont nos aïeux, à nous hommes de théâtre, ce sont des auteurs tragiques et comiques : Eschyle, Euripide, Ménandre, Térence. Ce grand idéal de morale qui vient d'un principe éternel dont le nom change selon les pays ou les âges, ce grand idéal de morale fait tellement partie de la nature humaine qu'il n'est pas l'attribut particulier des temples, des églises, des textes consacrés, des ministres officiels de tel ou tel culte ; il circule à travers le monde, saisissable au premier venu qui regarde, qui cherche, qui aspire, qui veut, et il passe aussi vrai, aussi grand, aussi pur, par l'âme d'un poète et la bouche d'un histrion que par l'esprit d'un père de l'Église et la parole d'un prédicateur. Vous vous déclarez, vous et tous ceux de l'Église catholique, seuls en possession de la vérité qui, pour vous, ne date que de Jésus-Christ,

et, quand vous invoquez vos textes et que vous
dites : « C'est Dieu lui-même qui parle ainsi
par son divin fils, » vous ne vous souvenez pas,
vous ne savez pas peut-être que, bien avant ce
divin fils, tous les prêtres des autres dieux qui
avaient passé sur la terre disaient la même
chose et que leur mépris pour les objections
d'alors était le même que vous témoignez quand
vous répondez aux nôtres. « Aucun discours
ne peut prévaloir contre les traditions que nous
avons reçues de nos pères, » fait dire encore
Euripide à un personnage sacré d'une de ses
tragédies. « Ces traditions sont aussi vieilles que
les siècles passés ; la sagesse la plus subtile y
perdrait son temps et ses efforts. »

Il y a deux jours, le dimanche 23 novembre
1879, le père Didon faisait une conférence à
Saint-Philippe du Roule pour défendre comme
vous l'indissolubilité du mariage. Personne n'admire plus que moi l'éloquence du père Didon,
si large et si puissante, qu'elle l'entraînera peut-
être un jour plus loin qu'il ne voudra, plus
loin surtout que ne le voudrait l'Église. Je ne
m'étonne donc pas de l'affluence des auditeurs,

de leur émotion, de leur admiration, contenues
seulement par la majesté du lieu. Le père Didon a un grand avantage sur vous, à mes yeux,
monsieur l'abbé ; il cherche ses raisons dans la
nature morale de l'homme plutôt que dans les
ordonnances et les dogmes de l'Église. Il semble
ne considérer, je le suppose, car il ne m'a fait
ni ses confidences ni sa profession de foi, il
semble ne considérer les textes de la doctrine à
laquelle il appartient que comme les symboles,
les formules tangibles de toutes les philosophies,
d'où qu'elles viennent, qui peuvent converger et
servir à une morale universelle et définitive. Il
a souci de l'homme, *humain ;* il s'efforce bien
de l'entraîner avec lui, comme c'est son droit et
son devoir, en le saisissant toujours par le haut,
mais en tenant un peu plus de compte de sa
raison ; et voici avec quelle chaleur, quel enthousiasme religieux il essaye de le convaincre :

Est-ce que vous admettez que des inno-
cents se sacrifient quelquefois ? Est-ce que vous
reconnaissez qu'un individu pourra s'oublier
lui-même pour une cause générale ? Est-ce que
la société ne repose pas tout entière sur ce prin-

cipe absolu du sacrifice total de l'individu à
une cause supérieure? Il n'y aurait pas de
société sans cela. A tout instant, vous voyez un
être qui s'appelle le père ou la mère se sacrifier, souffrir, mourir pour un fils, pour des fils,
pour une famille! Vous voyez un citoyen bien
né s'oublier, se sacrifier, se dévouer, se livrer
sans merci à tout ce qui l'use et le consume,
pour le bien général. Le soldat va mourir;
l'homme politique qui comprend son rôle s'é-
puise à la tâche et ne calcule ni ses jours ni ses
nuits! L'homme qui a conscience d'une vérité
supérieure n'hésite jamais, que dis-je! il n'est
pas nécessaire d'avoir devant soi une vérité
supérieure et sociale ; on voit des hommes
mourir pour leur art, mourir pour le beau, pour
la justice; on voit des innocents se livrer, sans
que jamais ils hésitent, aux grandes causes qui
réclament que les innocents meurent! Ce n'est
pas assez que les coupables soient punis, il faut
qu'à certains moments les innocents se dé-
vouent et qu'ils proclament, sur ce bûcher
qui a été allumé par des flammes qui ne devaient pas les atteindre, ces vérités plus hautes

encore qui sauvent tout un peuple ou tout un monde.

Qui conteste ce que vous dites là, mon père ? Les emprisonnements successifs de Bacon, les bûchers de Jean Huss, de Jérôme de Prague et de votre grand aïeul le dominicain Savonarole ; les massacres des Albigeois et des Vaudois, la condamnation de Galilée, la Saint-Barthélemy, la révocation de l'édit de Nantes, tous les martyrs de la raison, de la libre pensée et du droit de conscience luttant contre l'oppression et le despotisme de l'Église catholique prouvent surabondamment la vérité de ce que vous dites. Ce n'est pas à ceux-là que vous pensiez en prononçant ces belles paroles, et les martyrs que l'Église catholique a eus vous ont fait certainement oublier ceux qu'elle a faits ; mais nous devons nous rappeler ces derniers, nous qui tenons de leurs convictions, de leur résistance et de leurs supplices, le droit de lutter aujourd'hui contre vous. Tout libéral que vous êtes personnellement, tout indépendant que vous vous déclarez, si Rome avait encore à sa disposition les moyens séculiers qu'elle a eus en

France jusqu'à la fin du xviie siècle et qu'elle a tant de fois essayé de reprendre depuis lors, vous n'auriez pas besoin de discuter avec nous en pleine église, et quelque nouveau concile de Constance, ou quelques nouvelles dragonnades, approuvées et bénies par Bossuet, en auraient vite fini avec nos arguments et nos personnes. Voyons maintenant si, dans cette discussion à laquelle vous voulez bien condescendre, vos raisonnements sont aussi concluants et sûrs de leurs coups que le bras de chair, l'inquisition, les bûchers et les dragonnades.

Vous continuez, et, dit le journal *le Gaulois*, dans lequel je lis votre conférence, un long tressaillement a parcouru l'auditoire féminin à cette véhémente apostrophe :

Femme, tu as vingt ans, et ton mari a été pour toi ce que les romans, les drames les mieux conçus montrent qu'un mari peut être. Il t'a été infidèle ; il t'a trahie ; il t'a trompée ; il t'a réduite à l'infamie, qui ne t'atteint pas ; qu'est-ce que tu a à faire ? Deux choses, si tu crois à la vérité morale qui s'appelle la fidélité indissoluble du contrat. Femme, prends ta robe de deuil; ton mari est mort, ton mari n'est plus! Si tu as des enfants, ton rôle est tout tracé. Mais je ne t'en suppose pas, tu n'as pas d'enfants, prends tes habits de deuil; tu es une infortunée, une des plus grandes victimes des fatalités et de la Providence qui permet les épreuves; prends tes habits de deuil et va mourir sur le bûcher de ta fidélité conjugale. Sois une héroïne, sois une âme qui comprend la grandeur d'un principe qui porte tout, et meurs pour ce principe et pour le Dieu qui le représente!

Il est vrai que, si tu ne crois pas en Dieu, ce sera difficile, ce sera peut-être impossible. Cependant, non, ce ne sera pas impossible! Si tu ne crois pas en Dieu, tu peux encore mourir pour ton pays. Est-ce qu'ils croient tous en Dieu, ces hommes qui vont se faire tuer à la frontière? est-ce qu'ils croient tous en Dieu, ces savants qui escaladent l'espace, tous ces hommes qui ont vu l'infini dans une idée supérieure, dans un principe qui a donné la représentation de ce pourquoi nous avons été faits et de ce pourquoi nous devons mourir?

Quand tu ne serais qu'une femme civile, quand tu ne serais mariée que devant un maire, tu n'as pas deux choses à faire ; tu n'as qu'à prendre le deuil de la tête aux pieds et tu n'as qu'à mourir pour sauver les sociétés qui veulent vivre. Or les sociétés qui veulent vivre, ce sont les sociétés qui savent s'immoler dans leur entier dévouement jusqu'à la mort.

J'écoute, j'applaudis et poursuis mon chemin,

comme a dit Musset.

« Des mots, des mots, des mots, » comme a dit Shakespeare.

Si vous avez un Dieu qui vous dit que le sacrifice, le martyre des innocents est bon, nous en avons un qui nous dit que la justice pour tous est meilleure. Que cette femme de vingt ans qui avait mis toutes ses espérances dans son époux, et que cet époux abandonne sans même lui laisser un enfant, que cette femme se couvre de vêtements noirs, comme une religieuse, qu'elle se condamne au veuvage, à une seconde et éternelle virginité, libre à elle, nul ne l'en empêche, et c'est son devoir, si c'est sa

foi. Notre affaire à nous, c'est de lui permettre
le choix, de ne pas lui faire une nécessité de
votre idéal ; c'est de l'armer contre cet époux
stupide, lâche et grossier ; c'est de promulguer
des lois qui, en le faisant hésiter, lui, devant
ce qu'il va faire, lui donnent, à elle, des droits
équivalents aux siens ; et quand, ainsi trahie,
mais ainsi armée, pouvant aller à un nouvel
époux et devenir mère et mère heureuse, elle
s'en ira au deuil, à la solitude et aux macéra-
tions, nous serons sûrs, la société ayant fait
ce qu'elle doit, que cette femme fait vraiment
ce qu'elle veut.

Comme vous sentez bien que les arguments
que vous nous donnez dans ces belles périodes
ne sont que des arguments de sentiment, d'éloquence et, permettez-moi de vous le dire, de
littérature, vous essayez d'aborder la discussion
d'une manière plus positive, plus pratique, en
légiste, et vous entrez, dit encore le journal,
dans le vif du sujet :

*La liberté, comment peut-on nous accuser
d'en être les violateurs? Le contrat du mariage
l'enchaîne, dites-vous, et vous voulez le rompre;*

*mais alors brisez les autres obligations de droit
naturel auxquelles vous souscrivez de plein
cœur : vos devoirs envers le ciel, envers la patrie,
envers votre famille. Eh quoi ! vous ne songez
pas à abdiquer vos devoirs de père et de fils,
et vous abdiqueriez vos devoirs d'époux. Vous
vous astreignez à être père et fils indissolublement, et vous croyez pouvoir dissoudre le mariage qui fait de vous un fils ou un père ?*

Ah ! mon père ! comme je retrouve bien dans
ces dernières paroles les dilemmes spécieux et
minces des casuismes théologiques dont votre
haute raison et votre grande sincérité ne pourraient vous détacher que par une de ces sou-
daines révélations qui, en haut, font les Luther,
en bas, les Lamennais, et que je ne vous souhaite
pas, parce que l'Église a plus besoin de votre
croyance que nous de votre doute. Où avez-vous
vu que les autres obligations de droit naturel
auxquelles nous souscrivons de plein cœur
soient aussi indissolubles que le mariage français et aussi lourdes que l'indissolubilité qui y
reste attachée ?

Mais c'est justement parce que mes devoirs

envers mon ciel, ma patrie, ma famille et mes
enfants sont légalement limités, équilibrés par
des devoirs équivalents pour ceux avec qui j'ai
contracté comme fidèle, comme citoyen, comme
fils et comme père, que je demande à la loi
de m'accorder la même situation comme époux.
Où est mon engagement indissoluble avec le
ciel, avec le Dieu que vous, ou tout autre
prêtre d'une autre confession, déclarez représenter sur la terre? Je puis donner à la puissance supérieure qui m'impose la vie et la mort
la forme et le nom que je veux ; je puis, si je suis
catholique, me faire protestant, si je suis israélite,
me faire catholique ; je puis me séparer, me
passer complètement de la préoccupation du
ciel et de l'idée de Dieu ; je puis douter, je puis
nier, je puis être indifférent. Qui prétendrait,
aujourd'hui, me contraindre en cette matière?
Où est mon lien indissoluble avec un Dieu quelconque ?

A ma patrie, si je suis femme, je ne dois que
l'impôt et l'obéissance aux lois, à la charge
par elle de me protéger quand j'en ai besoin ;
si je suis un homme, je dois, en plus de cette

obéissance et de cet impôt, un service mili-
taire à échéance fixe, dont, dans de certains
cas de santé, de stature, pour un doigt mal
fait, pour une vue faible, pour des organes délicats, je suis exempté complètement, de même
que, si je suis fils aîné de femme veuve ou fils
unique de sexagénaire, ou si je tire un bon
numéro. Suis-je dans les conditions normales ?
ce tribut déterminé une fois payé, je ne dois
plus rien à ma patrie. Je puis la quitter, je puis
devenir citoyen d'un autre pays, et, à ce titre,
si je n'ai pas de sens moral, servir contre le
mien, car ma nouvelle patrie ne l'exigera pas
de moi. Où est mon lien indissoluble avec ma
patrie ?

Comme fils, je n'ai pas de devoirs légaux au
delà de vingt et un ans ; à partir de cet âge, ma
soumission, ma tendresse et mon respect ne
relèvent que de moi. Je puis traiter, négocier,
contracter, me marier, aller et venir sans que
mes parents puissent s'y opposer de quelque
façon que ce soit ; s'ils tombent dans la misère
et que je sois en position de leur venir en aide,
je suis obligé de leur donner de quoi vivre au

prorata de ma fortune, comme ils sont obligés
de le faire pour moi si la situation est retournée.

Comme père, je ne me vois pas d'engagement
indissoluble. D'abord je puis mettre des enfants
au monde sans me marier, sans les reconnaître,
sans les nourrir ; je n'en aurai pas moins fait
les fonctions et je ne -m'en serai pas moins
donné les plaisirs de la paternité naturelle. Si
les enfants que j'aurai engendrés en dehors du
mariage en appellent à cette même loi qui aurait
déclaré mon mariage indissoluble, elle leur ré-
pondra qu'elle ne les connaît pas et qu'elle ne
peut rien contre moi. Suis-je marié ? ai-je des
enfants légitimes ? c'est avec leur mère, ce n'est
pas avec eux que la loi m'engage indissolublement. Je dois les nourrir et les élever. Il n'y a
pas de loi qui me défende de les chasser de ma
maison, de les faire emprisonner, de les expatrier, jusqu'à ce qu'ils soient majeurs, s'ils se
conduisent mal avec moi, de les faire interdire
après, s'ils se conduisent mal avec les autres ; qui
m'impose de leur sacrifier quoi que ce soit de
ma fortune et de ma liberté, qui m'interdise de
me ruiner, de dénaturer ma fortune, d'adopter

un étranger dont les droits deviendront égaux
aux leurs. Le lendemain du jour où je deviens
veuf tout en restant père, il m'est permis de me
remarier, de donner aux enfants que j'ai eus de la
femme morte des frères nés d'une autre femme.
Mon contrat de père n'est donc pas indissoluble comme mon contrat d'époux, puisque la
mort seule d'un conjoint peut rendre la liberté
à l'autre. Pourquoi donc tenterais-je de briser
les obligations de droit naturel que j'ai avec le
ciel, avec ma patrie, avec mon père et ma mère,
avec mes enfants? Elles sont très tolérables.
La loi a prévu, l'équité a dominé autant que
possible sur ces points-là. Si je réclame donc
contre l'indissolubilité du lien conjugal, c'est
justement parce que je la trouve arbitrairement
dans ce seul contrat, qu'elle est inique et op-
posée aux droits naturels, puisque les devoirs
y suppriment les droits, que le coupable y op-
prime l'innocent, que le mal y comprime le bien.

Ces objections sont irréfutables, et, pendant
que le père Didon parlait, elles devaient venir à
l'esprit de tous les gens sensés qui se trouvaient
là. Heureusement pour l'orateur, on ne réfute

pas dans une église, probablement depuis le colloque de Poissy, où ministres catholiques et ministres réformés, venus là pour s'entendre, ont fini par s'injurier et, dit-on, par se battre; et, dans une église, l'orateur sacré, au milieu de ce grand silence qui ressemble à un acquiescement, finit par avoir l'air d'avoir raison. Aussi, le père Didon, sachant bien qu'on ne va pas le contredire et qu'il n'y a, à cette tribune particulière, de liberté que pour lui seul, fait-il un chaleureux appel à la liberté de chacun et demande-t-il les objections qu'on ne lui fera pas. Et il s'écrie, avec la certitude de ne pas voir retourner immédiatement son argument contre lui :

Quand on va contre la liberté, contre la justice, contre l'humanité, il n'y a pas de loi qui tienne. Une loi qui s'inscrit en faux contre ces trois puissances est une loi qui se juge, et il n'y a pas d'épithète assez énergique, assez vigoureuse, pour flétrir une loi qui oserait aller en avant quand elle rencontre sur sa route la liberté, la justice et l'humanité.

Quelle ironie ou quelle imprudence il y aurait

de la part du père Didon à parler publiquement
de la sorte, si nous ne savions tous à quoi
nous en tenir sur sa bonne foi ! Son éducation, sa
vie en dehors de la nature, son idéal christique,
troublent tellement ses regards, qu'il ne voit plus
que c'est justement la loi de l'indissolubilité
qu'il veut maintenir qui va contre la liberté,
contre la justice, contre l'humanité ; et la preuve,
c'est que (il faut bien le répéter pour la millième fois, puisque pour la millième fois l'Église
ne veut pas l'entendre) ; et la preuve, c'est que
les quatre cinquièmes des pays civilisés ont dû
renoncer à cette loi purement canonique. Mais
le père Didon ne s'arrête pas là, et, allant toujours tout droit devant lui, sur cette route où il a
supprimé d'avance tous les obstacles, il ajoute :

*Ah! que ceux-là qui m'écoutent et qui sont
peut-être dans une situation voisine de celle que
j'ai analysée ; que les hommes et les femmes
mariés qui sont malheureux, qui attendent la
porte qu'ouvrira la loi future, si loi future il y a,
du divorce, que les hommes et les femmes qui
m'écoutent se disent :*

« Non, nous n'entrerons pas par une porte

qui nous amoindrirait ; nous sommes résolus à prendre la porte qui nous mène là où s'illustrent tous ceux qui sont morts pour sauver un grand principe. . . . . »

Pourquoi affaiblir une objection ? Mais, au contraire, il faut laisser à l'objection sa puissance et son éclat ; car l'objection, ce n'est pas seulement l'ennemi, c'est l'ennemi peut-être dans sa droiture et dans sa bonne volonté !

L'objection, c'est la justice qui peut se tromper, et, cette justice, je la suppose volontiers dans un adversaire. L'objection, c'est souvent ce qui fait apparaître la vérité ; c'est le rempart qui se dresse entre la vérité et celui qui veut l'atteindre. Donc il n'y a pas d'illusion à se faire : l'objection une fois posée, il faut la résoudre, l'aborder face à face, et, devant tous les esprits sincères, quand l'objection est analysée et mise sous les yeux, reconnaître ou qu'elle est insuffisante ou qu'elle est faible ; que, par conséquent, la thèse qu'elle prétend détruire est une thèse confirmée ; car la vérité démontrée est plus forte de toutes les ruines amoncelées sur celui qu'elle a terrassé.

Eh bien, mon père, nous allons vous présenter l'objection terrible qui vous répondait à l'heure même où vous parliez et que vous n'avez pas entendue, au milieu des grands éclats de votre éloquence, de l'admiration discrète et du silence respectueux de vos auditeurs.

Prenez *le Gaulois* du 24 novembre 1879, où je puise les citations de votre discours, et lisez ce que contient la colonne suivante :

TRIBUNAUX.

Cour d'assises du Nord.

« Encore un drame conjugal qui vient d'avoir son dénouement devant la cour d'assises du Nord.

» Le sieur Desmet, cordonnier à Lille, avait épousé en 1876 sa maîtresse, une fille Virginie Donet. Loin de lui savoir gré de sa bonne action, Virginie le trompa bientôt avec un jeune homme de vingt ans, nommé Maas, portant le séduisant prénom d'Alphonse.

» Les deux époux se séparèrent et allèrent habiter chacun de leur côté. Alphonse Maas aida même la femme Desmet à faire son déménagement.

» Cependant Desmet, qui était infirme et qui avait la plus grande peine à vivre seul, jura de se venger, et voulut faire saisir sa femme en flagrant délit d'adultère.

» Ayant à cet effet recherché son adresse, il alla requérir deux sergents de ville. On lui répondit qu'il y avait des formalités à remplir. Ne voulant pas les attendre, il alla seul chez sa femme, et menaça d'enfoncer la porte, si on ne lui ouvrait pas. La femme Desmet vint ouvrir. Aussitôt Desmet lui sauta à la gorge, cherchant à l'étrangler; en même temps, il lui porta au-dessous du sein gauche deux coups de tranchet, dont l'un pénétra profondément dans le cœur et amena la mort de la malheureuse. Alphonse Maas se jeta sur Desmet; mais celui-ci le frappa de son tranchet. Desmet dit alors : « Je crois » les avoir tués tous les deux. » Puis il alla se constituer prisonnier.

» Maas a survécu à ses blessures. Après avoir entendu son défenseur maître Boitelle, le jury du Nord a acquitté le sieur Desmet.

» Le *Tue-la* de Dumas fils devient donc de plus en plus légal. »

Hélas! c'est moi qui ai raison, monsieur l'abbé, le mot sinistre et logique a force de loi. Tant que la Chambre française n'aura pas voté *le divorce* elle sera forcée de reconnaître à des époux trompés et enchaînés par la loi le droit de recourir au meurtre, et à des jurés, honnêtes époux et pères de famille moraux, le devoir d'absoudre des meurtriers.

Voilà une des mille objections que demande le père Didon. Le convaincra-t-elle plus que les autres? Les autres le convaincront-elles plus que celle-là? Non ; et je vais vous dire pourquoi : c'est que ni vous, monsieur l'abbé, ni lui, ni aucun des ministres de votre culte ne voulez, ne devez, ne pouvez être convaincus. Il y a à cela trois sortes de raisons : raisons d'idéal, raisons de discipline, raisons de politique.

Les raisons d'idéal, le père Didon vient de nous les dire autrement que vous ne nous les avez dites, mais ce sont les mêmes. Les vrais croyants, parmi vous, les fanatiques, dans le sens élevé du mot, ont donné, donnent et don-neront toujours ces mêmes raisons. Ils se sont, par un grand effort, placés au-dessus de l'hu-

manité ; ils se trouvent si bien sur ces hauteurs,
ils y respirent un air si pur, que non seulement
ils ne veulent plus redescendre à notre niveau,
mais que leur seule idée, leur seule espérance,
leur seul but, est d'élever l'humanité jusqu'à
eux. Malheureusement, c'est le *plus lourd que
l'air* des aéronautes utopistes ; l'humanité re-
descend toujours. N'importe, c'est par là que
votre mission est auguste, sainte et respectable.
Si vous n'aviez pas cette grande foi et ce grand
idéal, personne ne se donnerait la peine, ne
vous ferait l'honneur de discuter avec vous.

Mais, à vos raisons d'idéal vos chefs ont cru
devoir ajouter, sinon pour vous rendre plus sûrs
des premières, du moins pour être plus sûrs de
vous, vos chefs ont cru devoir ajouter des raisons de discipline.

Quelle que soit votre opinion personnelle, une
fois enrôlés, une fois le serment prêté et l'uniforme
revêtu, vous ne pouvez plus dire, vous ne pouvez
plus penser que ce qui a été décidé. Il en est de
vous comme des soldats sous les drapeaux : la patrie avant tout, et la patrie céleste souffre encore
moins que la patrie terrestre la discussion de la

part de ses défenseurs. Or la question du mariage a
été réglée définitivement pour vous comme toutes
les autres au concile de Trente, et voici les canons qui vous régissent. Si j'écrivais pour vous
seul, je ne les transcrirais pas ; mais j'écris pour
beaucoup d'autres personnes qui ne les connaissent pas aussi bien que nous, et à qui la te-
neur de ces différents articles fera déjà comprendre bien des choses. Nous tâcherons ensuite
d'expliquer à nos lecteurs ce qu'ils n'auraient
pas compris.

Voici la décision du concile :

DU SACREMENT DU MARIAGE

CANON I.

Si quelqu'un dit que le mariage n'est pas véritablement et proprement un des sept sacrements de la loi évangélique, instituée par Notre-Seigneur Jésus-Christ, mais qu'il a été inventé par les hommes dans l'Église, et qu'il ne confère point la grâce : qu'il soit anathème.

CANON II.

Si quelqu'un dit qu'il est permis aux chrétiens d'avoir plusieurs femmes et que cela n'est défendu par aucune loi divine : qu'il soit anathème.

CANON III.

Si quelqu'un dit qu'il n'y a que les seuls degrés

22

de parenté et d'alliance marqués dans le Lévitique (C. 7) qui puissent empêcher de contracter mariage, ou qui puissent le rompre quand il est contracté, et que l'Église ne peut pas donner dispense en quelques-uns de ces degrés, ou établir un plus grand nombre de degrés qui empêchent et rompent le mariage : qu'il soit anathème.

CANON IV.

Si quelqu'un dit que l'Église n'a pu établir certains empêchements qui rompent le mariage, ou qu'elle a erré en les établissant : qu'il soit anathème.

CANON V.

Si quelqu'un dit que le lien du mariage peut être rompu pour cause d'hérésie, de cohabitation fâcheuse ou d'absence affectée de l'une des parties : qu'il soit anathème.

CANON VI.

Si quelqu'un dit que le mariage fait et non consommé n'est pas rompu par la profession

solennelle de religion faite par l'une des parties :
qu'il soit anathème.

CANON VII.

Si quelqu'un dit que l'Église est dans l'erreur
quand elle enseigne, comme elle a toujours enseigné, suivant la doctrine de l'Évangile et des
apôtres : que le lien du mariage ne peut être
dissous pour le péché d'adultère de l'une des
parties ; et que ni l'un ni l'autre, non pas même
la partie innocente, qui n'a point donné sujet
à l'adultère, ne peut contracter d'autre mariage
pendant que l'autre partie est vivante ; mais que
le mari, qui, ayant quitté sa femme adultère, en
épouse une autre, commet lui-même un adultère, ainsi que la femme, qui, ayant quitté son
mari adultère, en épouserait un autre : qu'il soit
anathème.

CANON VIII.

Si quelqu'un dit que l'Église est dans l'erreur
quand elle déclare que, pour plusieurs causes, il
se peut faire séparation, quant à la couche et à
la cohabitation, entre le mari et la femme, pour

un temps déterminé ou non déterminé : qu'il soit anathème.

CANON IX.

Si quelqu'un dit que les ecclésiastiques qui sont dans les ordres sacrés, ou les réguliers qui ont fait profession solennelle de chasteté, peuvent contracter mariage, et que, l'ayant contracté, il est bon et valide, nonobstant la loi ecclésiastique ou le vœu qu'ils ont fait ; que de soutenir le contraire, ce n'est autre chose que condamner le mariage, et que tous ceux qui ne se sentent pas avoir le don de chasteté, encore qu'ils l'aient vouée, peuvent contracter mariage : qu'il soit anathème, puisque Dieu ne refuse point ce don à ceux qui le lui demandent comme il faut, et qu'il ne permet pas que nous soyons tentés au-dessus de nos forces (1 Cor. 10).

CANON X.

Si quelqu'un dit que l'état du mariage doit être préféré à l'état de la virginité et du célibat et que ce n'est pas quelque chose de meilleur et de plus heureux de demeurer dans la virginité ou dans le célibat que de se marier : qu'il soit anathème.

CANON XI.

Si quelqu'un dit que la défense de la solennité des noces en certains temps de l'année est une superstition tyrannique qui tient de celle des païens, ou si quelqu'un condamne les bénédictions et les autres cérémonies que l'Église y pratique : qu'il soit anathème.

CANON XII.

Si quelqu'un dit que les causes qui concernent le mariage n'appartiennent pas aux juges ecclésiastiques : qu'il soit anathème.

Voilà qui est clair ; et, quand on a lu ces canons, comment ne pas comprendre la résistance commune et individuelle, sourde et aveugle de tous les juges ecclésiastiques contre toute modification que tenterait d'y apporter la loi civile.

M. de Girardin aura beau répondre au père Didon, le père Didon aura beau répondre à

M. de Girardin, il aura beau même discuter dans les sacristies avec M. Naquet, j'aurai beau répondre à M. Vidieu, comme je le fais en ce moment, rien n'y fera ; le prêtre catholique n'écoutera pas un seul argument, si ce n'est par politesse, parce qu'il ne peut sortir ni de son idéal ni de sa discipline, ni de sa politique, dont nous nous occuperons tout à l'heure.

L'Église a placé le célibat et la virginité au-dessus du mariage ; donc les prêtres catholiques célibataires et vierges sont au-dessus des époux ; cette supériorité, ils croient la payer assez cher pour n'en rien céder. « Choisissez, disent-ils, ou notre austérité ou notre autorité ! — Avec ou dessous. »

L'Église a établi des cas de nullité ; elle prétend, par conséquent, avoir prévu tout ce qu'il y avait à prévoir dans l'union conjugale ; elle n'a donc plus à accepter nos cas de divorce.

Enfin elle a décrété que les causes qui concernent le mariage appartiendraient aux seuls juges ecclésiastiques, c'est-à-dire que notre loi civile réglant le mariage n'existe pas ; c'était à la France à maintenir le mariage à l'état de sacrement, la

France aurait encore aujourd'hui à sa disposition les moyens d'en sortir dont profitent les époux des pays restés, quant au mariage, sous la direction de l'Église. La France révolutionnaire a voulu faire du mariage un contrat ; l'Église a trouvé moyen, indirectement, de rendre ce contrat indissoluble, tant pis pour la France. Par conséquent, les termes sont absolument opposés, et toute discussion serait oiseuse. Nous y perdrons notre français et l'Église y gardera son latin.

Mais, à ces raisons d'idéal et à ces raisons de discipline, l'Église ajoute encore, nous l'avons dit, des raisons de politique. Voyons-les.

L'Église catholique, ayant toujours eu en vue le gouvernement des âmes et conséquemment la domination des hommes, — car les corps vont où leurs âmes les mènent, et, si les âmes ne devaient aller qu'où les mènerait l'Église, l'É-glise serait naturellement maîtresse du monde, — l'Église catholique, disons-nous, voulant le gouvernement des âmes et la domination des hommes, étant arrivée jadis à posséder l'un et l'autre, a promulgué certaines lois absolues, immuables, pour les laïques, du degré

d'extensibilité desquelles elles se réservait seule
de connaître et dont le maniement secret ne
regardait personne, ni les rois ni les peuples.
Du texte même de ces lois votées par les Pères,
qui, du moment qu'ils sont réunis trois, ont
l'Esprit saint avec eux, il ne lui est pas permis
de modifier ostensiblement et officiellement un
seul mot. C'est à nous d'accepter publiquement
l'autorité de Rome ; et ensuite, dans le mystère
du temple, dans le secret du confessionnal,
d'elle à nous, elle nous fera, par faveur spéciale et que mérite tout fidèle en échange de
sa soumission, elle nous fera les concessions et
nous accordera les indulgences dont nous aurons
besoin, le tout sans éclat. Cela ne sortira pas
de la famille. Malheureusement pour elle, *le
grand scandale de la Réforme* s'est produit et
les hommes n'ont plus voulu rester sous cette
domination théocratique. Ils ont demandé à l'É-
glise de faire à ses lois des modifications qu'elle
ne pouvait accorder, puisqu'elle s'était déclarée
d'institution divine et, par conséquent, fixe et
éternelle, et c'est elle qui s'est trouvée prison-
nière dans ces textes où elle comptait enserrer

toute l'humanité. On lui avait enfoncé ses prisons, on lui avait éteint ses bûchers; et, contre les infidèles, les hérétiques, les athées, les philosophes de toute espèce, que, pour couper court à toute controverse, elle incarcérait ou incinérait jadis tout vivants de si gaillarde façon, elle n'a plus eu qu'une excommunication sans importance et un anathème sans portée.

A mesure qu'elle a vu des sociétés entières se détacher d'elle en masse, elle s'est demandé comment elle pourrait bien ressaisir les âmes qui se dérobaient ainsi à sa domination. Elle a compris tout de suite qu'elle ne le pouvait que par des reprises individuelles. C'est plus long, mais c'est presque aussi sûr. L'ordre des jésuites s'est ainsi constitué, et des hommes d'énergie, de persévérance, d'ambition, de brouillard et d'interstices, pour ainsi dire, ont mis au service à la fois de l'Église et de ceux qui voudraient rester dans son giron cette morale célèbre que l'œil perçant de Pascal a trouée, que son génie a dévoilée et qui les a fait chasser peu à peu et tour à tour de tous les pays où ils l'avaient répandue, mais sans pouvoir jamais la détruire, parce qu'elle avait, comme certains insectes, laissé des œufs partout. C'est cette politique nouvelle qu'on retrouve dans l'ombre de la conspiration des Poudres, dans les nuits de la Saint-Barthélemy ; c'est elle qui arme le bras de Jacques Clément et peut-être celui de Ravaillac ; qui se glisse, entre les cuvettes et les bénitiers, dans les alcôves des reines et des favorites, des Catherine de Médicis, des Catherine II, des Maintenon et des du Cayla ; qui nous donne les extases de sainte Thérèse, les hallucinations de Marie Alacoque, les convulsions de Marie Sonnet, les stigmates de Louise Lateau, les visions de Bernadette, et qui, vaincue, en apparence, par l'Encyclopédie, la Révolution, la science, n'ayant plus de prise, chez nous, sur la monarchie faute de monarque, sans action directe sur l'homme moderne, s'empare de la femme, laquelle, mère, épouse, fille, sœur, fiancée, maîtresse, — servante — approche et peut envelopper ou influencer l'homme à tous les âges et à toutes les phases de sa vie. Avoir les femmes équivaut ainsi à avoir l'homme, qui, pour courir plus facilement à ses plaisirs

ou à ses affaires, livre à l'Église sa femme et
ses enfants, d'abord pour s'en débarrasser un
peu, et, du même coup, leur faire une religion
dont il déclare n'avoir pas besoin pour lui, tout
en la déclarant nécessaire pour eux.

Vous avez donc raison, monsieur l'abbé,
quand vous faites appel à cet être que vous
appelez la *créature merveilleuse qui portera
tous les noms capables d'émouvoir l'humanité :
vierge, sœur, épouse, mère ;* il est vrai que, personnellement, vous dédaignez cette créature
merveilleuse à ces différents titres, puisqu'il
serait anathème celui qui dirait que l'état du
mariage doit être préféré à celui de la virginité ;
mais vous la reprenez bien vite en sous-œuvre
comme fidèle, comme pénitente, comme victime, comme auxiliaire. En effet, le mariage
indissoluble est un des derniers refuges de votre
politique ; voilà bien pourquoi le père Didon
veut que la femme de vingt ans, trahie, abandonnée, malheureuse, se couvre de vêtements
de deuil, et n'aille pas légalement à de nouvelles noces. Il est bon pour vous que la femme
souffre, parce que, alors, elle croit avoir besoin de

vous; mais la vérité est que vous avez besoin
d'elle. Désespérée, vêtue de noir, mais enchaînée
dans le mariage indissoluble, c'est au prêtre
qu'elle vient, c'est à lui qu'elle amène ses enfants. En admettant même qu'elle passe par l'a-
mant, et elle trouvera pour cela dans l'Église
des indulgences secrètes, elle n'en reviendra
que plus sûrement à vous, car l'amant l'abandonnera tôt ou tard; et, l'âge étant arrivé, il
n'y aura plus d'autre ressource, d'autre espérance que la dévotion et tout ce que l'Église
en peut tirer. Le divorce rétabli, la femme
qui l'obtient porte sa personne et ses enfants
au second mari, ou se constitue père et mère
dans toute son unité. Elle peut mettre au
monde d'autres enfants civilement légitimes;
elle peut aimer publiquement un autre homme
que le misérable qu'elle a été forcée de chasser
de sa vie, et elle n'a plus besoin des consolations
ni des complicités du confessionnal. Il s'agit donc
de convaincre la femme que le divorce serait à
son préjudice, et c'est ce dont vous vous acquit-
tez aussi bien que possible, quand vous dites :

Et le mari, quelle légèreté ne mettra-t-il

pas à contracter le MARIAGE QU'IL SERA POSSIBLE DE ROMPRE SELON SON CAPRICE ? *Chaque soir, vous voyez des époux, des pères, abandonnant les joies pures de la famille, chercher ailleurs des satisfactions illégitimes. Espérez-vous que le divorce les rendrait plus fidèles ? Qui l'oserait soutenir ? Ces hommes qui fuient le devoir et cherchent le plaisir, facilement se lassent des jouissances, toujours ils croient trouver ailleurs plus d'attraits, plus de charmes, et changent à chaque instant l'objet de leurs passions :* LE DIVORCE LÉGITIMERA LEURS VICES, LEUR HAINE DU DEVOIR ; ILS FERONT PLUS DE MALHEUREUSES ET N'EN SERONT PAS MOINS MALHEUREUX. »

Et plus loin :

Toutefois, ce n'est pas le mariage indissoluble qui est une injustice et un esclavage, MAIS BIEN PLUTÔT LE DIVORCE, QUI CONSTITUERAIT, A L'ÉGARD DE LA FEMME, UNE INIQUITÉ RÉVOLTANTE ; *la faiblesse a souvent été opprimée par la force, et la femme asservie par l'homme. Brisez le contrat sacré qui les engage l'un envers l'autre : la femme, ô homme ! te rend la liberté : lui rendras-tu la sienne ? Hélas ! non, il faudrait pour cela lui rendre ses charmes et sa jeunesse.* C'EST QUAND ELLE T'AURA TOUT DONNÉ, LÂCHE ET PERFIDE, QUE TU L'ABANDONNERAS POUR CHERCHER D'AUTRES AMOURS, D'AUTRES VOLUPTÉS; TANDIS QU'ELLE, FLÉTRIE PAR TOI, DÉLAISSÉE APRÈS S'ÊTRE SACRIFIÉE, DEMEURERA SEULE, PEUT-ÊTRE MÊME SÉPARÉE DE SES FILS, N'AYANT POUR LA CONSOLER NI LEUR AFFECTION, NI LEURS CA-RESSES, ÉPROUVANT LES PLUS MORTELLES INQUIÉTUDES DE LA TENDRESSE MATERNELLE SANS GOUTER LE BON-HEUR DE VOIR AUTOUR DE SOI GRANDIR SA JEUNE FAMILLE ET DE SE DÉVOUER POUR ELLE.

Voilà, monsieur l'abbé, ce que vous dites sérieusement aux femmes. Si vous imprimez ces choses-là sans hésiter pour le public, qu'est-ce que ça doit être quand vous avez en face de vous la seule crédulité féminine? Ainsi, pour vous, si le divorce est rétabli, le mari pourra rompre selon son caprice le ma-riage contracté; quand la femme aura donné sa jeunesse et sa beauté à son époux, il divorcera et en prendra une autre; les enfants qu'il aura eus d'elle, il les lui reprendra et elle n'aura plus qu'une vieillesse dépossédée, solitaire et lamentable.

Ou vous savez, monsieur l'abbé, — et je

recule devant cette hypothèse, ne fût-ce que
par politesse, — ou vous savez qu'il n'y a pas
un mot de vrai dans ce que vous avancez là,
et alors, comment l'avancez-vous? ou vous
croyez dire la vérité, et alors, comment êtes-
vous si mal renseigné? Non seulement, le divorce rétabli, le mari ne pourra pas plus que
la femme divorcer selon son caprice, mais, dans
tous les pays où le divorce existe, il est hé-
rissé de telles difficultés, que, sauf les cas de
peines infamantes et de mort civile, on ne l'accorde qu'après les preuves les plus accablantes,
les investigations les plus minutieuses et les
épreuves les plus longues. S'il ne vous était
pas interdit d'être convaincu, si vous appeliez
sérieusement la discussion au lieu de faire simplement œuvre de propagande catholique, vous
n'auriez qu'à étudier la législation qui régit la
séparation de corps chez nous, et vous verriez
qu'elle est rebutante et presque inabordable à
force de sage prévoyance, de précautions et
de sollicitude pour les droits de chacun. Que
serait-ce donc s'il s'agissait du divorce? Les
procès qui font le plus de tapage chez nous

sont ceux où l'homme trompé demande la séparation ; mais les plus nombreuses séparations
prononcées, pour ainsi dire à huis clos, le sont
chez nous, comme le divorce dans les autres
pays, en faveur de la femme.

Je profite de ce que je suis en ce moment
dans un pays où le divorce existe pour étudier
ses effets, et j'ai sous les yeux la statistique des
divorces prononcés dans le canton de Vaud
depuis vingt ans. Prenons l'année dernière pour
aller plus vite. J'y trouve VINGT-DEUX divorces
prononcés sur la demande du mari, CINQUANTE-
DEUX *sur la demande de la femme, dont* QUA-
RANTE *pour cause d'excès, sévices ou injures
graves.* Nos séparations de corps, en France,
sont, quant aux demandes des femmes, dans
une proportion égale. C'est donc la femme qui
souffre le plus dans le mariage ; l'homme n'en
souffre jamais autant qu'elle, puisque, en dehors des compensations qu'il peut se donner si
le mariage l'ennuie et qu'elle ne peut se donner,
elle, qu'au détriment de son honneur et aux
risques du scandale, il a encore à son service,
grâce à l'indissolubilité, le meurtre, toujours

acquitté. Quand il n'use pas de ce moyen capi-
tal et qu'il réclame la séparation, c'est que la
femme est notoirement adultère, et l'homme ne
demande presque jamais la rupture du lien conjugal que dans ces cas-là. La femme a mille
autres chances, dans le mariage, de souffrir
par l'homme, et ce qu'elle invoque le moins
pour être séparée, c'est l'infidélité de son mari,
qu'elle a toujours tant de peine à constater et
qu'elle lui pardonne presque toujours, même
sans revanches. C'est donc la femme qui ga-
gnerait le plus au divorce, vous le savez bien,
monsieur l'Abbé, comme vous savez tout ce que
l'Église y perdrait. Ce que l'Église catholique,
ébranlée de toutes parts, redoute le plus aujour-
d'hui, c'est que la femme n'acquière, ou à peu
près, par la loi civile, des droits équivalents
à ceux de l'homme. Une fois reconnue l'égale
de l'homme, — et c'est inévitable dans un avenir prochain, — elle vous échappera comme
l'homme vous échappe. La femme a peut-être
encore plus que nous soif de liberté, parce
qu'elle a toujours été plus opprimée que nous, et,
quand elle se subordonne volontairement à une

autorité, c'est pour échapper à une autre. Le
changement de servitude lui fait croire à un peu
d'indépendance, comme un malade, quand il par-
vient à se retourner dans son lit de douleur, croit
un moment qu'il souffre moins parce qu'il ne pèse
plus de tout son poids sur le même côté. Il faut
que la femme reste faible, ignorante, opprimée,
coupable, *pour qu'elle vous reste.* Le mariage, tel
qu'il existe chez nous, voilà votre empire, voilà
où vous régnez sans conteste, parce que l'alliance, non seulement permise, mais consacrée
et honorée qu'elle fait avec vous, au nom de
son idéal, de son esclavage et de son ignorance,
soustrait la femme à son oppresseur, et elle y
apprend à le dominer à son tour. Par cette alliance, vous prenez la place du maladroit qui ne
sait pas se servir de tout ce qu'il y avait pour lui
dans l'âme qui lui a été confiée, et c'est là que
vous devenez, dans l'ordre spirituel, bien entendu (je laisse de côté, je n'en ai pas besoin
pour ma thèse, les exactions charnelles de quelques-uns d'entre vous), c'est là que vous vous
constituez les véritables époux de ces femmes in-
comprises ou délaissées qui vous livrent les se-

crets de leur cœur, de leur esprit, de leurs
sens et qui deviennent les plus zélés agents
et les plus persévérants en même temps que
les plus inconscients apôtres de votre politique
d'asservissement. On est effrayé, quand on cause
avec une femme dévote et même pieuse, de l'é-
troitesse, de l'immobilité et de l'intolérance des
idées que l'Église a substituées aux aspirations
naturelles de la femme dont l'époux, selon la
chair, devait opérer le développement.

Cette grande morale évangélique que personne ne nie, dont vous vous proclamez les détenteurs seuls autorisés, n'est donc pas seule
en cause dans le combat que vous livrez à la
raison par l'intermédiaire de la femme. Certaines gens considèrent, comme une vie d'abnégation et de sacrifices, la vie que vous avez
embrassée ; ceux-là ont une bien pauvre connaissance des plus aiguillonnantes ambitions de
l'esprit humain. Oui, vous faites les trois vœux de
pauvreté, de chasteté et d'obéissance ; oui, ces
trois vœux nous semblent rudes, à nous hommes
libres ; mais, en même temps qu'ils annulent
pour vous les contrats que nous avons avec

la patrie et la famille, contrats que le père Didon déclarait à tort de droit naturel, puisque vous ne les exécutez pas, en même temps qu'ils suppriment pour vous ce qu'on appelle les joies du cœur et les plaisirs de la chair, ils vous dispensent des charges et des chagrins qui leur succèdent ou les accompagnent presque toujours, et ils vous offrent des compensations bien supérieures quand vous savez les goûter et les mettre à profit.

N'est-ce donc rien de servir une grande cause à laquelle on croit, à laquelle on doit faire croire que le salut des sociétés est attaché ? N'est-ce donc rien que d'être, de l'acquiescement d'un grand peuple, sous le plus modeste costume ecclésiastique, le représentant officiel de Dieu sur la terre ? N'est-ce donc rien que d'être respecté à première vue, quoi que l'on pense dans son for intérieur et quoi que l'on fasse dans l'ombre, et de pénétrer de plain-pied par le seul titre de prêtre dans l'intérieur des familles et dans le secret des consciences?

Ce petit paysan destiné par la société et peut-être par la nature à garder les vaches ou à cul-

tiver un maigre champ, ce petit paysan, dont le
séminaire fait un prêtre, par vocation spéciale,
comme vous dites, et qui peut devenir évêque,
cardinal et même pape, n'a-t-il pas là, ne fût-
ce que dans ses rêves, des compensations bien
préférables à la vie monotone et stupide qu'il eût
menée? Quelle autre carrière lui eût donné des
espérances, des ambitions, des réalités équi-
valentes? S'il n'arrive pas aux grandes digni-
tés ecclésiastiques, n'est-ce rien pour ce petit roturier, qui ne devait jamais connaître
des châteaux voisins que les vestibules et l'of-
fice, d'occuper la première place à la table du
châtelain et de voir la châtelaine lui livrer en
toute confiance son âme et celle de ses filles?
Pour des esprits délicats, élevés, perspicaces,
subtils, curieux, rusés, dominateurs; politiques, comme l'éducation particulière de l'Église
peut en produire et en développer tant, n'y
a-t-il pas là des jouissances bien au-dessus des
jouissances grossières qu'ils se sont chargés de
combattre, des devoirs qu'ils se sont réservé
d'imposer aux autres, des droits apparents qu'ils
ont abdiqués? N'est-ce donc pas une volupté à

nulle autre pareille que de pénétrer dans une
âme, de s'y promener librement, sans contrôle,
sans réserve, sans témoins, sans responsabilité individuelle, de la rassurer et de l'é-
pouvanter à son gré, de lui faire dire ce
qu'elle voudrait se cacher à elle-même, ce
qu'elle croyait ignorer, de lui fermer, de lui
rouvrir, de lui entre-bâiller à sa fantaisie les
portes de ce ciel auquel elle aspire, sans quoi
elle ne serait pas là ; de faire livrer à cette jeune
et belle croyante tous les secrets de son cœur,
de son âme, de son imagination, de sa pensée,
de son sommeil, de son esprit et de son corps?
Si j'en juge par les droits que vous vous êtes
canoniquement arrogés sur cette âme, dans les
manuels de théologie qui portent cette épi-
graphe : *Ars artium regimen animarum* (*l'art
des arts est le gouvernement des âmes*), si j'en
juge par les détails dans lesquels vous entrez, — souvent trop en véritables artistes —,
il y a là un plaisir que le Dieu, non pas le Dieu
de la Bible et de l'Évangile, mais le Dieu de
la fable qui croyait avoir pris toutes les formes
pour avoir toutes les jouissances n'a pas eu

l'esprit de connaître et qu'il préférerait maintenant à tout ce qu'il a eu.

Voilà ce que le protestantisme vous enlève et pourquoi vous le haïssez tant ; voilà ce que vous enlèverait en partie le divorce, puisqu'il vous est défendu de bénir les secondes noces du vivant du premier époux et que la femme remariée vous échapperait, elle et ses nouveaux enfants ; voilà ce que vous donne dans toute sa plénitude le mariage chrétien et indissoluble, et voilà une des raisons que ne dit pas l'Église et pour lesquelles elle fait aujourd'hui cette grande croisade du livre et de la prédication contre le projet de la loi civile.

Mais, dites-moi, monsieur l'Abbé, et vous, révérend père Didon, — qui êtes prêt, assurez-vous, à répondre à toutes les questions, — si l'on vous demandait tout à coup, en pleine église, ou en pleine tribune, ou en plein livre, et on vous le demandera ainsi un jour, de qui vous tenez ce droit étrange, formidable, de pénétrer ainsi dans l'âme de nos femmes et de nos filles, en les entretenant de choses qui ne nous regardent pas selon vous et dont nous n'oserions quelque-

fois pas toucher le premier mot avec elles,
que pourriez-vous bien répondre ? Comment
nous expliqueriez-vous le droit de la confession
qui nous laisse là, nous époux et pères, à la fois
ignorants et responsables des fautes commises
par celles dont nous avons charge effective ?
Voyez un peu, monsieur l'Abbé, quelle contradiction, quel antagonisme redoutable entre vos
lois religieuses et nos lois sociales, et comme il
est inévitable qu'elles rompent un jour ensemble !

Je suppose une jeune fille, élevée dans votre
foi, à qui ses parents ont appris ou laissé
apprendre que les affaires de son âme ne les
regardent pas et qu'elle n'est justiciable que du
prêtre catholique, seul représentant de Dieu sur
la terre. Je suppose cette jeune fille à la fois
pieuse et faible, désirant le bien et faisant le mal,
tout comme saint Paul et la Médée d'Ovide. Elle
commet une faute, secrètement et, ni le père
ni la mère n'en ont le soupçon, ni aucun de
ceux de leur entourage. La faute est complète et
de la nature de celles qui rendent encore, pour
nous laïques à courte vue, le mariage d'une fille
bien née impossible avec tout autre que le

complice de cette faute. Je suppose le complice marié d'autre part et dans l'impossibilité de rendre à cette fille ce qu'on appelle l'honneur. Elle se repent de ce qu'elle a fait, et, toute remplie d'épouvante et de remords, elle va vous trouver, vous le prêtre, vous le juge consacré, et elle se prosterne au confessionnal. La voilà dans ce sentiment du repentir qui réjouit tant le ciel et place le pécheur au-dessus de cent justes qui n'ont jamais péché. Quelle belle et imprudente parole, monsieur l'Abbé! Pendant que le père est à son travail, à ses affaires, pendant qu'il gagne péniblement mais courageusement une dot pour que sa fille ne soit pas à la charge de l'honnête homme qu'il rêve pour elle, elle vous fait l'entier aveu de sa faute, elle pleure, elle se frappe la poitrine et vous reconnaissez en elle tous les signes d'une âme vraiment désabusée, d'une contrition aussi parfaite que possible. Que faites-vous? Vous ne mettez pas les parents au courant de ce qui s'est passé, puisque vous ne devez pas révéler la confession; vous vous faites raconter le drame dans ses plus minutieux détails, c'est votre droit et

votre devoir de confesseur, et, quand vous avez
assisté, en imagination, à toutes ces scènes mys-
térieuses que vous ne pouvez bien juger que
si vous pouvez bien les connaître, vous faites
comprendre à la coupable de quel abominable
péché elle a chargé sa conscience. Vous lui
ordonnez de rompre tout lien, tout rapport avec
son complice, de ne plus le voir, de ne plus le
regarder, si elle le rencontre par hasard ; de le
chasser non seulement de son cœur, mais de sa
pensée et de son souvenir. Vous la soumettez à
l'épreuve, vous lui infligez des pénitences et vous
l'écartez jusqu'à nouvel ordre de la sainte table.
Quand viendra l'époque où son père et sa mère
avaient tant de plaisir à la voir communier, elle
trouvera un prétexte pour expliquer pourquoi
elle s'en abstient ou vous lui donnerez une
dispense qui les satisfera et leur fermera les
yeux, ou même vous passerez outre, comme
vous y autorise votre droit canonique, pour ne
pas exposer votre pénitente au soupçon. Tout
reste ainsi entre elle et vous. Enfin le repentir
de la malheureuse enfant est sincère, complet,
édifiant, votre âme en est réjouie, une seconde

faute est devenue impossible, à vos yeux, et,
après un temps plus ou moins long, vous donnez
l'absolution à cette coupable, qui peut de nouveau recevoir son Dieu. Quelle allégresse !

Là-dessus un honnête garçon, voyant une
jeune fille si pieuse, si assidue aux offices, vient
demander sa main. Il lui plaît. Une femme oublie d'un homme qu'elle n'aime plus jusqu'aux
faveurs qu'il a reçues d'elle, et — aurait pu
ajouter le moraliste qui a écrit cette phrase si
vraie — elle ne perd pas pour cela le besoin
d'en aimer un autre. La jeune fille, consultée,
consent au mariage ; Dieu l'a rachetée par votre
bouche ; le mariage se fait. Vous-même le con-
sacrez devant Dieu, il n'est même valable,
selon vous, qu'à partir de ce moment, et vous
bénissez les époux, avec onction, avec confiance,
avec bonheur.

Le lendemain, le mari, qui a trouvé les traces matérielles, ineffaçables de la faute, traces
qu'aucune absolution ne peut effacer, à moins
qu'une supercherie scientifique ne soit venue en
aide au pardon, — mais je n'admets pas ici
qu'on ait eu recours à cette supercherie ; —

le lendemain, le mari, qui a passé sa nuit de
noces à interroger sa femme, qui l'a menacée et
qui a obtenu enfin d'elle la révélation de la vérité, le mari vient trouver le père et la mère et
leur rend leur fille en disant tout ce que peut
dire un homme trompé, irrité, désespéré, dont
toute la vie est brisée parce qu'il a commis une
action loyale, parce qu'il a voulu aimer honnêtement, légalement, éternellement. Quant à elle,
elle est en droit de déclarer qu'elle ne comprend
rien à cette colère, puisque le ministre de Dieu
l'a déclarée absoute.

Voilà ce mari veuf, sans avoir été marié et
sans pouvoir contracter un autre mariage, bien
que la première condition du mariage, la virginité de l'épouse ait manqué aux premières noces.

Il interroge la loi civile, qui lui répond : « Cela
ne me regarde pas ; tu es indissolublement
marié, M. de Bonald ayant fait supprimer le
divorce en 1816, en vertu de cet axiome que la
loi civile doit céder à la loi religieuse, qui pro-
clame l'indissolubilité. Le catholicisme était
alors redevenu religion d'État, il ne l'est plus,
mais cela ne change rien ; nous avons maintenu

la loi de M. de Bonald, qui, comme tu vois, a
du bon, et surtout de la logique. Tu n'avais qu'à
faire comme a fait l'amant de ta femme, tu
l'aurais eue le premier, tu serais resté libre et
je ne pourrais rien contre toi. La mort seule de
ton épouse te rendra maintenant la liberté.
Cependant, voici ce que tu peux faire, et c'est
même la seule chance que tu aies de rentrer en
possession de toi-même : ne dis rien, vis avec
ta femme comme s'il ne s'était rien passé ; n'aie
pas de rapports avec elle ; une personne qui a
débuté de cette façon ne s'arrête pas en route ;
elle a eu un amant avant le mariage, elle en aura
un après, c'est à peu près certain : tu la sur-
veilleras et tu la tueras ; je t'acquitterai, et tu
te remarieras. Tâche, cette fois-là, de mieux
choisir. En attendant, je t'avertis que, si tu
persévères dans la séparation, les enfants que ta
femme aura en dehors de toi, à moins que tu ne la
surveilles bien, et que tu ne fasses les désaveux
de paternité à temps, porteront ton nom, tandis
que, ce nom, tu ne pourras jamais le donner aux
enfants que tu auras en dehors d'elle. Voilà tout
ce que je peux pour toi. Adieu. »

Ce malheureux époux vient alors vous trouver, monsieur l'Abbé, vous ou le prêtre qui a donné l'absolution et béni le mariage; il vous demande pourquoi, connaissant la faute, vous avez béni de pareilles noces ? Vous lui répondez que la jeune fille était baptisée, qu'elle avait fait sa première communion, qu'il était tout naturel que, ayant besoin de conseils et de secours spirituels, elle s'adressât à un ministre de Dieu ; que vous avez fait votre devoir de prêtre, que vous parlez, sur la terre, au nom de celui qui est descendu du ciel pour dire à vos prédécesseurs : « Allez et remettez les péchés ; les péchés que vous remettrez seront remis ; » que, lorsque vous êtes sûr d'un repentir sincère, vous donnez l'absolution de la faute ; que Jésus a dit : « Que celui de vous qui est sans péché jette le premier la pierre ; » que saint Augustin a dit que, l'Église recevant la femme adultère qui se repent, son mari peut bien la recevoir ; que le concile de Trente a définitivement déclaré le mariage indissoluble, relevant des seuls juges ecclésiastiques, et qu'il doit rester ainsi, puisqu'il est d'institution divine ; que Dieu a tiré Ève d'une côte d'Adam ; que

le mari et la femme sont deux chairs en une,
que nul n'a plus le droit de séparer. Vous dites
encore au mari en question que, comme il est
catholique et qu'il s'est marié à l'Église, il doit
savoir que sa religion ordonne le pardon des
offenses et l'immolation de soi-même. Vous
ajoutez que, après tout, c'est sa faute, qu'il
n'avait qu'à regarder le mariage comme un contrat, et non comme un sacrement, que, s'il
s'était marié simplement devant Dieu, à l'Église,
dans un pays obéissant à Rome, au lieu de se
marier devant un maire sans mandat divin,
l'Église pourrait aujourd'hui annuler ce mariage
non consommé ; mais la loi civile, produit de
l'infâme révolution française, ayant tout bouleversé et vicié dans les lois divines, vous
n'y pouvez plus rien. Si le malheureux époux
insiste, vous lui dites que, du reste, en prenant
un amant, la jeune fille n'a fait qu'user de son
droit, que le sceau de la virginité des filles n'est,
comme le disent vos docteurs, d'un prix inesti-
mable qu'aux yeux du monde. *Quanti hæc carnis
integritas apud omnes æstimetur, nemo nescit.*
Vous pourrez même ajouter, si vous croyez devoir,

par pure condescendance, lui donner les explications théologiques qu'il demande par pure curiosité, car elles ne peuvent lui servir de rien dans
le cas où il se trouve, vous pourrez ajouter que
les saints Pères desquels vous relevez établissent
que le fait de la virginité, chez l'homme se livrant
volontairement au péché, n'ajoute pas une ma-
lice mortelle à la simple fornication, et qu'on
ne voit pas qu'il y ait une si grande différence
entre la perte volontaire de la virginité de
l'homme et la perte volontaire de la virginité de
la femme, que l'un ne soit pas péché mortel et
que l'autre le soit. Les corps n'existent pas pour
l'Église, elle ne voit que des âmes. Ame repentante, corps purifié. *Amen.*

Voilà tout ce que vous répondrez, tout ce que
vous pourrez répondre à cet époux malheureux.
Il aura beau souffrir et se plaindre, vous com-
patirez peut-être, mais vous vous en laverez les
mains ni plus ni moins que Pilate ; après quoi,
vous le saluerez avec quelques bonnes paroles
d'exhortation et d'encouragement, vous irez
confesser une autre jeune fille, et tout sera dit.

Si je vous ai soumis ce cas, que vous ne man-

querez pas d'élucider, monsieur l'Abbé, puisque
vous m'avez annoncé une réfutation, c'est que
je voulais vous montrer, en même temps qu'à
mes autres lecteurs, non seulement la contradiction, mais l'antagonisme qui existe, sur cette
question du mariage comme sur beaucoup d'autres, entre la loi humaine et la loi divine, entre
les lois civiles et les lois religieuses, entre le
monde tel qu'il fonctionne et l'Église telle
qu'elle prétend à être, entre la morale de la famille et la morale de la religion, entre le père en
chair et en os et le père spirituel, entre l'époux
selon le Code et l'époux selon l'Évangile. Ce cas
prouve encore que pour vous seul, prêtre, l'état
de virginité est important, parce qu'il vous confère, selon vos dogmes, un don par lequel vous
vous trouvez au-dessus du père et de l'époux, et
qui substitue vos lois et vos droits, non seulement
aux lois et aux droits dont ceux-ci se croyaient munis à l'égard de leurs femmes et de leurs enfants,
mais aux devoirs que ces enfants, d'après les
commandements, devraient avoir vis-à-vis d'eux.
Le point important, pour vous, l'état sacré, c'est
la virginité de Marie, restée vierge malgré la

naissance de Notre-Seigneur, parce qu'il y a là
une exception, un miracle, d'où découle la divinité de Jésus et, par conséquent, de l'Église ;
mais la virginité de nos filles, cette virginité à
laquelle le monde attache un si grand prix, elle
vous importe peu. Si elle a été détruite par le
péché, vous la refaites avec le repentir. La
confession de cette faute dont le père peut
mourir, dont l'époux peut souffrir éternellement,
ce n'est ni à l'époux ni au père qu'elle doit être
faite par la jeune fille, c'est à vous, et votre
décision sera sans appel. Nos sentiments et nos
mœurs n'ont rien à voir là dedans, et la jeune
fille coupable et repentante, une fois mariée
avec un autre homme que celui à qui elle a
appartenu, les deux époux recevront du sacrement des grâces qui répareront tout, comme
nous venons de le voir dans le cas supposé.

Voulons-nous passer aux droits que vous vous
attribuez sur le mariage catholique, quand il
a eu lieu sans catastrophes préventives ? Nous
allons trouver la même contradiction, le même
antagonisme entre la loi civile et la loi religieuse,
entre le mari et le prêtre. Parlez-vous à haute

voix en public, votre respect pour la sainteté du
lien conjugal s'exprime en termes irréprocha-
bles ; parlez-vous tout bas, dans l'ombre du confessionnal, il en peut être tout autrement. Écoutons, et nous vous retrouverons faisant le même
cas de la fidélité des épouses que de la virginité
des filles, de la confiance de l'époux que de la
confiance du père. Voyons d'abord ce que vous
dites publiquement. Je copie dans votre livre
cette citation du livre de Balmès : *Du protestantisme comparé au catholicisme*, citation où
est résumée, pour vous, toute la supériorité de
votre doctrine sur celle du ministre protestant :

Malheureux ! si votre esprit renfermait quel-
ques hautes pensées ; si votre cœur sentait vi-
brer ces cordes harmonieuses qui révèlent avec
tant de délicatesse et d'exactitude les passions
de l'homme et inspirent les moyens les plus pro-
pres à les bien diriger, vous verriez, vous senti-
riez que placer le mariage sous le manteau de
la religion et le soustraire autant que possible à
l'intervention profane, c'était le purifier, l'em-
bellir, l'environner de la beauté la plus enchan-
teresse ; car c'était déposer sous une inviolable

sauvegarde ce trésor précieux qu'un seul re-
gard ternit et qui est flétri par le plus léger
souffle. Quoi! n'aimez-vous point un voile épais
tiré à l'entrée du lit nuptial, et la religion en
gardant les approches avec un maintien sé-
vère?

Voilà le rideau tiré par le prêtre catholique
sur le lit nuptial; reste à savoir maintenant de
quel côté du rideau se trouve le prêtre?

Hélas ! le prêtre est du côté du lit.

Écoutons-le parler tout bas à la femme derrière ce rideau tiré à la fois sur l'alcôve et sur le
confessionnal. Voyons comment il respecte cette
pudeur, cette fidélité, ce trésor précieux, et s'il
a vraiment le droit d'anathématiser comme il
le fait le ministre protestant, incapable de donner jamais à une femme les conseils que nous
allons entendre, parce qu'il ne voudrait pas
qu'on les donnât, parce qu'il ne reconnaîtrait
à personne le droit de les donner à la sienne.
Voyons l'opinion de vos docteurs sur l'adultère
et les suites qu'il devrait avoir dans la loi civile,
dans les mœurs, dans le droit commun, dans
la véritable morale.

Ce n'est plus dans le livre des indulgences
de 1479, traité de pamphlet par les défenseurs
de l'Église ; ce n'est pas dans le *De matrimonio*
du jésuite Sanchez que je puise ma citation,
c'est dans le *Manuel du Confesseur* de mon-
seigneur Bouvier, évêque du Mans, manuel
qui est d'instruction doctrinale pour les jeunes
prêtres :

*On demande ce que doit faire une femme
qui sait positivement que son mari est stérile,
et qui a eu un enfant des œuvres d'un autre
homme, lorsque son mari, qui se croit le père
de cet enfant, veut user de ses droits conjugaux ?*

*Réponse : Dans cette fâcheuse hypothèse, elle
doit s'y prendre de son mieux pour persuader
à son mari qu'il doit dorénavant vivre dans la
continence, sous prétexte, par exemple, qu'il est
vieux ou qu'un seul enfant suffit à leur bonheur, qu'elle-même a horreur de la vie conjugale, etc. Et si, un jour, le mari vient à partager
cette manière de voir, elle pourra lui parler en
ces termes : « Afin de ne pas céder à la tentation
et de ne pas être détournés de notre résolution,
faisons ensemble, je t'en prie, vœu de continence*

perpétuelle. » *Ce vœu une fois fait, la femme pourra se considérer comme étant en sûreté; elle pourra toujours repousser son mari lorsque celui-ci voudra user des licences conjugales, et sans donner lieu à aucun soupçon de sa part, en prétextant ce double vœu. La femme ne doit pas oublier qu'elle est tenue de réparer le préjudice qu'elle a causé à son mari ou à ses héritiers en introduisant un bâtard dans sa famille.*

Quel respect du lit nuptial, du sacrement du mariage, du droit des héritiers, de la vérité et du vœu de chasteté, et que nous voilà loin des belles prescriptions de Moïse et des divins préceptes de Jésus ! Je comprends maintenant pourquoi certaines femmes catholiques tiennent tant à l'indissolubilité du mariage, où le prêtre permet et couvre de pareils faits pour lesquels la loi du divorce expulserait honteusement ces femmes de la famille. Je comprends aussi que ces mêmes femmes adhèrent fortement à une Église catholique, apostolique et romaine qui a réuni des conciles où il a été décidé que :

Non peccat graviter, imo juxta communiorem et probabiliorem sententiam, nec leviter, uxor quæ se ipsam tactibus excitat ad seminationem statim post copulam in quâ vir solus seminavit; 1° *quia seminatio mulieris pertinet ad complendum conjugalem actum, ut proprie conjuges sint una caro.* ET SICUT UXOR POTEST SE PRÆPARARE TACTIBUS AD COPULAM, ITA ETIAM PERFICERE.

Voilà le rideau que l'Église tire sur le lit nuptial ! Ce n'est pas notre faute si vous nous forcez de l'ouvrir.

Jadis, nous laïques, plus ou moins frivoles, plus ou moins livrés à nos plaisirs, à nos passions, quand nous voyions passer un prêtre, nous avions une étrange illusion ! Pour nous c'était là un homme non seulement bon, vertueux, humble, modeste, chaste, mais innocent ; il n'avait aucune notion de nos dérèglements, il ne soupçonnait même pas de quelles dégradations charnelles de malheureux pécheurs comme nous étaient capables, et ce que nous admirions le plus en lui, c'était la candeur et l'ignorance de l'enfant jusque dans l'âge le plus avancé. Il nous semblait que, si nous nous approchions du tribunal de la pénitence, nous devrions user,

dans nos expressions, de la plus grande réserve
et de la plus grande délicatesse afin de ne pas
troubler cette âme pure. Pour lui faire connaître nos abominables péchés, il suffirait de
lui dire avec une véritable honte : « Mon père,
je m'accuse d'avoir manqué, autant que cela
est possible, au sixième et au neuvième commandement de Dieu. » Il en serait contristé
ou indigné ; avec des paroles douces ou sévères, mais toujours élevées et pures, il flé-
trirait et condamnerait notre erreur et nous
ramènerait par les grands exemples, par les
hautes pensées, à la dignité, au respect de
Dieu, à la pratique du devoir et du bien. Quelle
erreur ! Cet homme, voué à la continence et à
la virginité, est renseigné sur les excès de la
chair comme Casanova ou le marquis de Sade ;
il n'est pas un acte de la curiosité et de la folie
des sens, il n'est pas un rêve de l'imagination
la plus désordonnée, il n'est pas une invention
de la luxure, il n'est pas une tentative de la
bestialité, il n'est pas une image obscène du
musée secret de Naples avec lesquels il ne
soit familiarisé depuis longtemps, dont il n'ait

étudié toutes les faces, dont il ne connaisse tous les noms, dont il ne puisse décrire tous les phénomènes, sur la variété desquels il ne puisse, il ne doive, en certains cas, nous interroger, nous, nos femmes, nos filles. Comment de pareilles études sont-elles nées des hauts enseignements, des saintes maximes évangéliques? Quelle corrélation logique peut-il y avoir entre cette belle morale et ces instructions écœurantes? Nous sommes-nous, vraiment, depuis Moïse et Jésus, aussi avilis et dépravés que ces livres nous montrent à vous? Alors qu'est-ce que ces grands élus sont venus faire en ce monde? Qu'est-ce que Moïse a modifié avec les Tables de la Loi, qu'est-ce que Jésus a changé avec l'Évangile? Qui ont-ils sauvé, si les hommes et les femmes sont, dix-huit cents ans après la venue du second, quatre mille ans après la venue du premier, tellement plus pervertis et corrompus qu'ils n'étaient alors, qu'il ait fallu détailler ainsi pour leurs directeurs tous les vices de Babylone, de Gomorrhe, de Lesbos, d'Athènes et de Rome, que le dieu d'Abraham et de Jésus croyait avoir détruits et rachetés?

Voyons, monsieur l'Abbé, franchement, qui
vous a investi du droit d'entretenir de pareils
sujets les filles et les femmes chrétiennes, de dis-
poser ainsi du bonheur des pères, de la virginité
des filles, de l'honneur des époux, de la fortune
des enfants et des héritiers naturels, des organes et des sens des femmes, et de traiter de
toutes ces questions de l'amour physique qui,
dit le père Craisson, dans son livre *de Rebus*
venereis ad usum confessariorum, sont la ma-
tière la plus fréquente et la plus abondante des
confessions. Qui vous a investi de ce droit? Vous
me répondrez : « L'Église. » De qui l'Église le
tient-elle? Vous me répondrez : « De Dieu. »

Non, monsieur l'Abbé, ce n'est pas de Dieu,
du Dieu véritable dont nous avons tous l'espérance en nous, bien que nul génie humain,
nulle foi humaine n'ait encore pu le définir; ce
n'est pas de ce Dieu-là, ce n'est même pas du Dieu
de Moïse, de Jésus, des Apôtres et des Martyrs
que vous tenez ce droit étrange, ou plutôt ce
privilège monstrueux, de gouverner non seulement les âmes, mais les corps des femmes et des
filles qui viennent à vous et d'interpréter à votre

fantaisie, selon votre intérêt et à l'encontre des
morales laïques les plus rudimentaires, l'impudicité des vierges et l'adultère des épouses.
Non, monsieur l'Abbé, aucun Dieu, même païen,
n'eût investi des êtres de chair et d'os d'une
mission aussi dangereuse et aussi agréable pour
eux ; les dieux d'autrefois se l'adjugeaient à eux-
mêmes et prenaient alors les formes nécessaires
à ces sortes d'initiations. Quant à votre Dieu, il
n'oserait pas en charger les anges. qui, d'ailleurs, refuseraient.

Mais vous, ministres d'un Dieu de pureté,
disciples de celui qui fut à la fois le pasteur et
l'agneau, vous vous êtes, sans doute, par la
foi, par la prière, par la grâce, par les sacrements, élevés au-dessus de nous et de la nature,
et ces représentations de toutes les frénésies,
de toutes les aberrations des sens ne peuvent
vous atteindre? Il vous est donné de pouvoir
conférer sur ces sujets techniques avec vos
jeunes et belles pénitentes, sans que votre esprit en soit jamais troublé, sans que vos entrailles en soient jamais émues? Non. Ce ministère est au-dessus de la nature et des forces

humaines, et ceux qui, dans un but de préémi-
nence et de domination, vous en ont revêtus,
vous prêtres catholiques, sachant que, pour
être dévots, vous n'en êtes pas moins hommes, ceux-là ont été forcés de prévoir certains contre-coups physiologiques à la suite
de certaines confidences, contre-coups qui,
lorsqu'ils se produisent, doivent singulière-
ment troubler votre conception de l'idéal et
votre justice d'appréciation. Il a fallu qu'un
concile décrétât encore : *Pollutio, omnino
involuntaria nullo modo est peccaminosa, ut
patet. Hinc omni culpâ vacat pollutio quam
pati potest medicus, chirurgus vel confessarius
munera officii obeundo.*

N'allons pas plus loin ; en voilà déjà trop.

Eh bien, j'admets, moi, la logique de ces livres, leur bonne foi, leur bonne intention. Vous
vous êtes imposé le devoir et arrogé le droit,
comme ministres d'une religion reconnue et
acceptée, de nous guérir de nos corruptions et
de nos turpitudes ; en même temps, vous aviez
fait le vœu de célibat et de virginité ; il fallait
bien, dès lors, vous faire connaître théorique-

ment, *cliniquement,* toute cette basse patho-
logie du cœur, de l'âme, de l'imagination, du
corps de l'être humain, comme on fait connaître, dans leurs plus minutieux détails, aux
jeunes étudiants en médecine et en chirurgie
— auxquels vous vous comparez et assimilez,
en certains cas, — comme on fait connaître
aux jeunes étudiants les plus dangereuses,
les plus secrètes, les plus répugnantes maladies qu'ils sont destinés à combattre, et, par
cela même, exposés à gagner. Qui voulait la fin
voulait les moyens. Vous avez cru devoir cata-
loguer et graduer par articles et numéros les
différents délits des âmes catholiques, depuis
ceux qui sont passibles de la seule pénitence
jusqu'à ceux qui entraînent la mort spirituelle, et vous en avez fait un code dont parviennent à se passer les israélites, les grecs,
les protestants, les mahométans, les bouddhistes,
probablement parce que, la confession à un
homme n'existant pas dans toutes ces religions,
prêtres et fidèles n'ont pas besoin de tous ces
renseignements ; peut-être aussi parce que les
enfants de saint Paul, de Grégoire le Grand, de

saint Thomas d'Aquin, de Loyola, sont finalement plus corrompus que les enfants de Moïse,
de Brahma, de Mahomet, de Luther, de Calvin ;
soit ! Ces livres vous inspirent l'horreur du vice
qu'ils doivent vous aider à détruire, et le spectacle continuel de la dégradation humaine non
seulement vous en écarte, mais vous rend encore plus scrupuleux pour vous-mêmes ; le secours qu'on vous recommande d'implorer de
Dieu et de la sainte Vierge immaculée est suffisant, efficace, et, enfin, l'habitude de traiter ces
maladies de l'âme vous rend capables de ma-
nipuler pour ainsi dire ces âmes sans garder
aucune souillure, sans en recevoir aucune émotion autre que celle de la pitié ; vous vous lavez
les mains, pendant la sainte messe, dans l'eau
et le vin consacrés, dans les larmes et le sang
du Sauveur, et tout est dit ; il me semble même
à moi qui ai traversé les passions de mes semblables et les miennes sans qu'elles m'aient jamais profondément entamé, que, si j'étais à
votre place, l'espérance, l'idéal, le but, le bien
à faire par ces moyens latents et latins, me
tiendraient, comme vous dites que cela vous

arrive quand on en cause avec vous, au-dessus
des tentations, des défaillances, des chutes,
des curiosités, des secousses ; j'admets tout cela,
mais vous admettrez bien aussi que ces livres,
s'ils ne sont pas aussi dangereux pour vous
qu'ils le paraissent, par les images qu'ils vous
offrent, le sont, pour nombre de gens, par les
droits occultes et arbitraires qu'ils vous donnent,
et auxquels ils veulent enfin se soustraire, eux
et les leurs ; et, dans la discussion particulière
que je soutiens ici, ils me fournissent la preuve
que non seulement l'Église catholique, tout en
nous faisant tant de résistance à propos du
divorce parce qu'elle prétend respecter plus le
mariage que l'église qui en permet la dissolution, que non seulement l'Église catholique
ne respecte pas le mariage comme elle l'affirme,
mais qu'à chaque instant elle oublie l'origine
qu'elle lui attribue, le détourne du but qu'elle
montre, y dément en secret les doctrines qu'elle
professe en public, et, en s'en faisant, en toutes
occasions, un moyen ténébreux de politique et
d'influence, souille les lois les plus saintes et
les engagements les plus sacrés du lien conjugal.

Si j'ai renoncé à invoquer contre vous les arguments si faciles de la Bible, je ne pouvais pas renoncer à me servir des textes précis et clairs dont les auteurs sont vivants, qui établissent définitivement ce que vous appelez vos droits, mais que vous n'invoquez jamais devant nous. Ce n'est pas un Dieu qui nous reste invisible, ce ne sont pas des patriarches morts depuis des milliers d'années, ce ne sont pas des anges que nous sommes sûrs de ne jamais revoir qui ont dicté dans ces livres des lignes plus ou moins apocryphes : ce sont des Pères, des évêques, des prêtres catholiques autorisés par le chef suprême de l'Église qui ont écrit ces livres que nous retournons contre vous, et ces hommes vivants et bien vivants pourront nous démentir si nous falsifions leurs textes, ou nous les expliquer si nous les avons mal compris.

Car je ne demanderais pas mieux, pour ma part, que d'être éclairé et convaincu par vos grands écrivains, par vos grands prédicateurs ; je les ai tous plus ou moins lus, plus ou moins écoutés, et, tant qu'ils sont dans la grande morale, dans les hautes visées et même dans les poéti-

ques légendes, je les comprends, je les suis, je
les admire et je les aime ; dès qu'ils entrent dans
les dogmes, je ne comprends plus, je ne respire
plus, je m'arrête ; s'ils s'aventurent dans la superstition, je recule : s'ils s'égarent dans les in-
terprétations et le casuisme, je me révolte et
me sauve. Et me croyez-vous seul à penser
ainsi ? Nous sommes des millions d'hommes à
penser de même, et j'en suis convaincu, je le sais,
un grand nombre de prêtres parmi les plus intelligents, les plus convaincus, les plus exemplaires, s'inquiètent, souffrent de l'esprit politique de l'Église. Ils se soumettent parce que
la soumission et la discipline sont les deux premières conditions de la foi catholique ; mais ils
protestent intérieurement, ils prévoient, ils redoutent le résultat, funeste pour elle, d'un con-
flit inévitable, prochain.

Et cependant le malentendu pourrait si facilement disparaître, si l'Église reprenait le sens
de l'action qu'elle peut, qu'elle devrait exercer.
Le cœur, l'imagination, l'âme de l'homme sont
si disposés à croire, ont tant besoin d'idéal
et d'enthousiasme, en même temps que de

25

secours et d'appui, et vos leçons officielles, vos traditions poétiques mêlées à ces hauts préceptes d'amour et de charité de l'Évangile, ce culte grandiose qui s'empare de tous les sens, répondaient si bien aux aspirations et aux curiosités de l'âme humaine, et les satisfaisaient si bien sans leur rien expliquer ! Après avoir réuni si longtemps toutes les races supérieures dans la même idée et dans la même communion, vous les avez peu à peu et presque toutes perdues ! Comment cela se fait-il ? Nous vous l'avons dit, on vous le dit tous les jours, mais vous ne voulez entendre à rien, et vous vous contentez de fulminer, sans chercher le remède nécessaire, contre la rupture survenue entre l'esprit moderne et l'esprit de l'Église.

Croyez-vous donc, parce que vous êtes ceux qui en souffrent le plus, être les seuls à regretter, à déplorer cette rupture? Parmi ceux qui se sont séparés de vous, parmi ceux-là mêmes qui vous attaquent, combien vous regrettent et seraient tout prêts à vous revenir, si vous le vouliez résolument, avec un esprit sincère de conciliation et d'initiative.

Car on n'a pas eu impunément le front rafraî-
chi par l'eau du baptême, on n'a pas impunément été bercé par vos doux cantiques, par vos
poétiques fictions, par vos mythes séduisants.
Cette vierge au manteau bleu devant laquelle
nous joignions les mains, le soir, qui nous regardait nous endormir à la lueur vacillante de
la veilleuse dont notre mère terrestre éclairait
notre sommeil craintif; ce petit Jésus à qui elle
nous comparait à cause de ce que nous lui fai-
sions à la fois craindre et espérer, à qui elle
nous recommandait et qui devenait notre compagnon, notre camarade, avec son ami saint
Jean aux cheveux blonds et frisés comme la
laine de son mouton attentif et docile; cette
première communion dans la grande église aux
vitraux de couleur, sous les yeux de toutes ces
mères attendries, au milieu des fleurs, dans la
fumée de l'encens, sous l'harmonie grondeuse
et inquiétante de l'orgue que dominait pourtant
la faible voix du prêtre murmurant des paroles
que nous ne comprenions pas, mais qui, pour
nous, contenaient alors toute la vérité, comme
l'hostie que nous recevions avec tant d'émotion,

d'amour et de joie, contenait le corps même de
Notre-Seigneur ; croyez-vous qu'au milieu des
résistances que nous sommes amenés à vous faire,
des accusations que nous portons contre vous, des
défis et des menaces que nous vous adressons
quelquefois, croyez-vous que tous ces souvenirs
de notre pure enfance ne nous font pas des signes, ne nous sourient pas, ne nous rappellent
pas à eux en nous disant de loin : « Tu ne peux
pas avoir oublié combien tu étais heureux quand
nous vivions ensemble. Aujourd'hui, tu es dé-
fiant, tu es amer, tu es triste ; tu te fatigues,
tu te meurtris, tu te troubles à chercher ce
que tu ne trouveras pas. Il n'y a rien de plus
consolant que nos fables, il n'y a rien de plus
vrai que nos mensonges, parce qu'il n'y a rien
de plus pur que notre idéal et de plus fortifiant
que nos vérités ; reviens à nous et tu retrou-
veras la candeur de l'esprit, la simplicité du
cœur, l'éternelle jeunesse et l'éternelle innocence de l'âme. »

Ce serait bien simple, en effet ; pourquoi
hésiter ? A quoi bon discuter tant ce qui échappe
à toutes les discussions ? Que fais-je moi-même

ici ? A quoi servent ces vaines paroles ? Qu'est-
ce qu'elles changeront? Qui convaincront-elles ?
Qu'est-ce que je suis d'abord ? Un être chétif,
un homme mortel qui a, s'il est favorisé de la
nature, cinquante ou soixante ans à rester sur
la terre, qui en emploiera un tiers à essayer
d'apprendre quelque chose, un autre tiers à
essayer d'utiliser ce qu'il aura appris, et le
reste à essayer de réparer les erreurs qu'il aura
commises et les sottises qu'il aura faites, avec
tout ce qu'il aura appris. Ai-je le droit, ai-je
la force, ai-je le temps de combattre ces grandes
conceptions de l'Église dans laquelle je suis né,
et qui répondent, dans ma courte vie et même au
delà, à toutes les questions que je puis poser, à
tous les rêves que je puis faire? Je n'ai qu'à
considérer ma petitesse pour me rendre compte
de sa grandeur, et je n'ai qu'à invoquer mes
fautes pour reconnaître son utilité. Qu'ai-je donc
de mieux à faire que de me confier à elle, qui a
tout prévu pour moi à partir de ma naissance jusqu'à ma mort, où elle ne me quitte pas encore et
où elle me remet entre les mains du Dieu qu'elle
m'a révélé dans l'éternité qu'elle m'a promise?

Quel souci elle a de moi ! Au moment même
où je sors du sein de ma mère, elle m'ouvre le sien
et je n'ai pas plus tôt quitté le ciel qu'elle me le
rend. Mes yeux ne sont pas encore ouverts, mon
cerveau n'a pas encore pensé, ma bouche n'a
pas encore dit une parole, déjà elle m'enveloppe
de ses langes sacrés, et je la trouve toute prête à
faire vivre mon âme, comme je trouve l'air que je
respire machinalement tout préparé pour faire
vivre mon corps. Quelques gouttes d'eau sur mon
front et me voilà chrétien, c'est-à-dire de la famille
de ceux qui sont morts non seulement pour affirmer le Dieu à qui je dois cette vie dans laquelle
je viens d'entrer, mais pour me rendre à ses
côtés la vie éternelle. Quand j'aurai douze ans,
quand ma raison commencera à comprendre, à
chercher, quand mes sens commenceront à dis-
cerner et à vouloir, elle me fera prendre mon
premier engagement, faire ma première alliance
avec ce Dieu ; et à l'émotion qui m'envahira,
au trouble dont je serai agité, à l'extase dont je
serai saisi, je sentirai bien qu'elle ne m'a pas
trompé, que quelque chose de surnaturel se
passe en moi et que déjà l'infini me pénètre.

« Quel souvenir précieux pour toi si tu restes
fidèle ! » Voilà ce qu'elle me dit alors, et elle a
raison ; car, quoi qu'il arrive, jamais je n'oublie-
rai la joie douce, ineffable, le complet bien-être
déposés en moi par cette cérémonie imposante et
mystérieuse. Mais l'engagement est réciproque,
et l'Église aussi me reste fidèle ; car, à partir de
ce moment, elle ne me quittera plus, et je n'aurai
plus une espérance supérieure] sans qu'elle soit
là pour la bénir, plus une peine sans qu'elle se
présente pour la consoler. Et quels enseignements ! Elle m'exhortera au travail, à l'effort, à
la patience, à la résignation, à l'amour de Dieu et
de mon prochain ; elle me dira de réserver par la
continence et par la chasteté toutes mes forces,
tous mes désirs, toutes mes énergies pour cet
autre grand acte qu'elle est appelée un jour à
consacrer, pour le mariage. Voilà le jour où
elle éclate en bénédictions et en louanges !

C'est que je ne suis plus seul désormais. La
volonté de Dieu : « Il n'est pas bon que l'homme
soit seul, je lui ferai une aide semblable à lui,
et ils seront une même chair, » la volonté de
Dieu va s'accomplir.

Parmi ces pures jeunes filles vêtues de blanc,
couvertes de longs voiles qui ont communié,
elles aussi, peut-être dans la même église que
moi, parmi ces vierges dont le front a reçu le
baptême que j'ai reçu, que leurs parents ont
fait entrer dans ma famille spirituelle pour
qu'elles puissent un jour y trouver un époux selon leur cœur et selon Dieu, j'ai choisi une
jeune fille et mon cœur s'est approché du sien,
et mon Dieu, consulté dans ma prière, m'a répondu : « Tu as bien choisi, c'est bien elle,
voilà bien ta compagne éternelle, celle qui doit
faire partie de ta chair et de ton âme dans cette
vie et dans l'autre, et qui est digne de mettre
au monde vos enfants chrétiens. » Depuis cette
révélation, chaque fois que je me suis trouvé
près de cette jeune fille, et je tâchais que ce fût
le plus souvent possible, je reconnaissais en elle
comme en moi les signes qui nous vouaient
l'un à l'autre. Nous étions joyeux dans nos âmes,
qui n'en faisaient déjà plus qu'une, et nous
nous sentions tressaillir dans nos corps, qui
bientôt n'en feraient plus qu'un. Toutes les autres
femmes m'apparaissaient comme une foule va-

gue, ondulante, sans couleur et sans formes,
à des distances incalculables de nos deux
personnes. Sur la terre immense et sous les
cieux infinis, il n'y avait que moi pour elle, et
il n'y avait qu'elle pour moi. L'Éden nous était
rendu ; c'était bien là le premier jour de la
création dans tout son éclat, avec toutes ses
promesses, avec toutes ses surprises, et nous
allions compléter l'œuvre de Dieu ! Comment
oublier jamais le ciel quand on l'a contemplé
une fois dans les yeux d'une vierge intacte et toute
à vous ? Comment douter de l'éternité quand
on l'a sentie contenue tout entière dans une
seule minute ? Que me demandez-vous pour que
mon bonheur soit permis, pour que mon amour
soit légitime, pour que je puisse dire à tout le
monde : « Voilà mon épouse unique et bien-aimée,
la chair de ma chair, et les os de mes os ? » Que,
dans une salle silencieuse et froide, devant un
homme pareil à moi, entre quatre témoins vêtus
de noir, sur un registre semblable à un livre de
commerce, je signe l'engagement de prendre
cette vierge pour femme, de la recevoir sous
mon toit, de la protéger et de lui rester fidèle ?

C'est fait. Après? Voilà tout. Et vous croyez que
je me contente de cet engagement matériel que
la mort rompra? Je veux en prendre un que
rien ne puisse rompre. Où est mon Dieu? où est
sa maison sur la terre? Je veux m'agenouiller,
répandre des larmes de joie, me confondre en
reconnaissance et en actions de grâces. Et si
je viens à mourir tout à coup au milieu de mon
bonheur, est-ce cet officier ministériel qui re-
cueillera et protégera cet être adoré et sacré
dont la mort me séparera momentanément? Si
Dieu, la trouvant trop pure pour moi, voulait
subitement me la reprendre, est-ce cet homme
avec une écharpe qui comprendra ma douleur,
qui voudra la partager, qui me consolera?
Si nous mourons tous les deux et que nous
laissions des enfants orphelins, est-ce lui qui
les prendra dans sa famille, qui leur donnera
une protection et une morale? Si ce sont eux
qui meurent, irai-je me jeter dans les bras de
cet homme, en l'appelant mon frère, et lui demander, dans mon abominable désespoir, de
pleurer avec moi, de m'empêcher de me tuer,
de me fortifier, de me ramener à mon labeur

quotidien, à mes devoirs d'homme, à l'oubli,
peut-être à l'espérance? Non, cet homme-là en-
registrera nos décès comme il a enregistré nos
naissances et notre mariage, et tout sera dit.
Il aura fait tout ce qu'il me doit. Il numérote
les existences humaines et classe les actes civils
de la vie collective. Allons bien vite à l'église!

C'est là, si je meurs, que ma chère épouse
trouvera le divin époux qui peut seul me remplacer; c'est là, si elle meurt, que mes enfants trouveront une seconde mère toujours jeune et toujours vivante, la seule qui puisse remplacer la
première. Enfin, si j'ai pu parcourir toute ma
carrière, quand sonnera pour moi l'heure de
la mort, un des ministres de cette Église que
j'aurai peut-être oubliée, malgré tout ce qu'elle
aura fait pour moi, ouvrira doucement ma porte
et me dira :

« C'est moi, moi qui t'attendais près de ton
berceau et qui vais maintenant te conduire à la
tombe. Qu'as-tu fait depuis le jour où nous nous
sommes rencontrés pour la première fois? Comment as-tu tenu les serments que tu m'avais
faits? j'ai tenu, moi, toutes les promesses que je

t'avais faites. Tu as failli malgré l'appui que je
t'apportais, tu as douté malgré nos affirmations, tu as donné l'exemple du mal en échange
des faveurs dont Dieu t'avait comblé ; mais, chaque fois que tu m'es revenu, tu m'as retrouvé
la bouche pleine de reproches, les mains pleines
d'indulgence, le cœur plein de miséricorde.
Quand tu m'oubliais, quand tu me trahissais, je
priais pour toi ; tu as souffert ; tu vas mourir ; tu
pleures, tu regrettes, tu redoutes, tu te repens ;
je te pardonne. Va rejoindre dans l'éternité ceux
que tu as aimés et qui t'y attendent : confie-moi
ceux que tu aimes jusqu'à ce qu'ils aillent te
retrouver dans le sein de Dieu. Oublie tout ce
qui fut la terre ; il t'en sera rendu, après la mort,
ce qui mérite de lui survivre ; que ton âme fasse
un grand effort, qu'elle prenne un grand élan
pour s'élever jusqu'à ces hauteurs où Dieu
daignera descendre afin de t'aider à mon-
ter jusqu'à lui. Prie de tout ton cœur ; si tu as
oublié tes prières d'enfant, répète celles que je
vais te dire, ce sont toujours les mêmes. Ton
front que j'ai marqué jadis du signe du baptême
pour te protéger en ce monde, je vais le mar-

quer au même endroit d'un nouveau signe qui
te donnera accès dans l'autre. Pécheur deux fois
racheté, endors-toi dans la paix du Seigneur, et
quand tu seras, grâce à nous, auprès de notre
divin maître, prie-le à ton tour pour nous qui
sommes des pécheurs comme toi. »

Quelle conception admirable! quelle admirable unité! quelle prévoyance! quelle sollicitude! quelle entente ingénieuse et approfondie
de ce pauvre cœur humain, de ses faiblesses successives, de ses enthousiasmes momentanés, de
ses résolutions éphémères, de ses espérances
décevantes et éternelles! Dans son court passage sur la terre, que fallait-il donc de plus à
l'homme?

Ah! que soient mille fois et à jamais maudits
ceux de vos pontifes et de vos ministres qui ont
abusé et trafiqué de la facile et bienfaisante
alliance que nous avions faite avec vous sur
les genoux de nos mères! Ce sont eux qui nous
ont forcés d'aller demander à des sciences ari-
des, à de froides philosophies, à des études des-
séchantes, au fait impassible et même à la stu-

pide matière l'explication du problème qui nous tourmente et que votre religion exprimait et résolvait si facilement et si poétiquement dans une trinité faite d'une hypothèse, d'un mystère et d'un miracle. Ce sont eux, hélas! qui donnent naissance à des livres injustes comme le vôtre, violents comme le mien. Eh bien, cette alliance contractée jadis, vous pourriez encore la re- nouer aujourd'hui; vous n'auriez qu'à dire en face des vérités nouvelles, ce que notre Maître disait : « Laissez venir à moi tous ces petits enfants; » et vous verriez les âmes voler de nouveau vers vous, par essaims, comme des hirondelles qui retournent au soleil. Vous ne voulez pas, et plus les concessions sont espé- rées, attendues, nécessaires, plus votre résis- tance est obstinée, aigre et intraitable.

N'en parlons plus et passons.

Quand les gardiens et les propagateurs de la loi mosaïque, convaincus que le dernier mot avait été dit par Moïse, virent venir le Christ, ils le traitèrent d'imposteur et refusèrent le Ciel que celui-ci leur apportait. Aujourd'hui, les gardiens et les propagateurs de la loi catholique font ce

qu'ont fait alors les pharisiens, les grands pontifes et les chefs de la Synagogue : ils s'enfer-
ment dans le texte abstrait, ils se barricadent
dans la lettre rigide, et, lorsque la Terre, trop
éliminée par eux, revient réclamer ses droits,
ils déclarent leur loi une, fixe, infaillible, divine, ils répondent : *Non possumus*, et ils ne
veulent pas plus faire de la place à la Terre que
les autres n'ont voulu faire de la place au Ciel.
Ils seront donc, tôt ou tard, insuffisants comme
les autres. Le fixe n'est pas l'éternel, l'immobile
n'est pas l'infini ; tout est mouvement et trans-
formation dans l'univers. Les hommes garderont
pieusement la morale ferme et compréhensible
établie par ce grand génie qui fut Moïse, ils y
ajouteront cette haute espérance, ce fascinant
idéal, ce divin amour révélés par cette belle âme
qui fut Jésus, et ceux qui ont et la sincérité et
l'audace de pareilles entreprises continueront à
chercher un Dieu à la fois plus grand et plus ac-
cessible, qui, en maintenant à l'homme ce qui lui
est acquis, y ajoutera ce qui lui deviendra, ce
qui lui est déjà devenu nécessaire ; qui mettra en
accord et en harmonie la Terre et le Ciel, dont

l'homme a maintenant contracté le double besoin, au lieu de les maintenir en guerre perpétuelle ; qui n'exigera pas de notre besoin d'espérer de s'immoler éternellement à notre besoin de
connaître, puisqu'ils nous viennent tous les deux
de la même Volonté, et qui ne placera pas la
science et la foi en une telle rivalité, en une
telle lutte, que les hommes de foi veuillent brûler les hommes de science le jour où ceux-ci
découvrent un fait en contradiction, avec les
traditions erronées de ceux-là ; qui trouvera
juste que notre raison déduise logiquement les
fins possibles des causes réelles, puisque la nature
nous a donné une raison, et qui nous laissera arriver à la seconde vie sans faire opposition à ce
qui est l'essence même de la première, l'action,
la recherche du vrai, l'amour et la liberté.

En attendant, monsieur, croyez bien que je ne
suis pas ici pour insulter l'Eglise catholique ; je
sais tout ce qu'elle a fait de bien et tout ce qu'elle
a fait de mal. A ceux qui la redoutent, de l'at-
taquer ; à ceux qui la servent ou à qui elle sert,
de la défendre. Je n'ai personnellement rien à
craindre ni à espérer d'elle ; ses promesses ne

m'attirent pas plus que ses menaces ne m'épouvantent. J'ai besoin de la morale dont elle affirme être seule dépositaire, et, si j'avais vécu dans le temps où elle avait le droit d'affirmer ainsi, je serais allé à elle, soumis, confiant, respectueux, dévoué. Les abus qu'elle a faits m'ont dégagé, et, comme je sais où puiser librement et sûrement la morale, j'y vais tout seul et tout droit. Je n'ai pas besoin de guide pour trouver la source qui descend du Sinaï et du Calvaire, de sommets si hauts et si lumineux qu'elle semble en effet couler du Ciel même. L'humanité, fût-elle cent fois plus nombreuse et mille fois plus coupable, pourrait s'y plonger tout entière et s'y laver de toutes ses souillures sans l'appauvrir ni la corrompre. Une seule goutte d'eau de cette source merveilleuse emplirait aussi facilement le puits sans fond des Danaïdes que le creux de la main de Diogène. Ni les glaces du pôle ni les feux de l'équateur ne sauraient avoir action sur elle ; et elle contient à la fois toute la chaleur qu'il faut pour réchauffer ceux qui ont froid, toute la fraîcheur nécessaire pour désaltérer ceux qui brûlent, et elle est partout et toujours à la tempé-

rature de l'âme humaine. Mais nul n'a le droit
de capter cette source ou de la détourner à son
profit, même en invoquant une première prise
de possession. Il n'y a pas là de privilège exclu-
sif, il ne peut surtout pas y avoir de spéculation
licite et autorisée. Elle est, pour ainsi dire,
décrétée aujourd'hui d'utilité publique, et le
premier·venu, d'où qu'il vienne, peut y boire·
et s'y baigner sans demander la permission,
sans rien payer de son argent ou de sa raison
à aucun établissement particulier. Sachez-le,·
monsieur l'Abbé, nombre d'âmes vont ainsi
s'abreuver directement à cette source, et ce
sont celles-là que vous traitez d'hérétiques
et que vous menacez de l'éternelle damnation parce que vous ne les trouvez pas inscrites·
sur les registres de la fabrique romaine. Ce
sont ces âmes-là qui, traitant sans intermédiaire avec le principe véritablement éternel et
immuable des choses, en appellent à la loi civile
contre la domination, contre l'intolérance, contre
les abus et les ruses, non pas de la morale religieuse, mais des formules ecclésiastiques ; ce sont
ces âmes-là qui veulent être seules les maris de

leurs femmes, seules les pères de leurs filles,
et qui, quelle que soit l'autorité ou plutôt l'an-
cienneté des livres qui le consacrent, re-
poussent ce mystique ménage à trois du mari,
de la femme et du prêtre, constituant ce
qu'on pourrait appeler l'adultère spirituel. Je
ne fais ici ni une œuvre de scandale, ni
une propagande de parti, ni une affaire de
commerce. Si j'étais sûr que la loi nécessaire
et morale du divorce passât, je jetterais au
feu les quatre cents pages que je viens d'é-
crire, et je retournerais à mes fictions. Je
m'en suis tenu, comme je l'avais promis en
commençant, aux questions de philosophie, de
logique, de physiologie, de morale, d'histoire,
aux observations et aux réflexions qui sont de
mon domaine, à ce que j'ai cru capable de rendre intéressante et persuasive une lettre aussi
longue sur une question qui n'est peut-être si
débattue que parce qu'elle est très simple. J'ai
donné mes arguments sans aucune animosité,
sans aucune crainte, sans aucun intérêt personnel. C'est ainsi qu'il faut juger des choses,
je pense, et, si tous nos adversaires étaient

comme moi, l'entente ne serait pas douteuse.
Ai-je été plus loin que je ne voulais aller? je
vous ai suivi, et c'est votre faute, ce n'est pas
la mienne, si j'ai trouvé l'Église où elle n'aurait
pas dû être. Dans une discussion aussi grave
que celle-ci, on prend le mal où on le trouve,
pour retourner le mot de l'auteur de *Tartufe*.

Je me résume et je conclus.

A tort ou à raison, la loi civile s'est substituée, depuis près d'un siècle, en France, quant
au mariage, à la loi religieuse. Elle seule, la loi
civile, consacre définitivement l'union conjugale ; à elle seule il appartient donc de juger de
toutes les conséquences que cette union peut
produire, à moins que, comme le lui demande-
raient peut-être quelques prêtres, comme cela se
pratique encore en Autriche, elle ne soit disposée à établir deux juridictions différentes,
l'une concernant les catholiques et leur appli-
quant l'indissolubilité, qui est dans leurs dogmes,
l'autre concernant les israélites, les protestants
et les libres penseurs en leur permettant le divorce, qui est dans leurs traditions ou leurs

idées; à moins enfin qu'elle ne soit disposée à abdiquer de nouveau complètement entre les mains de l'Église, ce qui ne semble pas probable. La loi civile française ne pouvant pas être amenée à ces différentes combinaisons, puisqu'elle n'a rien à voir dans les consciences de ses justiciables et qu'elle n'a à s'occuper que de l'intérêt des citoyens, à quelque confession qu'ils appartiennent, nous nous permettons, très respectueusement, de lui faire observer, au moment où une discussion publique va s'ouvrir, que toutes les objections faites au rétablissement du divorce sont purement théologiques, comme nous l'avons démontré pendant le cours de ce livre, comme nous allons le prouver dans ces dernières lignes, et que, par conséquent, la loi civile n'a pas plus à en tenir compte après la consécration du mariage qu'elle n'en tient compte auparavant, puisqu'elle ne demande jamais à ceux qu'elle marie à quelle religion ils appartiennent.

Donc :

Attendu que, si, en 1816, M. le député Trinquelque a donné pour raison péremptoire de l'indissolubilité du mariage, que Dieu a tiré la femme de la côte de l'homme afin de les réunir ensuite en une seule chair, et si la Chambre de cette époque a accepté cette donnée, rien ne prouve qu'elle soit juste et que les choses se soient nécessairement passées ainsi à la création du monde;

— Que, d'ailleurs, l'adultère, entre autres causes de divorce, modifierait sensiblement cette première institution du Créateur et devrait modifier conséquemment les décisions de la loi, puisque, alors, le mariage serait complètement détourné de son principe et ne serait plus deux chairs en une, mais trois, la troisième intervenant justement au point de réunion des deux premières;

Que, si M. de Bonald, pour obtenir, ce qui n'était pas difficile, d'une Chambre monarchiste et catholique l'abolition du divorce, a présenté comme argument irréfutable que, le catholicisme qui ne permet pas le divorce étant redevenu religion d'État, la loi civile ne devait plus l'admettre, il nous semble aujourd'hui que cette raison ne peut plus être invoquée, pui que le catholicisme n'est plus religion d'État en France;

Que, d'ailleurs, la réforme que nous demandons, tout en étant mise à la disposition de tous, ne contraint personne, et que ceux que l'usage du divorce blesserait dans leurs croyances seront toujours libres de n'en point user, imitant en cela nombre d'électeurs qui ne se servent jamais du suffrage universel, bien que la loi civile l'ait proclamé;

Que si les prophètes, que si Job, que si l'Ecclésiaste ont dit que ce monde n'est et ne peut être qu'une vallée de larmes, les efforts faits par l'humanité, dans tous les temps avant et après ces affirmations, pour rendre ce monde aussi supportable, aussi heureux même que possible, prouvent suffisamment que ce grand découragement était inspiré par des vicissitudes locales, des chagrins patriotiques, des manières de voir individuelles et qu'il n'y a pas lieu de déclarer de principe, de droit, de devoir et de légalité, le malheur éternel des êtres humains;

Que si l'Église catholique a trouvé et maintient encore dans le mariage tant de cas de nullité, c'est pour avoir reconnu elle-même que le mariage n'est pas toujours ce qu'il devrait être, et il est dès lors tout naturel que la loi civile, suivant son exemple, reconnaisse aussi des cas de divorce, d'autant plus qu'elle ne se permettra jamais de les pousser aussi loin et de les décider aussi arbitrairement et immoralement que l'Église, dans les cas que nous avons cités de madame de X..., de la princesse Y... et du colonel de cuirassiers Z... ;

Que, du reste, l'Église, comme nous l'avons démontré, non seulement a établi des cas de nullité dans ses canons, non seulement a laissé régner le divorce pour les catholiques d'Orient soumis à sa seule juridiction ecclésiastique quant au mariage, mais que nous ne voyons pas qu'elle refuse la bénédiction religieuse aux époux dans les pays où, comme en Belgique, le divorce existe pour tous les citoyens et où ceux qu'elle a bénits la veille pourront invoquer le lendemain, pour divorcer, la loi civile qu'elle combat chez nous et dont elle ne reconnaît, quant au mariage, l'existence nulle part ;

Que, de 1803 à 1816, l'Église a bénit, même

chez nous, les unions qui étaient subordonnées
à la loi du divorce, et que cette loi pouvait rompre ; qu'elle a même bénit les secondes noces du
vivant des deux premiers conjoints, comme l'at-
teste le mariage de Napoléon Ier avec Marie-
Louise, bénit par le pape Pie VII ;

Qu'elle a ainsi acquiescé au divorce, de tout
temps et sous toutes les formes, ce qu'elle n'eût
certainement pas fait s'il eût été en contradiction, comme elle le dit, avec ses commandements, ses textes et ses dogmes ;

Que si la question des enfants, que l'Église
invoque toujours quand ses autres arguments ne
prévalent pas ; que, si cette question est très intéressante dans le mariage, elle l'est autant ou
aussi peu pour ceux qui relèvent de la loi religieuse que pour ceux qui demandent à ne relever que de la loi civile, et que celle-ci pourra
toujours répondre à ceux qui lui demanderont
ce que deviendront les enfants dans le divorce
qu'ils y deviendront ce qu'ils deviennent dans
la nullité prononcée par la loi ecclésiastique ; qu'ils y seront même plus heureux, puisque le divorce civil ne changera rien à la pa-

ternité, à la maternité, à la filiation et aux droits matériels des enfants, tandis que la nullité catholique, en supprimant l'existence même du mariage, en prétendant qu'il est nul, en annule tous les effets et déclare bâtards et sans revendication possible les enfants qui en sont résultés ;

Que, pour ceux que ce raisonnement ne pourrait convaincre, on pourra ajouter que les enfants deviendront, dans le divorce français, ce qu'ils deviennent dans le divorce anglais, allemand, américain, danois, suédois, norvégien, hollandais, suisse, belge, russe, grec, et que nous ne voyons aucun de ces pays redemander l'indissolubilité du mariage à cause des malheurs et des injustices qui en résultent pour les enfants, le divorce étant d'ailleurs très rarement prononcé dans les pays où il existe parce que les familles des pays où il existe, sont plus morales, plus unies, plus heureuses que celles des pays où il n'existe pas et où la séparation crée de bien autres dangers et de bien plus tristes conséquences ;

Que, du reste, bien que les enfants soient la

suite naturelle et souvent espérée, du mariage,
ils n'en sont que la conséquence et non la cause
première ni le but absolu, puisque la fécondité
ne dépend pas des époux et que nombre d'u-
nions restent stériles ;

Que, si la production des enfants était le seul
but des mariages, il y aurait lieu de rompre
les mariages qui ne produisent pas ; ce que
l'Église seule se permet, parce qu'elle peut tout
se permettre, se déclarant d'institution divine ;

Que le mariage a d'abord et en réalité pour
but la réunion de l'homme et de la femme qui
veulent avoir le droit de s'aimer publiquement,
moralement et librement ; que l'amour de
l'homme pour la femme, de la femme pour
l'homme précède l'amour de l'un ou de l'autre
pour leurs enfants ; que, par conséquent, l'amour
conjugal, étant de date et de droit antérieurs
à l'amour paternel et maternel, est autorisé à
réclamer l'accomplissement d'engagements pri-
mordiaux ;

Que ce que le mari cherche d'abord dans la
femme, c'est une compagne, une amie, une aide,
un complément dont il a besoin moralement,

socialement, physiquement ; que ce que la
femme cherche d'abord dans l'homme, c'est
l'ami, l'époux, le compagnon et le protecteur,
dont elle a encore plus besoin durant toute sa
vie ; .

Que si l'un des deux époux trahit, abandonne,
contamine, déshonore l'autre, s'il part, s'il est
enfermé pour subir une peine infamante, pendant une partie de sa vie, pendant sa vie entière, l'autre conjoint perd, faute d'une loi qui
lui permette de se remarier, tout ce qu'il s'était
cru en droit d'obtenir du contrat qu'il avait signé ;
que le mari perd ainsi sa compagne, son amie,
son aide, son complément nécessaire ; que la
femme perd ainsi son ami, son époux, le compagnon, le protecteur qui lui était indispensable ; que le mariage est ainsi faussé, violé,
dénaturé dans ses conditions essentielles, puisqu'il est certain et reconnu qu'il devait d'abord
donner un époux à la femme, une épouse au mari,
un compagnon à l'une, une compagne à l'autre,
tandis qu'il n'était pas certain qu'il dût produire
des enfants ;

Que si les enfants dont la naissance n'est pas

certaine, dont la mort est possible, dont la liberté est légale à une certaine époque de leur jeunesse, ne sont pas la cause déterminante et l'unique but du mariage, ils ne sauraient être invoqués comme argument définitif et irréfutable en faveur de l'indissolubilité;

Que si, au contraire, les enfants sont la seule cause et la seule fin de l'union conjugale, l'un des deux époux, en abandonnant son conjoint, en le trahissant, en tuant ses enfants ou en se reproduisant en dehors du mariage, en subissant une peine infamante éternelle ou de longue durée, en étant impuissant, met ce conjoint dans l'impossibilité de conserver au mariage sa cause efficiente, sa fin proposée, consentie de part et d'autre, et le condamne à la stérilité, bien qu'il soit marié et que la cause et le but du mariage soient la procréation des enfants;

Que, dès lors, il devient du devoir de la loi, puisqu'elle se croit autorisée à proclamer cette cause et à conserver cette fin en procédant au mariage, de remettre le conjoint innocent et lésé en état de trouver dans une nouvelle union

les droits essentiels et les espérances légitimes
dont, malgré sa bonne foi et ses efforts, il a été
privé dans la première ;

Que si les enfants sont intéressants, ils le
sont parce qu'ils sont des enfants, c'est-à-dire
des êtres faibles, ayant besoin d'appui, d'affection et de soins, et non parce qu'ils sont des
enfants légitimes ; que le divorce ne devant pas
faire perdre aux enfants nés du mariage la légi-
timité qu'ils avaient à leur naissance, il n'y a
pas lieu de refuser à tout jamais une naissance
légitime, un appui, des affections et des soins
aux enfants devant naître de parents séparés,
puisque ces enfants sont dans les conditions
éternellement intéressantes de tous les enfants,
c'est-à-dire de tous les innocents et de tous les
faibles ;

Que si la loi civile a été forcée de se reconnaître impuissante à empêcher la production et
la propagation des enfants naturels nés de
générateurs célibataires, ce n'est pas une bonne
raison pour qu'elle maintienne éternellement des
dispositions qui, en refusant les secondes noces
aux époux séparés, font que ceux-ci ajoutent

aux enfants naturels déjà trop nombreux de
nombreux enfants adultérins condamnés ainsi
dès avant leur naissance, à n'avoir jamais de
famille légale, car il est avéré que la séparation
de corps ne produit pas plus la continence des
époux séparés que le mariage n'avait conféré
aux époux unis les grâces que l'Église lui attribue, la bonne entente et la fidélité;

Que si la loi, en permettant à l'enfant naturel
la recherche de sa mère, a cru témoigner son
intérêt à l'enfant né dans ces tristes conditions,
elle ne doit pas maintenir les époux séparés
dans un état de dépendance réciproque qui les
autorise à produire et à propager des enfants, sans
aucune responsabilité pour eux-mêmes, et sans
le moindre droit de revendication ultérieure, ni
morale, ni sociale ni matérielle de la part des-
dits enfants ;

Que ces mauvaises dispositions de la loi française ne sont pas seulement cause de naissances
irréparablement illégitimes et d'existences injustement malheureuses, mais aussi de faux
états civils, d'héritages détournés, d'incestes
possibles, d'avortements et d'infanticides qui

sont des moyens expéditifs, sûrs, mais inaccep-
tables, dans un pays civilisé, de garantir ces
enfants particuliers des mauvaises chances de
l'avenir et des inconséquences de la loi ;

Que, la loi civile étant issue d'une révolution dont la seule raison d'être était de remplacer le privilège par l'égalité, le despotisme
par la liberté, la discorde par la fraternité, cette
loi civile ne saurait maintenir à tout jamais un
de ses articles par lequel, un homme et une
femme ayant contracté un engagement réciproque, et l'un des deux manquant à cet engagement, il n'y a plus pour l'autre ni égalité, ni
fraternité ni liberté ;

Qu'il résulte, en outre, de la loi civile, telle
qu'elle existe aujourd'hui, qu'elle contient une
double immoralité qu'une loi ne doit jamais contenir, puisqu'elle est forcée, dans certains cas,
d'autoriser et d'absoudre le meurtre et l'assas-
sinat, et que, dans tous les autres cas, elle
inflige à celui des deux époux qui est innocent
un châtiment toujours plus dur et plus long qu'à
celui qui est coupable.

Pour ces raisons et pour bien d'autres que de

plus experts que nous ont fait et feront valoir, nous demandons que le projet de loi présenté par M. Naquet soit voté et que le divorce soit rétabli.

Et maintenant, avec tous mes regrets de vous avoir entretenu si longtemps — et si inutilement, — veuillez agréer personnellement, monsieur l'Abbé, l'assurance sincère de mes sentiments les plus respectueux.

A. DUMAS FILS.

6 décembre 1879.

FIN.

8691 79. — Corbeil. Typ. et ster. Crété.

www.ingramcontent.com/pod-product-compliance
Lightning Source LLC
Chambersburg PA
CBHW072003270326
41928CB00009B/1524